汉字表意理论研究

文史哲文物考古学发展新动能

陆忠发 ◎ 著

光明日报出版社

图书在版编目（CIP）数据

汉字表意理论研究：文史哲文物考古学发展新动能 /
陆忠发著 . -- 北京：光明日报出版社，2024.7

ISBN 978 - 7 - 5194 - 7493 - 5

Ⅰ . ①汉… Ⅱ . ①陆… Ⅲ . ①古汉语—表意文字—研
究 Ⅳ . ①H109.2

中国国家版本馆 CIP 数据核字（2023）第 234124 号

汉字表意理论研究：文史哲文物考古学发展新动能
HANZI BIAOYI LILUN YANJIU：WENSHIZHE WENWU KAOGUXUE FAZHAN
XINDONGNENG

著　　者：陆忠发

责任编辑：许　怡　　　　　　　责任校对：王　娟　乔宇佳

封面设计：中联华文　　　　　　责任印制：曹　净

出版发行：光明日报出版社

地　　址：北京市西城区永安路 106 号，100050

电　　话：010-63169890（咨询），010-63131930（邮购）

传　　真：010-63131930

网　　址：http：//book. gmw. cn

E - mail：gmrbcbs@ gmw. cn

法律顾问：北京市兰台律师事务所龚柳方律师

印　　刷：三河市华东印刷有限公司

装　　订：三河市华东印刷有限公司

本书如有破损、缺页、装订错误，请与本社联系调换，电话：010-63131930

开　　本：170mm×240mm

字　　数：221 千字　　　　　　印　　张：16.5

版　　次：2025 年 6 月第 1 版　　印　　次：2025 年 6 月第 1 次印刷

书　　号：ISBN 978 - 7 - 5194 - 7493 - 5

定　　价：95.00 元

目 录
CONTENTS

第一章

学术研究中为什么需要汉字表意理论

研究一切涉及中国古代的学问，都需要读传世文献。传世文献使用的语言与现代人使用的语言文字很不同，所以现代人阅读古代文献就需要利用历代学者对古代文献的注释。古人对于古书的训释，习惯于直陈词义。例如，古人会告诉你在某一句话中的某个词是什么意思，却不会告诉你其依据是什么。① 所以，古人的注释是不是正确，有时候我们难以判断。另外古人解释古书常常是随文释义，其解释只是对当前的句子中的这个词的解释，在别的地方这个词义不一定讲得通。所以，古人注释古书，问题很多。历代学者有不少纠正古人注释错误的成果，但是这些成果本身也是有对有错。

根据我从事文字学、训诂学研究的经验，在掌握了完备的训诂方法基础上再掌握汉字表意理论可以把出现错误的可能性降至最小。② 所以，研究一切涉及中国古代的学问，我认为都需要掌握汉字表意理论。

---

① 陆忠发. 现代训诂学探论 ［M］. 杭州：浙江大学出版社，2008：1-10.

② 目前的中国训诂学研究，混乱得很。现有训诂学著作中的观点常常是矛盾对立的。我在《现代训诂学探论》第一章中详细讨论了这个问题。要学会考证古书中疑难字词意义的训诂学，郭在贻师的《训诂学》、方一新兄的《训诂学概论》和我的《当代训诂学》是必读的著作。我在《当代训诂学》中总结考求词义训诂方法十七类二十二种，是目前中国训诂学界总结考求词义方法较为全面的。

第一节　什么是汉字表意理论

《说文解字》成书之后的 1900 多年来，汉字理论研究一直是对六书的探讨，但六书研究不能作为中国文字学理论研究的中心。主要原因如下。

第一，古代王室子弟八岁入小学，保氏教他们汉字，先教六书。所以，六书本身只是周代的保氏们为汉字教学需要跟八岁大的小孩子们说的东西，它不可能是什么高深的理论。我们现在的有些学者，把六书，特别是转注说得连中文系的大学生听起来都觉得玄而又玄，这些理论肯定不是八岁大的小孩子们能够接受的知识，不是古人所说的六书，也不是古人所说的转注。

第二，研究汉字的六书归属问题没有太大的意义。六书只满足于说出某字"象某某之形""从某从某""从某某""从某，某声"，如此而已。这对于我们把握这个字的形、义关系没有多少作用。这就是为什么我们读《说文解字》，常常有不能满足之感的原因，因为我们从许慎的说解中常常不能知道这个形体为什么就能够表达这个意义。所以，我们不能把主要精力用在研究每一个汉字的六书归属问题上。

裘锡圭先生在《文字学概要》中说："汉代学者提出六书说是有功劳的。但是六书说在建立起权威之后，就逐渐变成束缚文字学发展的桎梏了。在崇经媚古的封建时代里，研究文字学的人都把六书奉为不可违离的指针。尽管他们对象形、指事等六书的理解往往各不相同，却没有一个人敢跳出六书的圈子去进行研究。好像汉字天生注定非分成象形、指事等六类不可。大家写了很多书和文章，争论究竟应该怎样给转注下定义，究竟应该把哪些字归入象形、哪些字归入指事、哪些字归入会意。而这些问题实际上却大都是争论不出什么有意义的结果来的。可以说，很多精力是白白浪费的。"①

对于汉字这样的表意文字来说，研究它应该归属于哪一种结构类型肯定不能揭示出汉字最根本的东西来。研究表意文字，就应该把研究的重点放在探究文字"如何用一定的形体来表达意义"的表意理论问题上，这就是拙著《汉字学的新方向》中要表达的学术思想。《汉字学的新方向》初步总结了汉字的造字手段、汉字的表意方法、汉字表达概念的方法和汉字形体避免歧解的方法，论述了提示符号及其在汉字结构中的作用，初步构建了汉字表意理论。拙著《当代汉字学》是对汉字表意理论进一步的完善。

从事社会科学研究，如研究中国古代语言文字学、历史学、哲学、科技史、文物考古学等学科，常常需要使用古文献材料和汉字古文字材料，而正确解读古文献材料又常常需要结合相关古文字材料。因此，古文字材料就成了直接限制文史哲、文物、考古学研究发展水平的关键因素。

由于过去研究古文字的学者不习惯设身处地地想想古人要表达一个概念为什么要造这样的形体，不能从"要表达一个概念，应该选择用什么来恰当地表达它"这样的角度去思考问题，常常是简单地根据古人造字的形体去猜测古人要表达的意义，或者采用排比归纳的方法，罗列若干卜辞或者金文辞，从中找出一个可以"读通"这些语料的意义来，这样就算是"正确"考释了这个古文字。其实，由于缺乏对汉字形体如何表意的分析，相当多的时候人们都错误理解了古人要表达的意义，错误理解了古文字的本义。如"彘"的甲骨文形体作 ，亦作 、 ，其字形是一支箭射穿一头猪的形象。人们就想当然地认为古人造"彘"字表达的是野猪。所以，古文字学界不约而同地认为"彘"的本义是"野猪"。如裘锡圭先生分析说："古代称野猪为彘。野猪是射猎

----

① 裘锡圭. 文字学概要 [M]. 北京：商务印书馆，1983：103-104.

的对象，所以字形在'豕'上加'矢'以示意。"① 其实，这样的认识可能是错误的。事实是，从甲骨卜辞看，打猎所获，每每言"获豕"，从来就没有"获彘"的记载，说明"豕"才是打猎猎获的野猪，"彘"恰恰不是打猎猎获的野猪，很可能是家猪。

那么，家猪为什么要造屰这样的形体呢？这就需要我们设身处地地为造字的古人想一想：如果让我们造一个字表达"家猪"的概念，我们怎么造字呢？如果"画成其物"，则家猪的形体与表示野猪的"𧱏（豕）"很难区分，因此，造字必须找到家猪和野猪的明显区别在哪里，我们根据家猪区别于野猪的特点来造字就可以区分家猪和野猪了。

那么，家猪区别于野猪的最明显的特点是什么呢？上古时期，农业不发达，粮食紧张，人们饲养家猪，不是为了自己吃猪肉，而是为了祭祀时作为牺牲。② 过去家养的猪在作为牺牲时，祭祀的人常常要亲自用箭射死这个猪，以表达对神的恭敬。《国语·楚语下》："天子禘郊之事，必自射其牲。"所以，家猪的死法都是用箭射死。因此，古人就造"屰"字表达"家猪"的概念。

可见如果我们常常能够这样从造字者的角度去思考问题，我们就能够理解古人造字所要表达的意义了，我们就能够正确把握古文字的本义。我们所说的汉字表意分析，就是设身处地地从造字者的角度去思考问题，去总结汉字的造字手段、汉字的表意方法、汉字表达概念的方法③，汉字形体避免歧解的方法。这样我们就能够对古人造出来的汉字形体心领神会，正确理解古人造字所要表达的本义。正确理解古人造字

---

① 裘锡圭. 文字学概要 [M]. 北京：商务印书馆，1983：127.
② 上古时期人们主要的肉食来源应该是羊肉，我另有专文加以讨论。
③ 汉字表达概念的方法，与前面说的汉字表意方法着眼点不同。汉字表意方法研究，探索怎样安排字的结构、利用部件与部件之间的关系来表达造字的意图。汉字表达概念的方法的研究着眼于探索造字选择用什么样的部件组合来准确、恰当地表达出一个个概念又不会使人在理解时产生歧解。

所要表达的本义，对社会科学研究是至关重要的。

第二节 掌握汉字表意理论可以解决
一般难以解决的问题

中国历代的文献主要是用汉字记录的，汉字是表意体系的文字，汉字结构本身也包含着造字时的历史文化信息，这样，做任何涉及古代的学问，就都需要熟悉汉字记录的文献和汉字本身包含的历史文化信息。

就学术研究来说，我们可以利用的材料主要有下面一些。

1. 传世文献；

2. 出土文献（包括出土甲骨卜辞、出土古代器物上的铭文、出土简牍帛书上的文献和出土碑刻等）；

3. 出土文物考古资料；

4. 汉字结构本身包含的历史文化信息。

上述研究资料对于学术研究来说，各有长短①，一般情况下我们使用传世文献从事学术研究就可以了，但是，有时候要解决一些比较复杂的问题，就必须使用文物考古资料。例如，《左传·宣公二年》："晋灵公不君。厚敛以雕墙。从台上弹人，而观其辟丸也。宰夫胹熊蹯不孰，杀之，置诸畚，使妇人载以过朝。赵盾、士季见其手，问其故而患之。将谏，士季曰：'谏而不入，则莫之继也。会请先，不入，则子继之。'三进及溜，而后视之。曰：'吾知所过矣，将改之。'""三进及溜"的"溜（霤）"，一般解释为"屋檐滴水的地方"。这样的解释对不对呢？我们很难判断。如果熟悉文物考古，我们最起码可以判断：因为晋灵公

---

① 陆忠发. 论汉字是研究中国历史的第三种重要资料［J］. 杭州师范学院学报，2001（2）.

本来就是装作没有看见士季，而古代的宫殿都有比较高的夯土地基，屋檐滴水的地方在夯土地基下面，晋灵公在屋子里面，如果士季在屋檐滴水的地方行礼，晋灵公还是有充分的理由继续"没有看见"士季，这样也就不可能有下面的君臣对话了。所以，士季"三进及溜"的"溜"，很可能不能解释为"屋檐滴水的地方"。

那么，"溜"应该怎样解释呢？我们首先要知道溜是怎么来的，古人屋子什么地方有溜。

最晚到商代的时候，人们居住的3~5平方米的地穴式或者半地穴式居室内一般都有灶，烧饭时烟气升腾，所以古人要在屋盖上开天窗以通烟气。因为屋盖上开了天窗，下雨时雨水便会从天窗注入屋内，这就是"霤"。因此，古人便会在天窗滴水的地面挖水坎以盛天窗的滴水，所挖的水坎也叫"霤"。《仪礼·公食大夫礼》："宾入门左，没霤，北面再拜稽首。"胡培翚《仪礼正义》引敖氏云："霤，门内霤也。""门内霤"就是盛天窗滴水之水坎。盛天窗滴水之霤往往在户之左边，这是为了方便用右手把霤中的积水清除出去。因为"霤"在门内，所以古书中又称之为"中霤"。"屋檐滴水的地方"是"溜"的引申义。

可见，溜是为了出烟才产生的。那么国王宫城中什么屋子有"霤"呢？一般说来，庖厨可能会有溜。如果我们熟悉考古文物，我们就知道最起码在汉代的时候人们还不会造烟囱把烟排出屋外。所以，汉代以前，只要是要烧饭的屋子，就一定有溜。所以国王宫城中庖厨有溜。《仪礼·公食大夫礼》"宾入门左，没霤"，"没霤"是说宾客进入门内，有的人都站到了霤中。这个材料说明，国君在宴飨大夫的时候是在庖厨中进行的，因此我们有理由相信当时的晋灵公也是在庖厨中吃饭的。所以我们肯定，士季"三进及溜"是进入晋灵公吃饭的庖厨室内，就站立在庖厨门口霤的位置。这时候，晋灵公就没有办法继续装作不知道士季来了，这才有君臣的对话。

有的时候，我们还需要熟悉古文字，可以使用出土文献，解决一些用传世文献解决不了的问题。例如，《楚辞·招魂》："魂兮归来，君无上天些。虎豹九关，啄害下人些。……归来，往恐危身些。魂兮归来，君无下此幽都些。土伯九约，其角觺觺些。……归来，恐自遗灾些。"

"九关"，洪兴祖《楚辞补注》引五臣曰："关，钥。"王逸注"虎豹九关，啄害下人些"曰："言天门凡九重，使神虎豹执其关闭，主啄啮天下欲上之人，而杀之也。""九关"一词，疑者不多，而"九约"一词，为《楚辞》中千古不解之谜，旧注纷如聚讼，无一说可通。郭在贻先生作《〈楚辞〉解诂》，其中"九约"条对古今学者的解释有详细评述，郭在贻先生说："九"字在此不是数目字的"九"，而是"纠"字之借，即"纠察"之意。……然则所谓"虎豹九关"者，即"虎豹纠关"，用现代的话说，就是由虎豹把关。弄清了"虎豹九关"的意思，再来看"土伯九约"。照我们的看法，"九约"也就是"九关"的意思。"九"读为"纠"，"约"字则是"钥"的借字，所谓"土伯九约"者，实即"土伯纠钥"，意谓由土伯把关。① 郭在贻先生把"九"看成是"纠"的假借字，"纠"字在先秦文献中虽然有"察"义，但是所纠察的对象都是人、事或者由人掌控的事物，未见有纠察具体物件的用例。

《周礼·天官·寺人》："寺人掌王之内人及女宫之戒令，相道其出入之事而纠之。"

"纠"的对象是"出入之事"。

《荀子·富国》："则必有贪利纠譑之名，而且有空虚穷乏之实矣。"

"纠"的对象是"譑"，《读书杂志·荀子第三·富国》"则必有贪利纠譑之名"条，王念孙按："譑，读为挢，取也。"

《周礼·秋官·司寇》："以五刑纠万民。"

---

① 郭在贻.《楚辞》解诂［M］//郭在贻文集：第1卷．北京：中华书局，2002：18-21.

"纠"的对象是"万民"。

《周礼·夏官·大司马》："制军诘禁，以纠邦国。"

"纠"的对象是"邦国"。

"纠"与"察"都有纠正的意思。《国语·周语上》："亲戚补察。"这个"察"就是"纠正"的意思。纠察是同义词连用，古人训诂曰"纠，察也"，都是"纠正"的意思。

为什么所纠察的对象都是人、事或者由人掌控的事物，未见有纠察具体物件的用例呢？因为只有人和人做出来的事以及由人掌控的事物有可能需要纠正，具体物件是客观存在的东西，不存在需要纠正的问题，所以汉语中没有纠具体物件这样的搭配。因此，郭在贻先生把"九"看成是"纠"的假借字，实际上是不妥当的。

不仅如此，"纠察"之义与郭先生所理解的"由虎豹把关"之"把守""掌管"的意思也是不同的。所以，郭在贻先生把"虎豹九关"，看成是"虎豹纠关"，即虎豹把关，实际上是没有证据的。因此，郭在贻先生的说法实不可从。郭在贻先生联系"九关"以考"九约"的思路是正确的。但是，郭先生其实是受到了五臣"关，钥"这个错误解释的误导。"关"表示"钥匙"的意思，在文献中再无第二个例证，并且这个意义与"关"的意义系统没有关联，所以五臣说是错误的。郭在贻先生的思路是这样的：既然"关"是"钥"，"虎豹九钥"这个句子没有动词啊，于是郭先生推测"九"通"纠"，这样就有了动词。进而，郭先生自然就想到"约"应该通"钥"，则"九关""九约"都是"纠钥"，于是"九约"这个千古之谜就迎刃而解了。但是，郭先生其实已经意识到他的解释还是讲不通的，他知道"纠察钥匙"这种说法是讲不通的，于是又转换了一下说法，把"纠关"说成是"把关"。

这样一来，我们就不明白了，这"把关"的"关"到底是什么意思啊？是如五臣说的"钥匙"吗？如果是"钥匙"，为什么不说"拿着钥匙"或者"掌管钥匙"呢？如果不是"钥匙"，那么，"把关"就应该理解成"把守关口"或者"把守着门"，这好像与"纠钥"还不能看成是一回事。可见，郭在贻先生的思维还是比较混乱的。

如果熟悉古文字，就能够充分利用出土文献材料，解决这个问题就会有新的思路："九"不是"纠"的假借字，"九"为"又"字之讹。战国时期，"又"作⺄、㇕①，"九"作㇕、㇗②，二字形体接近，容易错讹。

在战国时期，"又"有"掌管"的意思。"又"是手，引申出"掌管"的意思，是顺理成章的事情。只不过"又"的"掌管"之义的用例在传世文献中已经很难找到，人们普遍不熟悉而已。但是周代的青铜器铭文中有使用的例证。

《殷周金文集成》1·272-8 铭文曰："公曰：'尸，女康能，乃又事……余命女职差正卿。'"又曰："丕显皇祖，其作福元孙：'其万福纯鲁，和协尔又事，俾若钟鼓……女考寿万年，永保其身。'"

"乃"后面应该跟动词，"乃又事"的"又事"就是掌管大事；"尔又事"就是"你所掌管的事情"。"又"都是"掌管"的意思。③

《殷周金文集成》16.10478 铭文曰："命赒为兆宆，阔狭小大之⺊⺊，又事者、官圖之。"

"官"谓办事情的小臣。《吕氏春秋·爱士》："广门之官。"高诱注："官，小臣也。"圖，从图从心，今天无此字。汉字发展有一个规律，字义引申发展之后，原来的一个字形表达了多个不同的意义，为了使字形与字义有所区别，汉字常常采用添加偏旁的方法孳乳新的形体来分担原来一个形体承担的多个意义。"图"的常用义有"图画"和"谋划"等意义，谋划是人的心理活动，为了区分"图画"和"谋划"这

---

① 何琳仪. 战国古文字典［M］. 北京：中华书局，1998：7-9.
② 何琳仪. 战国古文字典［M］. 北京：中华书局，1998：164.
③ 出土文献中"又事"二字连文，一般都读为"有司"，这两处的"又事"是绝对不能读为"有司"的。

两个意义使用的不同的汉字形体，人们在"谋划"的"图"上添加与人的心理活动相关的偏旁"心"作🖼。因此🖼就是"图"的区别字，其意义也是"谋划"的意思。《殷周金文集成》16.10478 铭文说：命令䁹建筑墓穴，墓穴的阔狭大小，掌管建筑的人和具体施工的小臣们一起谋划。显然"又"仍然是"掌管"的意思。《楚辞·招魂》中的"虎豹九关"当为"虎豹又关"，"土伯九约"当为"土伯又约"，是文献传抄过程中，人们把"虎豹又关"改成了"虎豹九关"，把"土伯又约"改成了"土伯九约"。

《楚辞·招魂》使用"又"表示"掌管"的意义，后来人们不熟悉这样的表述，认为"又"应该是错字，又涉天门九重之说，遂改"又"为形近的"九"。"虎豹九关，啄害下人些"，王逸注："言天门凡有九重，使神虎豹执其关闭，主啄啮天下欲上之人，而杀之也。"《乐府诗集·郊庙歌辞一·汉郊祀歌》："九重开，灵之斿，垂恩惠，鸿祐休。"这些都是人们认为天门九重的材料。天门九重，地门当然也有九重，于是"虎豹又关"被改为"虎豹九关"，"土伯又约"自然也就改为"土伯九约"了。

"关"是控制门开合的大木头①，"约"是"籥"的假借字。《战国策·赵策三》："齐闵王将之鲁……谓鲁人曰：'……天子巡狩，诸侯辟舍，纳于筦键，摄衽抱几，视膳于堂下，天子已食，退而听朝也。'鲁人投其籥，不果纳。"《墨子·号令》："诸城门吏，各入请籥；门开已，辄复上籥。"说明"籥"是开闭门的类似于钥匙的东西。《史记》张守节正义："籥，钥匙也。""籥"是牝状的钥匙。②"虎豹又关"说的是虎豹掌管着控制天门开合的大木头，"土伯又籥"说的是土伯掌管着控制地门开合的籥。

---

① 见本书第 35 页。
② 陆忠发. 王力《古代汉语》注释疑难考证［M］. 杭州：浙江大学出版社，2020：209-211.

再如《左传·僖公二十八年》："己巳，晋师陈于莘北，胥臣以下军之佐当陈、蔡。子玉以若敖之六卒将中军，曰：'今日必无晋矣。'子西将左，子上将右。胥臣蒙马以虎皮，先犯陈、蔡，陈、蔡奔，楚右师溃。狐毛设二旆而退之，栾枝使舆曳柴而伪遁。楚师驰之。原轸、郤溱以中军公族横击之，狐毛狐偃以上军夹攻子西，楚左师溃。楚师败绩，子玉收其卒而止，故不败。""公族"，杜预注释说："公族，公所率之军。"杜预的注释对不对？在传世文献中找不到佐证。熟悉甲骨文的学者，从卜辞中找到了"族"是军事组织的证据。

甲骨文"族"作 、 、 诸形，从 从矢或二矢，矢下或从"口"。丁山先生提出族本义应该是军旅的组织，李学勤先生说卜辞的王族是由王的亲族组成的队伍，多子族是由大臣或者诸侯的亲族组成的队伍。刘钊先生进一步认为族是由"亲族"或"家族"构成的从事战争的军事组织，它不同于师这样的专业军队，是以族众为主体，战时征战，平时务农的"民兵"，是临时征集的军事力量。①

《合集》② 32815：己亥，历贞：三族王其令追召方，及于 。

《合集》9479：戊子卜，殼贞：令犬延族圣田于虎。

《合集》26880：……丑卜，五族戍，弗雉王［众］，吉。

《合集》6812 正：贞：令多子族比犬侯璞周，载王事。

《合集》6813：令多子族暨犬侯璞周，载王事。

《合集》6946 正：甲子卜，争：雀弗其乎王族来。

《合集》28054：癸巳卜，王其令五族戍 ……伐歼。

从上面的卜辞看，族要追击敌人（《合集》32815），族要戍于某地（《合集》26880，《合集》28054），族是一种军事组织是肯定的。看来，杜预的注释确实是有依据的。

---

① 于省吾.甲骨文字诂林［M］.北京：中华书局，1996：2545-2550.

② 本书中多用到《甲骨文合集》，简称《合集》。

可见，熟悉古文字，在做学问时，还可以使用出土文献，拥有比前面学者更多的研究资料，所以，如今有越来越多的学者都在想方设法利用出土文献从事学术研究。

然而有时候仅仅能够使用出土文献资料，常常还无法把问题彻底解决掉。如上面说过的"又关"的"关"到底是什么，五臣把"关"解释为钥匙，好像也没有旁证材料呀。"族"的问题也还是有很多疑点，比如春秋时期的车战，敌我双方都是在战车上采用面对面进攻的方式攻击敌方，族为什么就可以"横击"敌人呢，这个族到底是什么样的军种呢？这样的问题，大家都没有办法解决。

要彻底解决上述问题，就需要研究者懂得汉字表意理论，会分析汉字结构如何表意，能够充分利用汉字结构本身包含的历史文化信息。

要说清楚"族"到底是什么样的军种，我们就需要懂得"族"这个字的结构本身包含的历史文化信息了。

"族"从⼢从矢，"矢"代表士兵。从造字的角度说，"族"是利用军队必有的旗帜和士兵表达"族"这种军事组织。那么，"族"这个字中的"矢"凭什么就能够代表"士兵"呢。就像我们党旗上的镰刀代表农民、锤子代表工人一样，"族"这种军队的士兵都装备了特有的武器——矢，矢是族中的士兵杀敌的武器，所以造字者就用"矢"指代"装备了矢的士兵"。古人造字之所以要这样做，是为了避免"族"的形体与"旅"混同。"族"所从的"矢"下或从"口"，"口"是提示符号，提示存放矢的箙。所以我认为"族"从"矢"，说明"族"这种部队是装备了弓矢的部队。

与一般的部队在战斗时需要和敌人面对面搏斗相比，装备了弓矢的部队可以在几十米外有效打击敌人，类似于现在的兵种火箭军。所以，族在战场上可以横击敌人。

《孟子·梁惠王上》："王好战，请以战喻。填然鼓之，兵刃既接，弃甲曳兵而走，或百步而后止，或五十步而后止。以五十步笑百步，则何如?"古代弓矢的有效杀伤距离大约是 60 米（相当于古人说的 50 步），所以战场上只要往后退却 60 米，就可以安全了。这也决定了弓矢部队不能采用从正面射击敌人的战法，因为他们必须在距离敌人 60 米左右射箭，如果弓矢部队射出去的矢没有杀死敌人，几秒钟之后敌人的战车就会冲到他们跟前，他们根本来不及射第二支箭，就会被对方杀死。所以，如果弓矢部队采用从正面射击敌人的战法，他们就会面临被对方杀死的高度危险。因此，弓矢部队只能采用"横击"的战法，这样就可以在确保自身安全的前提下有效杀伤敌人。而且弓矢部队采用"横击"的战法，还可以有选择地攻击敌方最重要的人员，如鞌之战中，晋师主帅郤克和御者解张在战斗一开始就被齐师的弓矢部队射伤了。解张的手和肘都被齐师的矢"贯"了，说明射穿解张手和肘的矢是从晋师进攻方向的垂直方向射过来的，这也就证明弓矢部队采用的战法正是"横击"。

可见，懂得汉字表意理论，会分析相关汉字本身包含的历史文化信息，我们就可以把"族"这个兵种彻底说清楚。

由我们上面简单的举例可以看出，学者自身的学术积累和知识面决定一个学者可以使用哪些资料从事学术研究，决定一个学者可以做多大的学问，多深的学问。学者自身的学术积累和知识面还决定一个学者所做的学问的准确性。懂得汉字表意理论，学会分析汉字形体如何表意，在做学问时就可以合理使用上述四类研究资料，可以解决更多一般难以解决的问题。所以从做学问需要利用更多资料、可以正确解决一般难以解决的问题的角度说，从事学术研究，不能不掌握汉字表意理论。

第二章

汉字表意理论与古代语言研究

自东汉许慎以来，中国文字学理论研究的中心是研究六书，其实质是研究汉字结构分类问题，并没有主动去揭示汉字形体如何表意问题，因而没有触及汉字最本质的问题。汉字表意理论专门研究总结汉字形体如何表意，是近十几年来最新的汉字学理论成果，一般来说，这样的成果，语言学界应该重视。

第一节　正确说解汉字形体如何表意

汉字是表意体系的文字，研究汉字一定要设法说清楚汉字形体如何表意。这方面的内容我在《汉字学的新方向》《当代汉字学》《新版当代汉字学》中有很多介绍，这里再简单举两个例子。

甲骨文"家"作𤲃，从宀从豕，少数形体也从宀从𢆶（豭）作𤲃。从字形上看，"家"是屋子里面住着猪，可是，屋子里面住着猪，怎么说也是猪圈，猪圈怎么又成了我们的"家"了呢？可以说大部分认识汉字的人都对"家"的造字感到好奇。许慎《说文解字》说："家，凥（'居'的古体）也。从宀豭省声。"把"家"看成形声字，认为"家"的形体不是屋子里面住着猪，这个说法简洁明了，说明"家"本来就是人的居所，不是住着猪的屋子。可是，"家"的形体更多的是作🐖，就是屋子里面住着猪，所以，许慎的说法还是有些问题的。我们还是要从猪跟"家"的关系上去解释🐖的形体。

人的居所为什么从"豕"呢？人们常常引当今少数民族的住房情况为比，认为古者人畜共居一屋，董作宾先生作《〈纳西族象形标音文字字典〉序》说："甲骨文的'家'作🐖，是房子里一条猪，这并不奇怪，汉代的陶制明器，养猪是在住家的楼下，现在各地也还有这种古风。因为古代的人，日出而作，日落而息，白昼里男的女的，都到田间工作去了，家里面只剩下这饱食终日懒洋洋地睡着的一头猪了。"[①] 董作宾先生的说法好像很有道理，因为人都出去工作了，家里只剩下猪了，所以造字就从⌒从豕表示"家"。其实董作宾先生的理解是典型的"想当然"释字，是脱离造字时的社会生活说解汉字，当然是错误的。"家"见于甲骨文，其造字不晚于商代。商代的时候，即使是国王的宫城中也没有楼房，平民的住房更是半地穴式的房屋，怎么可能上面住人下面养猪呢？当今少数民族的屋子中把豢养的猪也关在里面，他们的屋子都是楼房，牲畜在一楼，人住在二楼上面。远在商代的时候，这些少数民族地区有没有人活动都不可知，即使有人活动，恐怕也是游牧之人吧。他们也不可能有这样的楼房居住。所以按照董作宾先生这样去理解"家"的造字，都是错误的。

"家"从⌒，⌒不是猪的屋舍，甲骨文"寂"作🐖，利用猪在屋舍里表达"寂静"的概念。[②] 猪舍一定有围墙，所以甲骨文以⌂表示。⌒不是猪的屋舍，是人的居所，于省吾先生考为"宅"可从。🐖不能看成猪居住在人的居所里，那么，🐖从⌒从豕，就是利用"宅"和"豕"之间的空间关系表意。"豕"是提示符号，造字者利用豕依附于"宅"

---

① 李霖灿. 纳西族象形标音文字字典 [M]. 昆明：云南民族出版社，2001：12-13.

② 陆忠发. 汉字学的新方向 [M]. 杭州：浙江大学出版社，2009：59-60.

这样的空间关系提示这个"宅"是贵族居住的院落。因为上古粮食紧张，一般人家养不起猪，所以不养猪，只有贵族为了祭祀的需要，养猪以供祭祀。因此，只有贵族的院落旁边才有豢养的猪。所以，"家"本义指贵族居住的院落。卜辞中的"家"用本义的有：

《合集》3096："丙午卜，贞：效丁人嬉不🔲，在丁家侑子。"

"在丁家"就是在姓丁的贵族的院落里。

《合集》13580："己酉贞于上甲家。"

"上甲家"指上甲这一族现在居住的院落。

《屯》332："丁巳卜，🔲弗入王家。"

"王家"，指王姓贵族的院落。

《英藏》392正："戊辰卜，𡧚贞：🔲有往家乎……"

"往家"就是回到贵族🔲居住的院落。

"家"引申指居住在这个院落的贵族。

《合集》3522正："贞：我家旧🔲臣无害我。"

"我家"指我的家族。

《合集》13584甲正："我家祖辛弗佐王。"

"我家祖辛"指我这一族的祖辛。这一条卜辞肯定不是商王的占卜，应该是王族中的某一个贵族占卜的卜辞。

《合集》22091甲："乙酉卜，御家🔲于下乙五牢，鼎用。"

"家"类似于现在说"我们家"。

《屯》2672："家无震。"

"震"应该是"恐惧"的意思。《战国策·中山策》："楚人震恐。""家无震"就是我们家的人不恐惧。

《合集》6814："癸未卜，争贞：令🔲以多子族、璞、周载王事。"

"多子族"就是商王的各类亲戚，是跟商王有各种关系的一个个子姓的贵族。卜辞中"我家"就是这些贵族中的一支。

　　"家"从∩从豕，或从∩从🐗（豭），🐗是公猪，"家"从"豕"、从🐗都表示"猪"，许慎说"家"是"从宀豭省声"的形声字，是错误的。"家"是会意字。

　　古文字"灶"的形体也是很奇怪的。古文字"灶"作🔥，从"穴"从爬虫。《说文解字》："竈，炊灶也。从穴，黽省声。竈，或不省。""竈""竈"就是现在"灶"的繁体字，"竈"与"竈"的关系是："竈"是本字🔥楷化的形体，"竈"是从"土""竈"声的形声字。之所以从"土"，是因为灶往往都是用土垒成的。

　　从"穴"从爬虫，应该是爬虫的窝，为什么表示烧饭的灶呢？不但一般人不理解，就是著名的古文字学家也感到迷惑。如裘锡圭先生说："繁体'灶'的结构难以说清楚。简体'灶'还是可以理解的。"①其实，要是懂得汉字的表意方法，🔥的结构也是不难说清楚的。

　　🔥（00270 秦公钟②），从"穴"从🐛，为什么字义不是"虫子的窝"，而是烧饭的"灶"呢？我们只有设身处地地从造字古人的角度思考，才能想明白这个问题。"灶"的概念非常难以表达，"画成其物"非常难。选择什么样的部件组合才能表达出"灶"的概念呢？造字者巧妙地利用了人们熟悉的社会生活表达出了"灶"的概念。熟悉考古，我们就会知道，上古时期烧饭的灶不是用土垒成的，而是在地面上挖坑作为灶的。人们生活中使用的灶就是在地面上挖一个穴，烧饭时要烧柴烧草，柴草中往往会寄居一些昆虫（如灶马），堆放在灶穴旁边的柴草下面由于长期不清理，会积有一些灰尘碎土，这些灰尘碎土中往往会寄居甲虫（如土鳖）。所以，灶穴之不同于其他的穴的特点是灶穴边上往往会寄居着昆虫或者甲虫。因此古人造字表达"灶"的概念，就用🐛（土鳖）作为提示符号，提示这个穴的边上寄居有🐛（土鳖），人们就

---

　　①　裘锡圭. 从纯文字学角度看简化字［J］. 语文建设，1991（2）.

　　②　秦公镈（集成1.270）："秦公曰：丕显朕皇祖受天命，🔥有下国。"

知道这个穴是"灶"了。故"灶"之古文字形体从穴从 ⿱ （土鳌）。①
可见，如果我们能够设身处地地从造字古人的角度思考古人所造的汉字
形体，就能够正确理解古人所造的形体了。

随着社会的进步，人们发明了垒土为灶， ⿱ 这个形体又非常难书
写，所以后来又造"灶"字替换了 ⿱ 。

第二节　正确理解汉字的结构

我在《当代汉字学》第五章第一节中说过："汉字结构的分类问题
其实并不简单，从形式上分类，常常是说不清的，甚至是错误的。"②
给汉字进行结构类型分类，一定要从汉字形体表意的角度去区分才能区
分正确，我在《当代汉字学》第五章第一节中有详细介绍。

汉字的结构，有一些既像形声字，又像会意字。一个字到底是形声
字还是会意字，有时候需要研究者会分析其表意方法才能做出正确的
判断。

如古文字"奔"字，盂鼎铭作 ⿱ ，井疾簋作 ⿱ ，石鼓文作 ⿱ ，银雀
山汉墓竹简《孙子兵法》作 ⿱ ，从 大 表示跑，从三"止"或三 ⿰ 。
"止"表示人的脚，人不可能有三只脚，从三"止"之意应当是提示其
两脚交替的速度极快，看上去像是有好几只脚似的，合起来表示"快
速奔跑"的概念。

---

① 灶边往往会寄居一些昆虫，这种生活常识在语言中也有反映，如成语有"蛛丝马
　迹"，口语中有"露出马脚"，这个"马"就是被称为"灶马"的昆虫。因为它喜
　欢寄居在灶边，所以叫"灶马"。 ⿱ 这个形体，不能理解成土鳌寄居在灶穴中，灶
　穴是烧火的地方，没有虫子会寄居到灶穴里面的。古文字上下结构往往表示前后左
　右的位置关系， ⿱ 这个形体就应该理解为前后左右关系。
② 陆忠发. 当代汉字学［M］. 上海：上海教育出版社，2014：91.

奔又作 从走从三 ，熟悉汉字表意方法，我们就知道，汉字结构中相同的部件组合，在横的方向两个相同部件组合往往是表示在横的方向看不到边际的状态，在纵的方向两个相同部件组合往往是表示在纵的方向看不到边际的状态，所以 表示一个宽广的平面上面都是草，即表示长着草的地面。 乃是利用"奔跑的人在草上"这样的人与草之间的位置关系，表达人奔跑速度极快。我们形容人奔跑极快，有时还说"他脚不着地地跑了"。"奔跑的人在草上"就是我们说的"脚不着地"。如果我们会这样分析古文字"奔"的形体，我们就必然把"奔"看成是会意字。但是，从许慎开始，人们就把"奔"理解成形声字。《说文解字》："奔，走也。从夭，贲省声。与'走'同意，俱从夭。"许慎的分析，好像是说得通的。但是无论是甲骨文、金文还是战国文字中都没有看到有从"贲"的"奔"，怎么知道"奔"这个形体就是从"贲"省声呢？所以许慎的说法显而易见是靠不住的。著名古文字学家裘锡圭先生认为"奔"应该分析为从"卉"声的形声字，但是裘先生又认为"卉"和"奔"的声音很不相谐。① 所以，关于"奔"的造字，大家都很难理解。

其实， 不能理解成"贲"之省，也不能理解成"卉"，应该理解成三个 组合起来表示宽广的地面。我们应该把"奔"分析为会意字，而不能分析为形声字。类似的汉字，《说文解字》中分析错误的很多。举例如下。

　　羴部：
　　《说文解字》：羴，羊臭也。从三羊。凡羴之属皆从羴。
　　《说文解字》：屖，羊相厕也。从羴在尸下；尸，屋也。

　　按："羴"从三羊，"三"表示"多"，好多的羊在一起，膻味就会

① 裘锡圭. 文字学概要［M］. 北京：商务印书馆，1983：132.

很浓，所以造字用好多的羊在一起时人们的感受表达"膻味"的概念。所以，"羴"的本义是"膻味"，即许慎所说的"羊臭也"。

"羼，羊相厕也。""羼"的本义是好多羊聚集在一起，"羼"的意义与"羴（羊臭）"不相涉，许慎应该分析为"从三羊在尸下"，而不应该说"从羴在尸下"。"羴"和"羼"其实都应该归"羊"部，而没必要设立"羴"部。

林部：

《说文解字》：林，平土有丛木曰林。从二木。凡林之属皆从林。

《说文解字》：森，木多皃，从林从木。

按：林，从两个"木"，表示树木一字排开，表达"树林"的概念。森，甲骨文作🌳，从三个"木"，表示横向树木一字排开，纵向树木看不到边际，表达"森林"的概念。《说文解字》："淼，大水也。从三水。"淼，从三个"水"，表示横向看、纵向看都看不到边际，表达"宽广的水面"的概念。许慎分析"森"应该像分析"淼"那样，分析为"从三木"，而不应该分析为"从林从木"。

晶部：

《说文解字》：晶，精光也。从三日。凡晶之属皆从晶。

《说文解字》：星，万物之精，上为列星，从晶生声。一曰象形。从口，古口复注中，故与日同。

《说文解字》：曟，房星，为民田时者，从晶辰声。

《说文解字》：曡，扬雄说以为古理官决罪，三日得其宜，乃行之。从晶从宜。亡新以为从三日太盛，改为三田。

按：甲骨文有🔆字，像好多个发光的星体，本为星星之本字。人们造🔆字运用了生活常识：⊙象星星之形，亦象太阳之形，为了区分星星与太阳，星星作❀，太阳作☉，因为日只有一个，所以❀肯定不会被人理解为"日"。人们看到❀这样的发光体有很多个，自然就知道是指星星。这样，太阳和星星的差别，利用生活常识，就巧妙地区分开来了。

但是，❀除了表示"星星"的概念，还引申表示"明亮"的概念。因为人们晚上仰望天空，总是能够感受到星星非常明亮。因此，❀又因为人的感受而表达了"明亮"的概念。这样，"❀"就同时表示"星星"和"明亮"两个概念了。

为了区分"星星"和"明亮"两个概念，星星的概念用字又在本字❀上添加提示符号"生"以提示其声音，作❀。这样，"星星（❀）"和"明亮（❀）"就区分开来了。后来❀简化作"星"，所以在现代汉字形体中星星作"星"，"明亮"的概念字形作"晶"。许慎分析"星"的形体是"从晶生声"，是本末倒置，为了说明从"晶"的原因，又说"万物之精，上为列星"就更加荒谬了。

"晨"篆文作❀，《说文解字》晨或体作❀，马王堆汉墓出土帛书《五星占》作❀。古者天不亮（还满天星星的时候）人们就起床，农人下地干活，官员上朝议政。故用星星（❀）与❀（辰，蜃的本字。古以蜃壳作为农具）表达"晨"的概念。或省❀为日，遂讹为从日。《说文解字》说"晨"的意义是"房星"，可能不正确，作为星星的名称，应该是假借义。许慎分析"晨"字的结构是"从晶辰声"，则肯定是错误的。

对"叠"字的分析，许慎引扬雄说"古理官决罪，三日得其宜"，又说"从晶从宜"，就前后矛盾了，应该分析为"从三日从宜"。显然"从晶"是取"三日"之形，与"晶"的意义无涉。

秝部：

《说文解字》：秝，稀疏适也。从二禾。凡秝之属皆从秝。

《说文解字》：兼，并也。从又持秝。兼持二禾，秉持一禾。

按：《说文解字》："秝，稀疏适也。从二禾。"许慎分析"秝"字的形体和意义都是正确的。"秝"利用禾苗与禾苗之间的空间关系表达"稀疏恰到好处"的概念。稻禾之间需要有合适的间距，间距太大，浪费土地，间距太小，稻禾生长会受到影响。所以，人们在种植稻禾时，总是会保持合适的间距。故造字利用禾苗与禾苗之间的空间关系表达"稀疏恰到好处"的概念。篆文兼作𥝫，诅楚文作秝，居延汉简作兼，从二禾，从彐，用一个人同时拿着两把禾，表示"合并"的概念。《说文解字》："兼，并也。"许慎说"兼"的意义是对的，但是形体不当理解为"从又持秝"，"秝"不是一个具体的事物，怎么可能成为"持"的对象呢？"兼"的形体应该理解为"从又持二禾"。

又按："兼持二禾，秉持一禾"，疑不是许慎所说，应该是后人读《说文解字》所加的旁注，误采入正文中。甲骨文"秉"作𠂏，井人钟作秉，马王堆一号汉墓竹简作秉，从禾（禾）彐，《说文解字》："秉，束禾也。从又持禾。"人收割稻禾总是用手抓住一把禾再用镰刀割下，然后再捆扎成一束。秉从彐持禾，就表示"一束禾"。《诗·小雅·大田》："彼有遗秉。"正用本义。引申为"拿着""持"。

> 㐺部：
> 《说文解字》："㐺，众立也。从三人。凡㐺之属皆从㐺。"
> 《说文解字》："众，多也。从㐺、目，众意。"
> 《说文解字》："聚，会也。从㐺取声。"

按："众"，甲骨文作𠂤、𠂤，师寰殷铭作𠂤。甲骨文所从的口或日均象宫城，国王的宫城都是用房屋围合成的方形的小城，所以用"口"表示。商初二里头宫城的主殿居宫城之中央，"日"中间的一点就是提示主殿之所在。金文把"日"讹与"目"形似，这是许慎分析"众"字为"从㐺、目"的原因。"众"不从"目"。"众"的本义也不是"多"，"多"是"众"的引申义。甲骨文𠂤用宫城外聚集的很多人来表达"平民"的概念。

《合集》12："贞唯小臣令众黍，一月。"

《合集》24："辛亥卜争贞共众人立大史于西奠……月。"

"史"，胡厚宣先生考为商之武官①，我考为商王室的卫队②，从卜辞中看，众除组建商王室的卫队外，主要从事农耕和征战，所以他们应该是国民中最基本的成员，他们应该是平民。

那么，"平民"的概念为什么要造吊这样的形体呢？

从周代文献中看，周代国王的宫城内要为平民留下聚会的场所——外朝。③

《周礼·秋官·小司寇》："小司寇之职，掌外朝之政，以致万民而询焉。一曰询国危，二曰询国迁，三曰询立君。其位，王南乡（向），三公及州长、百姓北面，群臣西面，群吏东面。……以五声听狱讼，求民情：一曰辞听，二曰色听，三曰气听，四曰耳听，五曰目听。以八辟丽邦法，附刑罚：一曰议亲之辟，二曰议故之辟，三曰议贤之辟，四曰议能之辟，五曰议功之辟，六曰议贵之辟，七曰议勤之辟，八曰议宾之辟。以三刺断庶民狱讼之中：一曰讯群臣，二曰讯群吏，三曰讯万民。听民之所刺宥，以施上服、下服之刑。"

《周礼·秋官·朝士》："朝士掌建邦外朝之法，左九棘，孤、卿、大夫位焉，群士在其后；右九棘，公、侯、伯、子、男位焉，群吏在其后；面三槐，三公位焉，州长众庶在其后。左嘉石，平罢民焉；右肺石，达穷民焉。帅其属而以鞭呼趋且辟，禁慢朝、错立族谈者，凡得货

---

① 胡厚宣. 商代的史为武官说［J］//安阳师范专科学校. 全国商史学术讨论会论文集. 安阳：殷都学刊增刊，1985：128.

② 陆忠发. 商代的史为王室卫队说［J］. 殷都学刊，2004（3）.

③ 古代君臣处理政务的大宫殿叫"廷"，"朝"是宫殿外面的广场，请参考陆忠发. 朝廷本义考［J］. 语言研究，2005（4）：102-104.《公羊传·宣公六年》："赵盾已朝而出，与诸大夫立于朝。"第一个"朝"是动词，"朝会"的意思；第二个"朝"是名词，这个"朝"就是宫殿外面的广场。

赇、人民、六畜者，委于朝，告于士，旬而举之，大者公之，小者庶民私之。"

　　根据这些记载，我们可以知道，外朝是对外开放的。王城之中，最为宏伟的建筑即王之宫城，这里当然是市民向往之所，因此帝王就开放外朝①，让市民游玩观赏，并设立朝士负责管理外朝秩序。在商周时期，只要是有人身自由的平民都可以随时随地来国王的宫城里走走看看。

　　通过对比考古发现的商初二里头宫城和西周凤雏宫城，我们发现，周代的宫城为四合院式的建筑，用廷将朝分割为外朝和内朝（内朝又用道路分割为治朝、燕朝），外朝对平民开放。而商代宫城内部，廷居中，朝相连，没有划分为内朝和外朝，因此，商代宫城内部是不会允许平民进入的。那么，平民就只能在商王的宫城外聚会观赏。所以，在商代的时候，国王的宫城外面必然经常聚集着许许多多的平民，造字者巧妙地利用了宫城（囗或口）与聚会的好多人（三人）之间的位置关系表达了"平民"的概念。

　　因此，《说文解字》说"众，多也。从乑、目，众意"就不对了，许慎应该分析为"从三人"。显然这里的"乑"只是取三人之形，与"众立"的意义无涉。

　　"聚"是"会聚"的意思，显然是从三人表示好多人会聚在一起，与"众立"意义的"乑"无涉。

麤部

《说文解字》："麤，行超远也。从三鹿。凡麤之属皆从麤。"

《说文解字》："⿱麤土，鹿行扬土也。从麤从土。"

　　按："麤"之意义是"行超远"，又表示"粗疏"。"⿱麤土"今体作

---

①　根据《周礼》记载，国王有三朝：外朝、治朝、燕朝。外朝是国王宫城内最大的朝，它是君臣处理政务的廷与宫城外面相连的大广场，所以叫"外朝"。

"麈"，俗作"尘"，意义是"尘土"。鹿善奔跑，其修长的四肢有力地蹬地，使得其奔跑的速度非常快，其四蹄抓地后又用力向后扬起，能够扬起很大的灰尘。所以，古人造字用鹿和土的空间关系表达"尘土"的概念。然而"麤"从麤从土，仅仅是用"麤"表示一群鹿，与"行超远"或者"粗疏"的意义是没有关系的。

一般说来，许慎的《说文解字》部首与部首所从的汉字之间在意义上是相关的。但是，《说文解字》中也有少量的汉字与部首之间没有意义上的关联，仅仅是形体相关。这是我们阅读《说文解字》时需要注意的问题。

《说文解字》："歸，女嫁也。从止从婦省，𠂤声。"甲骨文"归"作𢏚从𠂤从帚，小篆形体所从的𠂤是甲骨文𠂤的形讹，𠂤是"师"的本字，表示军队。帚是"帚"的本字，其本义是扫帚，引申为"扫除"。

《合集》34283："戊子卜，帚𡈚雨。"

"帚𡈚雨"就是把𡈚地的云雨扫掉。天上的云雨是扫不掉的，这里的"帚雨"显然是一种祭祀活动，其目的是想要把云雨扫掉，让天不要再下雨。这样的祭祀，后代同样有，叫"扫晴祭祀"。在商代，扫晴祭祀主要由妇女担当，商代战争频发，据王宇信、杨升南先生研究，武丁时期征伐的方国有 81 个，祖庚祖甲时 2 个，廪辛康丁时 17 个，武乙文丁时 28 个，帝乙帝辛时 8 个。[①] 这么多的战争，让男人没有时间从事农业生产，农业生产必然主要由妇女担当。当天不停地下雨，影响农作物生长时，妇女们拿起扫帚，向天挥舞，强行扫去乌云。这就是扫晴祭祀主要由妇女担当的历史原因。

扫帚是妇女扫晴使用的专门工具，所以"帚"指代"妇女"。

《合集》21796："癸酉余卜，贞，雷帚（妇）有子。"

---

① 王宇信，杨升南.甲骨学一百年［M］.北京：社会科学文献出版社，1999：498-499.

在𡥀这个字中，𪥛表示"妇女"。因此，𡥀从𠂤从𪥛，其实就是从"师"从"女"。从"师"从"女"，何以就表示"归来"呢？古代的"师"都是由青壮年男子组成，"妇"是他们的母亲、妻子和姐妹。古代的战争是敌我双方短兵相接的搏斗，士兵们战死沙场是常有的事，很多士兵出了家门就再也回不来了。因此，我们可以想象，战场上男人们奋勇厮杀，在这些士兵的家中，他们的母亲、妻子和姐妹会有什么样的心情。毫无疑问，自从军队出征时起，这些女人就一直提心吊胆，担心自己的亲人回不了家。可她们一旦得到军队归来的消息，她们又会怎么做呢？她们会毫不犹豫地放下正在做的事情跑到军队归来的必经之路上，站立在道路两旁，睁大眼睛看着每一个从她们眼前走过的士兵，急切地想要知道她们的亲人有没有归来。《左传·成公二年》："遂自徐关入。齐侯见保者，曰：'勉之，齐师败矣。'辟女子。女子曰：'君免乎？'曰：'免矣。''锐司徒免乎？'曰：'免矣。'曰：'苟君与吾父[夫]免矣，可若何！'乃奔。齐侯以为有礼，既而问之，锐司徒之妻也。"从《左传》的记载中我们体会到，齐国与晋国在鞌发生战争，齐国的妇女们真的是寝食难安。当得知军队从徐关入城的时候，齐都的妇女们都去入城口等候，以至于齐侯入城的道路都被堵塞住了，需要有人在前面开道把妇女们分开以让出入城的通道。锐司徒之妻急切地向开道的人询问国君和丈夫的情况，当得知国君和丈夫都平安归来，她就飞奔回家了。这么多天一直悬着的心终于可以放下了，她要回家准备他最爱吃的东西来表达她对丈夫平安归来的喜悦。这就是古代的社会现实。因此，当军队回来的时候，女人们必定会出城迎接。这样，道路中间是归来的将士，道路两旁则是迎候的妻女。这是将士征战归来的必然场景。𡥀从𠂤从𪥛，造字者正是利用将士征战归来的必然场景巧妙地表达出了"归来"的概念。虽然"归来"的概念非常难以表达，但是，古人的造字还是非常巧妙地解决了这个问题。①

因为"归来"的概念是与行走、道路相关的概念，所以又添加"彳"作 𨑔（蒲簋）或者添加"彳"和"止"作 𨔶（应侯钟），睡虎地简作 𨔶，添加"止"，这就是"歸"的源头。

因此，"歸"是会意字。但是，许慎因为不知道"歸"如何表意，误为形声字，以"𠂤"为声旁，学界同样因为不知道"歸"如何表意，多从许慎之说。裘锡圭先生认定"歸"从"𠂤"为声旁是错的，认为"歸"的声旁应该是"帚"，"帚"大概读"彗"的音，并从上古音方面进行了论证。② 可是在《说从"𡴎"声的从"贝"与从"辵"之字》③ 中裘先生又否定了自己原来论证的"帚"的读音④，可见，裘先生对"彗"到底读什么音都不能确定，他又怎么能够确定"帚"读与"彗"同而做"歸"字的声旁呢？裘先生在《说从"𡴎"声的从"贝"与从"辵"之字》文中又说："'歸'字籀文作'𡜰'，楚简'歸'字往往作'𨗉'，其实也都是'帚'为'歸'字声旁的反映。"其实，"𡜰"，许慎说"籀文省"是对的；"𨗉"就是 𨔶 省。这些都不能作为"帚"为"歸"声旁的证据。

由于过去人们不知道分析汉字的表意方法，许多会意字被错误地理解成形声字。再如：

《说文解字》："逆，迎也。从辵屰声。""逆"的甲骨文形体作 𣲖，本作 𣬪，𣲖 表示一个人走过来，𣬪 表示一个人走过去，合起来用"两个

---

① 军队出征时，妻女应该是不会被同意去送行的。否则哀哭者有之，不舍者有之，何以壮军威？

② 裘锡圭．殷墟甲骨文"彗"字补说［M］//华学：第二辑．广州：中山大学出版社，1996：35．

③ 裘锡圭．说从"𡴎"声的从"贝"与从"辵"之字［J］//文史：第三辑［M］．北京：中华书局，2012：21-22．

④ 裘锡圭先生《说从"𡴎"声的从"贝"与从"辵"之字》注释58。

人相向而行"表示"迎接"的概念。作者，ㄔ是个提示符号，提示道路。合起来用"在道路上，两个人相向而行"表示"迎接"的概念。所以，"逆"是会意字，不是形声字。

《说文解字》："哀，闵也。从口衣声。""哀"就是伤心到了极点。《礼记·檀弓下》："哀之至也。"郑玄注："哀，痛甚。"人们伤心往往就会哭出来，以释放、缓解心里的哀痛。如果一个人伤心了，连放声哭出来都不能，岂不是痛之甚矣！然而，"痛甚"是人内心的感受，没有特定的形象可以描绘。所以，这个概念极难表达。人伤心哀哭的时候要用衣袖擦拭眼泪，于是衣袖就会挡住面部。《离骚》："揽茹蕙以掩涕兮，沾余襟之浪浪。""哀"，沈子簋作 ，哀成叔鼎作 ，从"口"表示口的动作——哭，从衣掩口，形象地描绘了一个人以衣掩口哭泣的样子，表达出"伤心到了极点"的概念。把"哀"分析为形声字，是错的。

《说文解字》："重，厚也。从壬东声。"重，甲骨文作 ，井叔簋作 ，从人、从 、从 ， 是囊橐，字形是一个人背负一个囊橐，甲骨文形体添加 为提示符号，提示这个人在吃力地行走。人吃力地背负囊橐行走时必然感受到囊橐很重。因此造字就用人负囊时的感受表达"沉重"的概念。"重"是会意字，分析为形声字，是错的。

可见，由于人们不知道分析汉字的表意方法，许多会意字"被形声字"了。这样一来，人们错误理解了部分汉字的结构倒是小事，以汉字谐声系统为主要材料研究出来的所谓上古音系，又能够有多大的可信度？因此，中国语言学界迫切需要掌握汉字表意理论，上古音研究也需要在汉字表意理论指导下、在正确分析汉字形体结构基础上重新进行上古语音系统系联工作。

第三节　正确把握古书中字词意义与关系

正确训释古书中的疑难字词，是研究一切涉及古代文献的学问（如古代汉语、训诂学、汉语史、历史学、哲学、文物考古学等）的基础。训诂学研究与古文字关系密切，在结合古文字做训诂时，熟悉汉字表意理论是保证训诂学研究正确使用古文字材料的关键。

传统的小学注重文字、音韵、训诂的综合，当文字、音韵、训诂各自独立为新的学科之后，人们常常更喜欢专注其中的一个学科做探索研究。现实是，研究训诂学的学者基本上不过问文字学的事情，特别是不过问古文字学的事情；研究文字学、古文字学的学者，也基本上不过问训诂学的事情。所以，根本谈不上把古文字学与训诂学很好结合的问题。由于训诂学研究长期没有与古文字研究相结合，没有很好地利用古文字材料进行训诂研究，在训诂学领域还存在大量的疑难问题没有解决。例如，王力先生《古代汉语》里的注释就有很多问题值得探讨。①

把文字学尤其是古文字学、训诂知识综合在一起研究问题，往往更有利于问题的解决。一直以来，我十分重视把古文字研究与训诂实践相结合，先后解决了一些训诂学界解决不了的问题。实践证明，古文字知识在训诂实践中作用非常大，利用古文字学知识，我们不但能够解释出土文献，还能够很好地解释传世文献中偶尔使用的人们普遍不熟悉的字词的本义，更多的是通过把握字词的本义，知晓字词在文献中的引申义的由来，从而顺利解释相关文献。通过对古文字形体关系的研究，可以知晓字与字之间的关系，正确校勘文献，正确解释文献。此外，通过研

---

① 陆忠发. 王力《古代汉语》注释疑难考证［M］. 杭州：浙江大学出版社，2020.

究古文字，能够让我们读懂出土文献资料，获得更多的语料，从而解决利用传世文献解决不了的问题。所以，结合古文字做训诂，非常有必要，把古文字知识应用于训诂大有可为。

不结合古文字知识做训诂，就是出错了，人们往往也不知道。如古籍中使用的"关"，人们都解释为门闩，此释本《说文解字》，可谓是权威性的依据。《说文·门部》："关，以木横持门户也。"古籍使用情况也表明"关"与关门有关。如《老子》第二十七章："善闭无关键而不可开。"河上公注："善以道闭情欲守精神者，不如门户有关键，可得开。"《左传·襄公二十三年》："臧纥斩鹿门之关以出，奔邾。"《管子·八观》："宫垣关闭，不可以不脩。"《吕氏春秋·慎大》："孔子之劲，举国门之关，而不肯以力闻。"《史记·魏公子列传》："嬴乃夷门抱关者也。"《汉书·杨恽传》："闻前曾有薜（奔）车抵殿门，门关折，马死。"《宋书·王镇恶传》："军人缘城得入，门犹未及下关，因得开大城东门。"

"关"是什么样的门闩呢？《说文解字》又曰："扃，外闭之关也。"黄金贵先生联系《说文解字》对"扃"的解释，辨析"关"为从里关门的大门闩，常用于城门。① 应该说，根据《说文解字》和文献使用的材料，黄金贵先生对"关"所做的辨析似乎是非常可信的。

从许慎开始，古今学者对"关"的认识都是建立在许慎的观点之上的。

要说"关"是门闩或者是城门的大门闩，有什么地方值得怀疑呢？我看就是《吕氏春秋·慎大》说的"孔子之劲，举国门之关，而不肯以力闻"，即使是从里关门的城门的大门闩，其门闩的厚度您估计有多少尺呢？我想，其厚度可能也不足半尺吧。一般城门的宽度可能不会超

---

① 黄金贵．古代文化词义集类辨考［M］．北京：商务印书馆，2016：683.

过5米①，这样，城门之门的宽度也不会超过5米，那么，您估计这从里关的城门的大门闩应该有多长呢？我估计2米差不多了吧。如果您认同我估计的这些数据，那么，我请您看看下面的材料：

《列子·说符》："赵襄子使新穉穆子攻翟，胜之，取左人、中人；使遽人来谒之。襄子方食而有忧色。左右曰：'一朝而两城下，此人之所喜也；今君有忧色，何也?'襄子曰：'夫江河之大也，不过三日；飘风暴雨不终朝，日中不须臾。今赵氏之德行无所施于积，一朝而两城下，亡其及我哉!'孔子闻之曰：'赵氏其昌乎！夫忧者所以为昌也，喜者所以为亡也。胜非其难者也；持之，其难者也。贤王以此持胜，故其福及后世。齐、楚、吴、越皆尝胜矣，然卒取亡焉，不达乎持胜也。唯有道之主为能持胜。'孔子之劲能拓国门之关，而不肯以力闻。墨子为守攻，公输般服，而不肯以兵知。故善持胜者以强为弱。"

"善持胜者以强为弱"，从列子的话中，我们知道，列子所说的"孔子之劲能拓国门之关，而不肯以力闻"是说孔子力气很大，但是孔子从来不显露自己力气大。什么叫"拓国门之关"呢？《列子》张湛注："拓，举也。"《说文解字》："拓，拾也，陈宋语。"《吕氏春秋·慎大》："孔子之劲，举国门之关，而不肯以力闻。"高诱注："劲，强也。孔子以一手捉城门之关，显而举之，不肯以有力闻于天下。"列子所说的"拓国门之关"，就是举起国都城门之关。城门的大门闩，其长不过一两米，其粗不会粗过碗口。举起这样一段木头，对于任何成人都是轻而易举的事情。孔子能够举起这样的一段木头，怎么能够说孔子是个大力士呢。

这样，让我们怀疑的事情就有两个：1. "关"可能不是门闩，是

---

① 我去过大理古城和嘉峪关，门的宽度估计都在5米之内，当时没有想起来量一量。

《说文解字》说错了，古今许多学者跟着许慎一起误判了。2.《列子》和《吕氏春秋》说错了。

历史上确实有人怀疑是《列子》和《吕氏春秋》说错了。如许维遹《吕氏春秋集释》引毕沅曰："此殆即孔子父事也。"《左传·襄公十年》："晋荀偃、士匄请伐偪阳……偪阳人启门，诸侯之士门焉。县门发，郰人纥抉之以出门者。"郰人纥就是孔子的父亲叔梁纥。在攻打偪阳的战斗中，偪阳人打开城门，攻城大军以为偪阳守军投降，就争先恐后冲入城门内。就在这时，偪阳守军突然放下悬门，冲入城门内的士兵成为瓮中之鳖，叔梁纥用手指把悬门抬起来，放出了冲入城门内的士兵。可见孔子的父亲叔梁纥就是一个"有力如虎"的人。

不过，《列子》和《吕氏春秋》说的即使是孔子的父亲，他举起一段一两米长的木头，也不能就凭这个说他是力气很大的人，我想，我们不应该怀疑《列子》和《吕氏春秋》说错了。而是人们怀疑错了地方，人们没有怀疑仅仅举起一个城门的门闩的人怎么能够称为大力士，却怀疑说这个大力士不应该是孔子，而是孔子的父亲。孔子父亲在战场上惊人的表现，已经让众人叹服他是大力士了，还说什么"不肯以力闻"呢？

那么，人们为什么不想想"关"可能不是门闩呢？因为《说文解字》说"关"是门闩。在崇经媚古的时代谁敢怀疑《说文解字》？我们现在虽然不再迷信《说文解字》，但是，没有充分的证据，谁又敢轻易怀疑《说文解字》的正确性呢？

孔子到底是不是大力士呢？我想是的。虎父生虎子，孔子力气大是天生的。我们不必怀疑孔子力气大，也不必怀疑是不是《列子》和《吕氏春秋》说错了。我们应该转换思路，想想"关"可能不是门闩，而是一个非常沉重的东西。这东西一般人举不起来，孔子能够举起来，所以说孔子是个大力士。

转换思路容易，可是要真正解决问题就不容易了。传世文献中使用

"关"的有用的材料，黄金贵先生基本上都引了，凭借这些材料，也只能得出与黄金贵先生相同的结论了。

那么，"关"到底是什么东西呢？难道问题真的就没办法解决了吗？不是的。如果我们联系"关"的古文字形体做表意分析，这个问题就非常容易解决。

金文"关"作閅①，在分析閅这个形体表达的意义之前，我要先说说指事字的表意方法。

指事字的"指"是"指示"的意思，"事"是"事物"的意思，指事字在象形形体的基础上，加注指示符号，指出造字者所要指示的事物是这个象形形体中的某一个部分。②

例如，篆文"本"作木，木是树木的象形， ▬ 是指示符号，指示符号放在树木的根部，表明造字者要指示的事物是"树根"，所以"本"的本义是"树根"。

篆文"末"作木，木是树木的象形， ▬ 是指示符号，指示符号放在树枝的树梢这里，表明造字者要指示的事物是树木的树梢，所以"末"的本义是"树梢"。

甲骨文"刃"作𠚥，刀是刀，"·"是指示符号，指示符号放在刀的刀刃部位，表明造字者要指示的事物是刀的刀刃，所以"刃"的本义是"刀刃"。

甲骨文"亦"作夾，夾是一个人的象形，"··"是指示符号，指示符号放在人的腋下部位，表明造字者所要指示的事物是人体的腋下，所以，"亦"的本义是"腋下"。

知道指事字的表意方法，我们就容易理解閅字表达的意义了。閅从

① 陈猷釜铭。
② 文字学界很多人简单地理解指事字，说指事字就是象形字上面加一点，所以把"甘""曰"这样的字都说成是指事字，这就错了。

两个丨，"门"为提示符号，提示这两个丨是附着在门上的木条，"·"是指示符号，两个"·"指示两个丨就是造字所要表达的事物。所以，"关"之本义是门上供插入或者放入门闩的两根相对的木头条段。扬雄《太玄经·闲》："次三：关无键，舍金管。测曰：'关无键，盗入门也。'"键是门闩，"关无键，舍金管"是说有门而不设防，既不使用门闩闩门（无键），又不使用锁（金管）锁门。"关无键，盗入门也"，意思是说：门上虽然有供插门闩的两根木头条段（关），如果没有门闩（键），小偷就会进门来了。门闩是用木头做的，所以字也作"楗"。《说文解字》："楗，限门也。"汉蔡邕《月令章句》："键，关牡也。所以止扉也。""牡"本是雄性生殖器之称，凡器物称为"牡"，都是说明其使用的方法是插入其他事物之中。"关牡"言其使用方法是插入"关"中，所以"关牡"就是指插入两根木头条段中的门闩。门闩的作用是关闭门，故许慎以"限门"释之，蔡邕谓之"所以止扉"。① 《淮南子·主术训》："五寸之键，制开阖之门。"《淮南子·缪称训》："匠人斫户，无一尺之楗，不可以闭藏。"这些"键（楗）"都是指门闩。键是横着插入或者放入"关"中的，所以叫"关牡"。这也证明"关"是门上供插入或者放入门闩的两根木头条段，人们过去把"关"理解成门闩，是错误的。

依据"关"的古文字形体作䦎，判断"关"是门上供插入或者放入门闩的两根木头条段，这一步非常关键，正确解释了"关"的本义，其引申义就好解释了。

"关"本义是门上供插入或者放入门闩的两根相对的木头条段，引申又表示插入上墙和地面的孔中起加固作用的木头。请看我下面的具体

---

① 黄金贵先生理解"键"是插入门闩上的控制门闩移动的插销（黄金贵. 古代文化词义集类辨考［M］. 北京：商务印书馆，2016：683.），也能够解释"键"为什么喻称之为"牡"，但是，门闩上的插销仅仅作用于门闩，就不能说其作用是"限门"，"所以止扉"了。

分析。

古代闭门，一般都会使用门闩，人们通常是在门闩之外再加一根木头插入上墙和地面的孔中起加固作用。人们有时候甚至只用一根木头插入上墙和地面的孔中来关闭门，这样同样能够关闭门。《老子》第二十七章："善闭无关键而不可开。""无关键而不可开"的闭门方式就是仅仅用插入上墙和地面的孔中起加固作用的木头来关门的方式。

插入上墙和地面的孔中来关闭门的这根木头，文献中有两种名称。

一叫"牡"。这根木头要插入孔中，所以人们就喻称之为"牡"。《汉书·五行志中之上》："成帝元延年正月，长安章城门门牡自亡，函谷关次门牡亦自亡。"颜师古注："牡，所以下闭者也。"这个"牡"就是指插入上墙和地面的孔中起加固作用的木头，这根木头放入在地面上的孔中，门就关上了，所以叫"下闭"。

二叫"关"。"关"的本义是附着在门上、有孔供插入门闩的两根相对的木头条段，这两根木头条段是闭门的重要部件，有了它，门就能关上了。插入上墙和地面的孔中起加固作用的木头也是闭门的重要部件，有了它，即使没有那个附着在门上、有孔供插入门闩的两根相对的木头条段，门也可以关上（老子所谓"善闭无关键而不可开"）。所以人们又把这根插入上墙和地面的孔中起加固作用的木头也叫"关"，这是"关"的引申义。下面两个材料中的"关"就使用这样的引申义。

《史记·魏公子列传》："魏有隐士曰侯嬴……嬴乃夷门抱关者也。"所谓"抱关"就是开关城门时取出和放下插入上墙和地面的孔中起加固作用的木头，城门很高，这根木头就是一整棵大树的树干，又粗又重，所以取出或者放下都要"抱"。

《汉书·杨恽传》："闻前曾有犇车抵殿门，门关折，马死。""门关折"的"关"不是"门闩"，应该是插入上墙和地面的孔中起加固作用的木头。因为撞击的反作用力把几匹马都撞死了，这么强大的反作用力可能不是来自门闩，而是来自插入上墙和地面的孔中起加固作用的粗大的木头。①

所以我认为，"抱关"的"关"和"门关折"的"关"都是指插入上墙和地面的孔中起加固作用的木头。同样，"孔子之劲，举国门之关"的"关"也是指插入上墙和地面的孔中起加固作用的木头。"国门"就是国都城墙的大门，这个门的高度应该不低于8米，那么，插入上墙和地面的孔中起加固作用的木头就应该有接近10米的长度，这个"关"是一根接近10米的树干，又粗又长，一定非常重。孔子能够把这根大木头举起来，所以是真正的大力士。

解决了这个疑难问题之后，我们回过头来找一下许慎说错"关"的本义的原因。这原因有两个：一是从文献的使用情况看，"关"是与关门有关的词，一想到关门，人们首先就会想到门闩；二是许慎依据的是小篆的形体，小篆的形体已经不能表示"关"的本义了，从"关"的小篆形体中已经看不出"关"的本义是什么了。因为从文献的使用来看，"关"好像是门闩，所以许慎就把"关"解释为持户的门闩。

我们现在利用比小篆更早的古文字材料，就有可能从这个古文字形体中分析获得其最初表达的概念是什么，从而准确把握其本义，并且探求出相关的引申义，进而准确解释文献中具体使用的意义。可见，会分析研究古文字，就能够有更多的手段解决训诂疑难问题。

汉字由本义出发，引申发展出一系列新的意义，这样，一个字形就同时表示多个意义了，所以有时候免不了要影响人们理解文意。为了解决这个问题，汉字形体会进行分化，一般是通过添加提示符号的方式以及添加声旁或者形旁的方式造出新的字体来分担原来一个汉字形体表达的多个意义。② 这种分化，导致汉字的形、音、义系统变得非常繁杂。

---

① 电影里常常可以看到攻打城门的画面，几十个人抬着一棵大树的树干合力撞击城门，城门却总是撞不开。如果仅仅是靠一根门闩关门，在这强大的撞击力撞击之下，门闩早就断开了。城门之所以撞不开，就是因为持门的是一根粗大的树干。

② 陆忠发. 形声字论［J］. 杭州师范大学学报，2011（4）.

　　语言学研究的重要任务之一就是要把字词与字词之间的关系说清楚。但是，目前出版的相关语文工具书中常常有意无意地回避这个问题，勉强做辨析的，错误也非常多。如《词源》"尸"字下说"尸"表示"尸体"是"屍"的假借字。"屍"下却又说"屍"表示"死人的躯体"是"尸"的假借字，这就是说，在表示"尸体"这个意义上，"尸"是"屍"的假借字，"屍"也是"尸"的假借字。另外，古书中表示"尸体"意义的字还有"死"，《词源》"死"下列"尸体"这个义项，又没有指出"死"与"尸"和"屍"的关系。"屍""尸""死"三字的关系，按照《词源》的解释，足以把人们看得一头雾水，所以我们就迫切希望有人能够把这些相关的词放在一起加以辨析。

　　黄金贵先生非常注重把相关的字词放在一起做辨析，这样就比较容易把相关字词的相同之处和区别所在辨析清楚。黄金贵先生的《古代文化词义集类辨考》专门对"屍""尸""死"三字的关系做了如下考辨：

　　　《说文·尸部》："屍，终主也，从尸死。"段玉裁注："终主者，方死无所主，以是为主也。"盖以"尸"为主而会意。按，"尸"者，本是坐于几的尸祭者象形，"屍"会其意为人死，死人。此古今通义，用作死人的通称。《国语·齐语》："杀而以其屍授之。"《后汉书·桓帝纪》："又诏被水死流失屍骸者，令郡县钩求收葬。""屍"常作"尸"。《释名·释丧制》："既定死曰尸。尸，舒也。骨节解舒，不复能自胜敛也。"《左传·隐公元年》："赠死不及尸。"又《左传·成公二年》："襄老死于邲，不获其尸。"汉王充《论衡·道虚》："世学道之人，无少君之寿，年未至百，与众俱死，愚夫无知之人，尚谓之尸解而去，其实不死。"道家以为修道之人死后，留下形骸，而魂魄散而成仙，谓"尸解"。《三国志·吴志·陆逊传》："尸骸漂流，塞江而下。"诸"尸"字皆为屍义。盖"尸"本乃端坐之人，上古祭祀时，孙辈代死者受祭，象征死者神灵。唯尸者代替已故的先祖，故引申指死人。然则，"尸"是"屍"的初文，"屍"是后出字。"屍"又作"死"。《左传·哀公十六年》："白公奔山而缢，其徒微之。生拘白乞，而问白公之死焉。"（"微"即"瞰"，暗中察视。）《吕氏春秋·离谓》："郑之富人有溺者。人得其死者，富人请赎之。"又《期贤》："扶伤舆死。"毕沅注："死与尸同。""舆死"，也作"舆尸"。《易·师》："六三，师，或舆（通'举'）尸，凶。"指举死者的遗体。《史记·鲁周公世家》："不如杀，以其屍与之。"司马贞索隐："（屍）本亦作'死'字也。"①

从文献的使用情况看，"尸体"的概念，既用"尸"表示，也用"屍"表示，还用"死"表示，而且使用这三个字的文献，其时代也没有差别。也就是说，这三个字同时表示"尸体"，同时在相同的历史时期使用，所以这三个字的关系确实很难判断。

黄金贵先生说"尸"是"屍"的初文，"屍"又作"死"，从汉字形体发展的一般规律看，确实是这样的。先有简单的形体"尸"，后来发展出繁杂的形体"屍"，因为"屍"繁杂了，人们又简化成为"死"。所以，黄金贵先生的判断看上去很正确。

黄金贵先生是我最敬佩的学者之一，从传世文献本身出发研究词义，我认为黄金贵先生做得非常好，其《古代文化词义集类辨考》很好地把文献、考古、文物、科技史等多方面材料相结合，在辨析古汉语词义的研究中取得了很多创新成果。但是在研究纷繁复杂的语义时，仅仅依靠传世文献、考古、文物、科技史等方面的材料还是不够的，研究者更加需要懂得古文字表意方法并且要知道在具体研究中加以利用。否则，出错仍然是不可避免的。

---

① 黄金贵. 古代文化词义集类辨考［M］. 北京：商务印书馆，2016：411.

　　那么，黄金贵先生的说法到底正确与否呢，这三个字的关系到底怎样呢？仅仅就传世文献的使用情况说，我也说不清楚这三个字的关系是怎样的，所以我会接受黄金贵先生的说法。不过，如果联系古文字形体去研究，"屍""尸""死"三字的关系，就会有新的结论。

　　文字学上所说的初文与后起字关系，是后起字的意义或者音和义都来源于初文。换句话说，后起字是在初文的基础上添加表意或者表音偏旁形成的会意字或者形声字。"尸"是代替鬼神接受祭祀的活人，"屍"是死人留下的尸体。二者意义完全不同，所以"尸"不可能是"屍"的初文，"屍"也不可能是"尸"的后起字。"死"的本义是"尸体"，"死"才是"屍"的初文。

　　甲骨文"死"作𣨛，亦作𣨛，从𠂷表示骨头，卜是提示符号，提示骨头已经残缺不全。甲骨文"骨"作𣦵、𣦵、ㅂ、ㄴ、ㅁ都是骨头，骨头之间有韧带连接，所以甲骨文用𣦵、𣦵表示"骨头"的概念。𣦵就是残缺的骨头，即"歺"字，《说文解字》："歺，列骨之残也。"

　　远古的时候，人死后，尸体就扔到荒野草丛中，让飞禽野兽任意撕咬，所以尸骨总是残缺不全的，"死"从𣦵、从人或者𠂷，𠂷是一个哀哭的人——他跪地低头，一种伤心欲绝的样子。人面对着残缺不全的骨头伤心欲绝，表明这个骨头是他死去的亲人的尸骨，所以汉字用𣨛表示"尸骨"的概念。

　　在出土文献中，"尸骨"的概念都是用"死"表示的，如睡虎地秦墓竹简《封诊式》63-72简：

　　　　经死爰书：某里典甲曰："里人士五（伍）丙经死其室，不智（知）故，来告。"即令令史某往诊。令史某爰书：与牢隶臣某即甲、丙妻、女诊丙。丙死（尸）县（悬）其室东内中北廦权（椽），南乡（向），以枲索大如大指，旋（缳）通系颈，旋（缳）终在项。索上终权，再周结索，余末衰二尺。头上去权二尺，足不

39

傅地二寸，头北（背）傅廦，舌出齐唇吻，下遗矢弱（溺），污两却（脚）。解索，其口鼻气出渭（喟）然。索迹枺（椒）（瘛）郁，不周项二寸。它度毋（无）兵刃木索迹。杈大一围，袤三尺，西去堪二尺，堪上可道终索。地坚，不可智（知）人迹。索袤丈。衣络禅襦、帬各一，践□。即令甲、女载丙死（尸）诣廷。诊必先谨审视其迹，当独抵死（尸）所，即视索终，终所党有通迹，乃视舌出不出，头足去终所及地各几可（何），遗矢弱（溺）不殴（也）？乃解索，视口鼻渭（喟）然不殴（也）？乃视索迹郁之状。道索终所试脱头；能脱，乃□其衣，尽视其身、头发中及篡。舌不出，口鼻不渭（喟）然，索迹不郁，索终急不能脱，□死难审殴（也）。节（即）死久，口鼻或不能渭（喟）然者。自杀者必先有故，问其同居，以合（答）其故。

传世古籍中的"死"有时候还表示本义"尸骨"。如《左传·哀公十六年》："白公奔山而缢，其徒微之。生拘石乞而问白公之死焉。对曰：'余知死所，而长者使余勿言。'"《吕氏春秋·离谓》："郑之富人有溺者，人得其死者，富人请赎之。"

"死"由"尸骨"义引申为"死亡"，为古汉语中常用义。

因为"死"既表示"尸骨"又表示"死亡"，而"尸骨"与"死亡"又是相关的，古籍中出现的"死"到底是表示"尸骨"还是表示"死亡"，有时候还很不容易判断。如上引睡虎地秦墓竹简《封诊式》63-72简"死"就既表示"尸体"，又表示"死亡"。所以后来人们又造"屍"字来分化"死"表达的"尸骨"的意义，这样"死"就专门用来表示"死亡"；"尸骨"的概念则用"屍"字表示。要说"死"与"屍"的关系，我们应该说"死"是"屍"的初文，"屍"是"尸体"义的后起本字。"死"既然是"屍"的初文，那么"屍"就是形旁为

"死"、声旁为"尸"的形声字。①《吕氏春秋·离谓》:"洧水甚大,郑之富人有溺者。人得其死者。富人请赎之。"许维遹注释引毕沅曰:"死与屍同。"这样的注释就不对了。

"尸"甲骨文作 ﾞ,本义是代替神灵或者祖先接受献享的活人,这个人的坐姿是 ﾞ 的样子,所以人们称他为 ﾞ(尸)。《大戴礼记·曾子天圆》:"诸侯之祭,牲牛,曰太牢;大夫之祭,牲羊,曰少牢;士之祭,牲特豕,曰馈食;无禄者稷馈,稷馈者无尸,无尸者厌也。""稷馈者无尸,无尸者厌也"的"尸"就是指代替神灵或者祖先接受献享的活人。后来"屍"简化为"尸","尸体"的"尸"与本义是坐在祖宗牌位上面代替祖先接受祭祀的人的"尸"二字遂混同了。

在汉字没有简化之前,文献中也使用"尸"表示"尸体",如上面黄金贵先生所引。因为"尸"的本义与"尸体"的"屍"没有关系,仅仅是二字声音相同,所以文献中使用"尸"表示"尸体",应该看成是"死"或者"屍"的假借字。

可见,如果我们不能从古文字形体出发去研究汉字的本义和引申义,研究汉字的初文与后起字形体,而是依据传世文献中各个形体的使用情况做判断,我们就会像深入丛林之中一样看不清方向,说不清汉字形体之间的关系。

喜欢登山的人有一个重要的经验,当你在大山中迷失方向的时候,你沿着水流的方向走,就一定能够走出大山,因为这样就找到了通向大山之外的正确道路。我们从古文字形体出发去研究汉字的本义和引申义,研究汉字的初文与后起字形体,也就是找到了把握汉字形音义繁杂关系的正确方法。

---

① "死"与"屍"的关系在文字学上又称为"转注"(参考陆忠发. 当代汉字学 [M]. 上海:上海教育出版社,2014:78-85.),"屍"的意义来源于"死",因为"屍"与"死"的读音已经不同,造字就在"死"的基础上添加能够反映"屍"实际读音的"尸"作为声旁,造出了"屍"字。

我们上面举例说明，如果不能结合古文字做训诂，常常说不清字词本义和文献中使用的引申义，说不清字与字之间的形体和意义关系，导致得出错误的结论来。所以，我们说结合古文字研究训诂，对正确训诂有重要意义。

第四节　结合古文字表意分析研究古代语言的重要性

结合古文字表意分析研究古代语言的重要性，我们可以从如下五个方面来论述。

一、能够更加准确确定字的本义，正确解释传世文献中使用的本义和引申义

甲骨文、金文等古文字形体相比《说文解字》收录的文字更能够反映汉字的本义，这一点没有人会怀疑，所以，我没必要论证这个问题。只是让我不明白的是，古文字学研究从晚清孙诒让算起，已经一个世纪多了，为什么大家做学问，都还不能充分利用古文字成果与材料呢？这是值得我们深思的。有人说，研究古文字是专门的学问，我有我的训诂学研究领域，可以不研究古文字，这样的认识是不对的。传世文献中仍然会有使用字的本义的地方，不研究古文字就不能做出正确解释；不清楚字的本义，常常也不清楚其引申义的由来，或者说不知道文献中使用的是什么具体的引申义。下面我分别举例谈一谈。

（一）传世文献中偶尔还使用字的本义，不通过古文字研究，就很难做出正确解释

《左传·昭公十二年》："三月，郑简公卒，将为葬除，及游氏之庙，将毁焉。子大叔使其除徒执用以立，而无庸毁。"什么是"用"？杜预注释为"毁庙具"，这是猜的。杜预认为上下文既然是说先要毁庙，后来又不毁庙了，这些施工人员于是都"执用以立"。于是杜预就

猜测"用"是毁庙的工具。"用"是什么样的毁庙工具呢？杜预没有说明白。杨伯峻先生《春秋左传注》进一步猜测应该是"若今之锹、镐之类"。① 其实杜预和杨伯峻先生猜的都不对。这些施工人员本来是"为葬除"的，即修建埋葬郑简公的墓道的台阶。② 他们修着修着修到了游氏之庙跟前，所以，他们不是专门来毁庙的，他们是一群专门修建墓道台阶的施工人员，因此，这个"用"是修台阶的人（除徒）用来夯实路基和台阶的工具，所以"用"就是夯。我的这个结论是通过分析上下文得出的。杜预、杨伯峻和我都是依据这段文字的上下文来解释"用"，为什么只有我说"用"就是夯呢？因为我十多年前就利用古文字材料考证"用"的本义是夯。③ 十多年来苦苦搜求"用"表示"夯"的语言证据，现在终于有了。可见，结合古文字材料来研究，"子大叔使其除徒执用以立"的"用"就很好解释了。

再如，说起"饴"，没有人不说其本义是"饴糖"。"饴"的本义果真是"饴糖"吗？我们看看下面的文献用例。

《吕氏春秋·异用》："仁人之得饴，以养疾侍老也，跖与企足得饴，以开闭取楗也。"④

古代以粥敬老，古书有明确记载，未闻以饴糖敬老；以粥养疾，至今十分流行，而以饴糖养疾，则没有人这样做。所以，"仁人之得饴，以养疾侍老也"的"饴"解释为"饴糖"就讲不通。"饴"好像应该解释为"稀饭"或者"米糊"。稀饭、米糊有一定的黏性，大盗终日都在思考偷盗的事情，所以大盗得到稀饭、米糊，就想着这东西可以用来

---

① 杨伯峻. 春秋左传注 ［M］. 北京：中华书局，1995：1331.

② 杨伯峻先生《春秋左传注》解释"为葬除"曰："为葬埋清理道路障碍。"这是错误的。从错误类型上说是"增字为释"；从错误的根源上说，"为葬除"是我说的"动果"短语，过去人们不知道有"动果"短语，更加不知道"动果"短语的语义关系，错误理解古书是必然的。

③ 陆忠发. 汉字文化学 ［M］. 长春：吉林人民出版社，2001：203-205.

④ "跖"，盗跖；"企足"，庄蹻，皆为大盗之名。

黏着人家的门闩慢慢打开人家的门。

　　"饴"在后来的文献中引申有"养育""喂养"的意思，如《晋书·王荟传》："荟字敬文。恬虚守靖，不竞荣利，少历清官，除吏部郎、侍中、建威将军、吴国内史。时年饥粟贵，人多饿死，荟以私米作饘粥，以饴饿者，所济活甚众。"《世说新语·德行》："（郗公）甚穷馁，乡人以公名德，传共饴之。"《南史·梁本纪中·梁武帝纪》："时有男子不知何许人，于大众中自割身以饴饥鸟，血流遍体，而颜色不变。"此三例中的"饴"都是"养育"的意思。这个意义，如果说是从"饴糖"的意义引申而来的，就十分牵强，而如果是从"稀饭"的意义引申而来，就十分顺畅。正如《晋书·王荟传》所载，古代每逢饥年，富人就向穷人施舍饘粥以济活穷人，因此"饴"由"稀饭"义引申有"养育""喂养"的意思。

　　我们再看看古人对"饴"的解释：

　　《说文解字》："饴，米糵煎者也。"

　　《释名》："饧，洋也。煮米消烂，洋洋然也。""饴，小弱于饧，形怡怡也。"

　　也就是说，"饴"是米煮烂形成的"形怡怡"的东西，这东西怎么可能是"饴糖"呢？饴糖不是用米煮出来的啊？

　　那么，"饴"的本义是不是稀饭呢？通过对"饴"的古文字形体表意的分析，我们确定"饴"的本义就是稀饭。《说文·食部》："饴，米糵煎者也。从食、台声。𩛚，籀文饴从异省。"饴从食、台声，是形声字；籀文𩛚不是从"食"，"异"省声的形声字，而是会意字。𩛚从𠙴从△从𦥑，𦥑像人捧着东西的样子，𠙴是盛放食物的食器，△表示的是撮合的"口"。撮合的"口"能够聚集气流，故龠、龡均从△表示用撮合的口吹奏管乐器；又，甲骨文"食"作𠆢、𠋆，从△表示用撮合的口从食器中吮吸里面的食物。故𩛚所从的△也是撮合的口。𩛚从𠙴从△

从🧍，几个部件组合起来，表示一个人捧着食器在喝里面的食物。

那么，描绘一个人双手捧食器在喝里面的食物之状，何以就可以表达出"饎（稀饭、米糊）"的概念呢？这就得联系当时的社会现实了。古代用五谷做的食物无非干的和稀的两种。吃干的食物，人们用手抓。宋镇豪先生说抓食起自原始时代，商代以后很长时期仍沿袭。① 吃干的饭，喝不得，只能抓；吃饎（稀饭、米糊）抓不得，只能喝。所以造字就用一个人双手捧食器在喝里面的食物之状表达"饎（稀饭、米糊）"的概念。因此，"饎"就是我们现在的稀饭或者米糊。

看了我这样的结论，大家肯定十分意外，如果不联系古文字形体做表意分析，我们是无论如何也不能确定"饎"的本义竟然是"稀饭"的。

（二）正确解释引申义

古书中有些词很不好解释，原因当然有很多，但是相当多的都是因为词义引申了，而我们不知道为什么会有这样的引申义，导致我们不知道这个具体语境中的词义。如果我们知道字词的本义，再根据词义引申的一般规律，我们就能够比较准确地判断一个词可能会有哪些引申义，进而准确判断这个词在具体文献中使用的是什么具体的意义。这个道理，研究训诂学的人都知道，所以毋庸赘言。但是，如何确定字词的本义，却是少不了要联系古文字的。

今本《逸周书·商誓》："尔多子其人自敬，助天永休于我西土，尔百姓其亦有安处在彼。宜在天命，□及侧兴乱。"

"宜在天命"人们不太懂。《商誓》记载的是周武王对殷商遗民的讲话，讲了周人奉天命伐商的理据，以及对待殷商遗民的政策，要求殷商贵族（多子）要自警，在成周故土好好建设我的家乡②，殷商百姓也

---

① 宋镇豪．夏商社会生活史［M］．北京：中国社会科学出版社 1994：268.

② "休，美也"是古籍常训。

要在那里安心生活，你们应该明白天命，不要悲伤，不要兴乱。"宜"是"应该"的意思，"在"是"明白"的意思。

"在"为什么会有"明白"的意思呢？甲骨文在作✝，也作✝。✝像测量仪器，测量仪器与"测量"的概念之间在人们的认识中会必然产生联想，所以造字用测量仪器表达"测量"的概念①，测量仪器多插入土中，故又加提示符号"土"作✝。"在"的本义是"测量"，所以引申之有"观测""察看"的意思，《尚书·尧典》："在璇玑玉衡以齐七政。"由"观测""察看"的意思再引申就有"明白"的意思。可见，正确把握字词的本义，文献中使用的引申义就很好理解了。

《荀子·臣道》："事圣君者，有听从，无谏争。事中君者，有谏争，无谄谀。事暴君者，有补削，无挢拂。"杨倞注："中君，可上可下若齐桓公者也。"

杨倞注对不对呢？显然是错的。什么是"可上可下"的国君呀？"中"应该是"不上不下"，并不是"可上可下"呀。齐桓公什么时候又可上可下啦？杨倞注实在是看不懂。"圣君""暴君"都是从德行方面对国君的判定，显然"中君"也是从德行方面对国君的判定。这样，"中君"就不是说可上可下的国君，"中"应该是一个对人的品德进行判定的词。那么，"中"到底是表达哪一种品德的词呢？这就不是很容易猜了。

如果联系古文字来研究，解释这个"中"就会有思维的方向。"中"，甲骨文作中，我考"中"之本义为"日晷"，○为日晷的晷面，中为日晷的表杆，中为表杆的投影。② 日晷之表必正直地插入晷面中心，

---

① 陆忠发．汉字学的新方向［M］．杭州：浙江大学出版社，2009：54-55.

② 陆忠发．汉字文化学［M］．长春：吉林人民出版社，2001：21-22. 中字上的 ≈，或以为像旗帜飘动之形，其实这是表杆上挂着的绳子，用以检测表杆是否与地面垂直，当绳子紧贴表杆时，表杆与地面就是垂直的。从古文字结构理论上解释，我把它叫提示符号，其作用是提示这个杆是表杆而不是别的什么杆。

故"中"引申有"中心"义，又引申有"正直"义。《周礼·地官·大司徒》："以五礼防万民之伪，而教之中。"贾公彦疏："使得中正也。"《荀子·天论》："故道之所善，中则可从，畸则不可为。"中与畸相对，正是正、直之义。①"正直"是人的一种高贵的品德，所以我们判断所谓的"中君"就是"正直的国君"，"中"应该是"正直"之义。

《荀子·臣道》接下来说："忠信而不谀，谏争而不谄，挢然刚折端志而无倾侧之心，是案曰是，非案曰非。是事中君之义也。"②"忠信而不谀，谏争而不谄，挢然刚折端志而无倾侧之心，是案曰是，非案曰非"显然这是正直的臣子应有的做法。国君正直，臣子也应该正直，这样君臣才能相处融洽，这也可以证明"中君"应该就是正直的国君。侍奉正直的国君，当国君决策错误的时候，正直的臣子们可以放开胆量去谏争，国君不会因为臣子顶撞了他而对臣子不好。对于这种正直的国君，臣子们要想通过逢迎拍马的方法取得国君的信任，根本就是无济于事的。所以荀子说"事中君者，有谏争，无谄谀"。

可见，不研究古文字，就不能掌握字的本义，也就不能进而掌握其引申义。我在前面说"饎"的本义是"稀饭"，由"稀饭"义引申有"养育""喂养"义，就非常好理解了。

《战国策·齐策四》"齐人有冯谖者"章："……后期年，齐闵王谓孟尝君曰：'寡人不敢以先王之臣为臣。'孟尝君就国于薛。"这个"国"，王力先生教材中没有注释。《辞源》"国"之第三个义项"封

---

① 《离骚》："荃不察余之中情兮，反信谗而齌怒。"王逸注："齌，疾也。言怀王不徐徐察我忠信之情，反信谗言而疾怒己也。"王逸以"忠信"释"中"，不准确。"中"是"正直"的意思。

② 王先谦云："荀书用安、案字，或为语词，或作'则'字用。《强国篇》云：'秦使左案左，秦使右案右。'谓使左则左，使右则右也。《臣道篇》：'是案曰是，非案曰非。'谓是则曰是，非则曰非也。《解蔽篇》云：'学者以圣王为师，案以圣王之制为法。'谓以圣王为师，案以圣王之制为法也。此并以安、案代则字。"

地，食邑"下引的例子正是《战国策·齐策四》："孟尝君就国于薛。"薛是孟尝君的封地，如此，"孟尝君就国于薛"岂不是要解释为"孟尝君回到在封地薛的封地"？其不通是显而易见的。那么，这个"国"应该怎样解释呢？

甲骨文"国"作ɓ，从⊔从戈。⊔在甲骨文中除了表示人的"口（嘴巴）"之外，也表示古人的居穴，如甲骨文"各"作ɕ，亦作ɕ；"出"，甲骨文作ɕ，亦作ɕ，所从的⊔都表示居穴，具体到ɓ这个字，⊔就表示居穴，上古无论地位高低，人人穴居。国王或者部族首领的居穴与普通民众的居穴可能有两点不同：1. 国王或者部族首领的居穴应该会大一些；2. 国王或者部族首领的居穴外应该有人守卫。ɓ，从⊔从戈，表示这个居穴外有人守卫，是国王或者部族首领的居穴。故ɓ字造字之初，其本义就是国王或者部族首领的居穴——国王及其家人居住的穴居住所。

随着社会的发展，国王的居穴发展为一个宫城——国王及其家人居住的都城中的城中之城，就如同北京城中的紫禁城。所以，"国"的词义发展为"宫城"。大夫在其封地的行政区也会营造一个小的宫城供大夫及其家人居住。知道这个道理，我们就能够知道"孟尝君就国于薛"就是孟尝君回到在薛的宫城。①

由本义推导引申义的道理，大家都是知道的，所以我用不着多举例。只是人们常常不善于通过分析古文字表意来掌握字的本义，而是把传世文献中人们认为比较早的意义当作字的本义，由此来推导引申义。这个方法显然只能解决比这个"比较早的意义"更晚出现的意义的训诂问题；如果传世文献中使用了比这个"比较早的意义"更早出现的意义，人们自然就解释不好了。可见，通过分析古文字形体表意，能够让我们解决更多的训诂疑难问题。

---

① 这个宫城是孟尝君的家，"孟尝君就国于薛"，就相当于说"孟尝君回到在薛的家"。

（三）理解词义的由来

联系古文字研究字词的本义，能够帮助我们理解词义的由来。还有，汉字在发展过程中，有些字的本义虽然不同，但是因为词义引申的缘故，一个字与另一个字的意义可能就变得相同了。如果两个字同时表示相同的意义，人们一般会选择用其中的一个来表达这两个字同时表示的相同的意义，另一个字就不再表示这个本来是两个字同时表示的相同的意义了。这个"被夺去"了意义的字可能又会去"抢夺"其他汉字的意义作为自己的意义，这样就导致汉字之间存在不少相互兼并、彼此替代的情况，导致汉字形音义关系变得非常繁杂。① 如果我们不能联系古文字，从源头上理清楚这些汉字之间的关系，我们就没办法理解相关词义的由来。

如《国语·周语中》："阳人不服晋侯。……夫三军之所寻，将蛮、夷、戎、狄之骄逸不虔，于是乎致武。"韦昭注："寻，讨也。"《说文解字》："寻，绎理也。从工，从口，从又，从寸。工、口，乱也。又、寸，分理之。彡声。此与𣃤同意。度人之两臂为寻，八尺也。""绎理""八尺"与"征讨"，风马牛不相及。"寻"的"征讨"义是怎么来的呢？

通过对相关古文字表意分析，我们明白了，其实汉字中原来有两个本义不同的"寻"，后来合并为一个。

𠬪是甲骨文寻，从人从目，目是提示符号提示人的眼睛在寻视或者注视着什么。甲骨文中的𠂉往往表示站立或者行走状态的人，这样，目与𠂉合起来就表示"一个行走的人，他的眼睛在寻视着"，以此表达"搜寻""寻找"的概念。《合集》6167："贞𣪠人五千呼𠬪舌方。"② 搜

---

① 参考陆忠发. 汉字学的新方向［M］. 杭州：浙江大学出版社，2009：168-186. 参考陆忠发. 当代汉字学［M］. 上海：上海教育出版社，2014：43-47；150-173.

② 曹锦炎，沈建华《甲骨文校释总集》把𠬪释为"见"，今不取。

寻到敌人，常常要歼灭之，《合集》6193："贞呼𠬢吾，屮（歼）。"所以，"搜寻"意义的"寻"引申有"征讨""投降"等意义。（详第三章第二节）《国语·周语中》"夫三军之所寻，将蛮夷戎狄之骄逸不虔，于是乎致武"的"寻"正是𠬢之"搜寻"义的引申义。

𠬢这个字的形体隶为方块字后，极容易与𠬞（见）混同（都是从"人"从"目"），可能是因为这个原因，𠬢这个形体被废弃不用了，"搜寻"以及其引申义"征讨""投降"等意义都假借"寻"为之，"寻"后来简化字作"寻"。

繁体字"尋"的古文字形体是𦥓、𦥔，这个字，前人已经考其意义为祭祀之名①，但是对于"寻（𦥓、𦥔）"字如何表意，尚不甚明了。我稍做分析如下。

甲骨文𦥓、𦥔的形体像人铺设席子之形（双手各拿着席子的一头将席子展开铺设好），古代祭祀要设席，如《仪礼·士昏礼》："主人筵于户西，西上右几。"注："主人，女父也。筵，为神而席也。户西者，尊处，将以先祖之遗体许人，故受其礼于祢庙也。席西上右设几，神不统于人。"这里记载的是婚姻过程中的纳采，女方的家主要告祭祖先，祭祀祖先时，祖先的牌位应该是安放在席上的，这就是"为神而席也"。《仪礼·特牲馈食礼》："尸即席坐，主人拜妥尸。"这条文献的记载似乎是说尸祭时尸坐在席上。我们认为，这个材料恰恰说明尸是坐在上大下小的神主上的。既然有席，那么神主就不可能直接放在地上，应该放置在席上面，这是出于对祖先的尊敬。"尸即席坐"，说的是尸走上席坐下；"主人拜妥尸"，"妥"应该读为"绥"，谓主人拜后把尸扶着在神主上坐稳。因为神主上大下小，稳定性差，尸又往往是个孩子②，没有大人扶着，是不大可能稳稳地坐在神主上的。如果尸直接坐

---

① 于省吾. 甲骨文字诂林［M］. 北京：中华书局，1996：970-974.

② 《诗经·召南·采蘋》："谁其尸之？有齐季女。"

在席子上面，就不必"妥尸"了。①

可见，祭祀的时候，祖宗牌位是安放在席子上的。设席是祭祀的一个必要环节，"寻"的表达概念的方法与"将"一样②，用行为表达行为的目的——祭祀，所以"寻"有"祭享"的意思。

《合集》34200："辛丑，贞，寻、燎于岳，雨。"

《合集》28205："……其寻，告秋……"

《合集》33286："癸丑贞，寻、求禾于河。"

《合集》261："辛丑卜，贞，单以羌，王于门寻。"

《合集》14894："贞，王勿寻、告于示。"

《合集》24608："……丑卜，行贞，王其寻、舟于滴，无灾。在八月。"

《合集》24609："乙亥卜，行贞，王其寻、舟于河，无灾。"

《合集》24608、24609 二辞的"寻舟"，前人考释以为是动宾结构，其实是并列关系，"寻""舟"都是祭名。

《合集》1221："庚……贞，舟上甲。"

《合集》9772："丙子卜，贞，舟叔，受年。"

上面两辞的"舟"都是祭名③，则《合集》24608、24609 二辞的"寻""舟"都是祭名，就很好理解了。

---

① 陆忠发. 古代祭祀十讲［M］. 北京：华文出版社，2011：76.
② "将"的考说参考陆忠发. 当代汉字学［M］. 上海：上海教育出版社，2014：209-210.
③ 卜辞中"舟"常常与叔同时举行，结果是粮食丰收。叔从手持龙，可能就是夸父逐日神话中说的"操蛇"，因为蛇象征龙，或者就是做一个龙的模型拿在手上。我在《古代祭祀十讲》第二讲考证夸父逐日神话是古人强行求雨的祭祀，则叔也应该是强行求雨的祭祀。"舟"与叔同时举行，说明"舟"也是求雨祭祀。中国古代之"划旱船"游戏，很可能就源自"舟"这种求雨祭祀。这种祭祀告诉雨神，船没有水，都划不走了，快给点雨吧！

"寻"之行为是设席，设席当展开双臂，人展开双臂约长八尺①，故"寻"引申有"八尺"之义。至于"寻"的形体演变情况，目前材料有限，还难以详细说明。李孝定先生《甲骨文字集释》引唐兰先生的分析，可备一说。②

我认为，"寻"这个形体就是甲骨文𦥑变化而来的。𦥑从𦥑表示"席"，从𦥑表示双手和展开的双臂。甲骨文中席子作𦥑，也作"囗"，如"𦥑（宿）"之部件"席"作𦥑，"囚（因）"之部件"席"作"囗"；双手一隶作彐（小篆尚从"又"，显然是手），一作寸，寸表示手在古文字中是极其常见的，"寸"与表示手的"又"在古文字中常常可以互换③；两臂变化为"工"（人展开两臂做𦥑状，如《合集》30275"寻"作𦥑，展开的双臂正做𦥑状，因变化为"工"），合起来就是繁体字"尋"。

《说文解字》："𡩡（尋），绎理也。从工，从口，从又，从寸。工、口，乱也。又、寸，分理之。彡声。此与𦥑同意。度人之两臂为寻，八尺也。"许慎解释的意义都是引申义。《甲骨文字诂林》"寻"下姚孝遂先生按语说"寻"的本义是"八尺"，是错误的。④

《尚书大传》"惟鲜之功。"郑玄注："鲜，杀也。"《史记·报任安书》："传曰'刑不上大夫'，此言士节不可不厉也。猛虎处深山，百兽震恐，及其在穽槛之中，摇尾而求食，积威约之渐也。故士有画地为牢势不入，削木为吏议不对，定计于鲜也。"这里的"鲜"显然是"自

---

① 人展开双臂约与身体等长，古代成人身长一般是八尺，故有所谓"八尺男儿"之说。

② 李孝定. 甲骨文字集释［M］. 台北："中研院历史语言研究所"，1965：1033-1035.

③ 王慎行先生总结"古文字义近偏旁通用例"22组就有"又"与"寸"通用例，可参看王慎行. 古文字与殷周文明［M］. 西安：陕西人民教育出版社，1992：1-66.

④ 于省吾. 甲骨文字诂林［M］. 北京：中华书局，1996：2142-2146.

杀"的意思。《左传·昭公五年》："葬鲜者自西门。"杜预注："不以寿终为鲜。"那么，"鲜"为什么有"杀""夭折"的意思呢？

这个问题只有联系古文字来说，才能说清楚。

"鲜"字，鲜父鼎作𩵋，古玺作𩵋，《说文解字》："鲜，鱼名。出貉国。从鱼羴省声。""鲜"是会意字，从"鱼""羊"。鱼、羊都是味道鲜美的食物，故造字以这两种味道鲜美的食物表达"味道鲜美"的概念，引申为"新鲜"。

𩽾，即鱻，后来与"鲜"共用一个形体"鲜"。《说文解字》："鱻，新鱼精也。从三鱼，不变鱼。"徐锴曰："三，众也，众而不变是鱻也。"许慎和徐锴的解释我都看不懂。"鱻"的本义为小鱼。《文选·张衡〈南都赋〉》"黄稻鱻鱼"、《郭璞〈江赋〉》"食惟蔬鱻"，李善注均引《声类》曰："鱻，小鱼也。"鱻的本义为小鱼。人们都知道，大鱼不喜欢在水面上活动，小的条鱼最喜欢成群结队地在水面上活动，故用许多鱼聚在一起表示"小鱼"。鱻为"小鱼"，故人没有成年，夭折也叫"鱻"。由"夭折"的意义再引申到"杀""自杀"等意义。

鱼小则肉质嫩，味道鲜美，故"小鱼"引申有"味道鲜美"的意思。这样，语言中既有"鲜"表达"味道鲜美"的意思，又有"鱻"表达"味道鲜美"的意思，人们显然倾向于使用形体简单的"鲜"表达"味道鲜美"的意思，而不使用"鱻"表达"味道鲜美"的意思及其引申义"夭折""杀""自杀"等意义了。最终"鱻"表示"小鱼"等意义，渐渐地也被"鲜"所夺，这样，"鲜"就完全兼并了"鱻"。

老子《道德经》第六十章："治大国，若亨（烹）小鲜。"河上公本和马王堆出土帛书《老子》乙本皆作"鲜"。这个"鲜"本都应该作"鱻"。

因为人们不知道"鲜"与"鱻"的形体和意义关系，有人读《老子》的"治大国，若烹小鲜"就觉得难以理解。如易顺鼎曰："旧注皆

53

以'烹小鲜'为'烹小鱼',然义颇难解。"易氏以为"亨"读如字,"鲜"为"渐"的假借字,《说文解字》:"渐,水索也。""亨小渐"谓通极小之水,若行所无事矣。① 这是因为易氏无法理解"鲜"为什么能够表示"小鱼"而曲为之说的缘故。可见,不知道相关古文字形体与意义关系,读古书有时候是困难的。

二、结合古文字表意分析,对辨别词义有作用

古文字的形体往往与字义相关,有时候同义词之间的差别,需要联系古文字形体才能说清楚。如《汉书·苏武传》:"后陵(李陵)复至北海上,语武:'区脱捕得云中生口,言太守以下吏民皆白服,曰"上崩"。'武闻之,南乡号哭,欧血,且夕临数月。"颜师古注:"临,哭也。"这样注释是不准确的。如果"哭"与"临"没有区别,班固似乎没必要在这里使用这个"临"。古人把有声音的哭叫"哭",无声的哭叫"泣",《苏武传》前面说苏武号哭,后面说"临",显然"临"与"哭"是不同的。那么,"临"与"哭""泣"的区别在哪儿呢?要搞清楚这个问题,就有必要参考"临"的字形。

金文"临"作𦣝②、𦣞③,从"人",从目表示眼睛,从𠬝或者𢆶作为提示符号,提示泪水流淌,整个字像人俯首流泪之状。可见,"临"之不同于一般的哭是强调其俯首流泪的样子。苏武得知汉武帝噩耗,坐南向北号哭直至吐血,每天早晚都要低着头默默地流泪,如此数月。颜师古把"临"笼统地解释为"哭"是不妥当的。《文选·张悛〈为吴令谢询为诸孙置守冢人表〉》:"临哭其丧。"李周翰注:"临,谓俯尸哭也。"认识到"临"有"俯"义,得之。

---

① 转引自朱谦之. 老子校释 [M]. 北京:中华书局,2000:245.
② 大盂鼎铭。
③ 毛公鼎铭。

　　《说文·玉部》玉的种类有很多，例如，璧，《说文解字》："璧，瑞玉圜也。"瑗，《说文解字》："瑗，大孔璧，人君上除陛以相引。"环，《说文解字》："环，璧也，肉好若一谓之环。"琮，《说文解字》："琮，瑞玉，大八寸，似车釭。"琥，《说文解字》："琥，发兵瑞玉，为虎文。"珑，《说文解字》："珑，祷旱玉，龙文。"璋，《说文解字》："璋，剡上为圭，半圭为璋。"玚，《说文解字》："玚，圭，尺二寸，有瓒，以祠宗庙者也。"瓛，《说文解字》："瓛，桓圭，公所执。"璇，《说文解字》："璇，玉佩。"瑱，《说文解字》："瑱，以玉充耳也。"

　　那么，人们所认为的作为佩玉之泛称的"佩"①，为什么反而不从"玉"在"玉部"呢？《说文·人部》："佩，大带佩也，从人从凡从巾，巾谓之饰。"宋朝徐铉校曰："今俗别作珮，非是。"

　　"佩"本不从"玉"。考之文献，"佩"为名词。

　　《诗经·郑风·子衿》："青青子佩。"毛传："佩，佩玉也。"

　　《左传·定公三年》："蔡昭侯为两佩与两裘。"杜预注："佩，佩玉也。"

　　《礼记·玉藻》："左结佩。"孔颖达疏："佩，亦玉佩。"

　　《礼记·曲礼下》："立则磬折垂佩。"孔颖达疏："佩，谓玉佩也。"

　　《诗经·郑风·女曰鸡鸣》："杂佩以赠之。"毛传："杂佩者，珩、璜、琚、瑀、冲牙之类。"

　　《楚辞·九歌·湘君》："遗余佩兮醴浦。"王逸注："佩，琼琚之属也。"

　　佩，经籍中有异文作珮。

　　《诗经·小雅·大束》："鞙鞙佩璲。"王先谦《三家义集疏》："齐、韩佩作珮。"

　　《楚辞·离骚》："何琼佩之偃蹇兮。"王逸注："佩，一作珮。"

---

① 黄金贵. 古代文化词义集类辨考［M］. 北京：商务印书馆，2016：513.

《楚辞·九歌·湘君》："遗余佩兮醴浦。"王逸注："佩，一作珮。"显然因为作为佩者以玉为质，故字又作"珮"。

那么，"佩"到底为何物呢？佩，金文作𗈋，今谓𗈋即人，巾为巾，⊟则像佩挂之物之形。如此，佩字字形可解如下：⊟为佩挂之物，巾乃佩挂之物的丝饰，𗈋是人，为提示符号，提示⊟是人的身上所佩挂之物，合起来表示"佩挂之物"的概念。

佩挂之物常常被人们佩挂在身上，所以引申有"佩挂"之义。

《诗经·卫风·芄兰》："芄兰之友，童子佩觿。"

古代佩挂之物很多，下举几例。

《说文解字》："觿，佩角，锐耑可以解结。"段玉裁注："觿所以解结，成人之佩也。《内则》注曰：'小觿，解小结也。'觿貌如锥，以象骨为之。"《楚辞·离骚》："椒又充夫佩帏。"王逸注："帏，盛香之囊。"

所以，"佩"本泛指佩挂之物，后来专指玉佩。《礼记·玉藻》："君子无故，玉不去身，君子于玉比德焉。"《说文解字》："玉，石之美。有五德：润泽以温，仁之方也；䚡理自外，可以知中，义之方也；其声舒扬，专以远闻，智之方也；不桡而折，勇之方也；锐廉而不忮，洁之方也。""玉"有五德，为君子最爱，故古人为佩多以玉为质，"佩"因此引申专指"玉佩"。《左传·定公三年》："蔡昭侯为两佩与两裘。"杜预注："佩，佩玉也。"

"军"在《左传》中有"包围""围困"的意思。

《左传·成公七年》："秋，楚子重伐郑，师于氾。诸侯救郑。郑共仲、侯羽军楚师。囚郧公钟仪，献诸晋。"

"郑共仲、侯羽军楚师"就是郑国共仲、侯羽包围楚国军队。

《左传·襄公六年》："十一月，齐侯灭莱。莱恃谋也。于郑子国之来聘也，四月，晏弱城东阳而遂围莱。甲寅，堙之，环城，傅于堞。及杞桓公卒之月，乙未，王湫帅师及正舆子、棠人军齐师。齐师大败之。丁未，入莱。莱共公浮柔奔棠。正舆子、王湫奔莒，莒人杀之。"

"王湫帅师及正舆子、棠人军齐师"是说王湫率领军队与正舆子、棠人一起把齐国军队包围起来。

《左传·襄公二十六年》："子仪之乱，析公奔晋。晋人置诸戎车之殿，以为谋主。绕角之役，晋将遁矣。析公曰：'楚师轻窕，易震荡也。若多鼓、钧声，以夜军之，楚师必遁。'晋人从之，楚师宵溃。"

"以夜军之"就是趁夜包围楚国军队。

《左传·定公二年》："秋，楚囊瓦伐吴，师于豫章。吴人见舟于豫章，而潜师于巢。冬十月，吴军楚师于豫章，败之，遂围巢；克之。获楚公子繁。"

"吴军楚师于豫章"就是吴国军队在豫章包围了楚国军队。

《左传》中还使用"围"表示"包围""围困"的意思，如《僖公三十年》："秦晋围郑，郑既知亡矣。"

那么，"军"和"围"有什么区别呢？这就要联系古文字形体来看了。军，金文作𝌆，《说文解字》："军，圜围也。四千人为军。从车从'包'省。"包，篆文作𝌵，从勹象胞衣形，𝌏象胎儿形，𝌏为提示符号，提示勹是孕育胎儿的胞衣。所以，"包"是"胞"的本字，本义是"胞衣"。胞衣包裹着孕育中的生命，所以"包"引申出"包裹""包围"的意思。

"军"从"车"从"包"会意，表示用车围起来。周代通行车战，军队驻扎下来的时候都用车围成营垒，士兵住在车子围成的营垒中。所以，"军"的本义是军队驻扎下来的意思。

《左传·桓公八年》："楚子伐随，军于汉、淮之间。"

这个"军"就是"军队驻扎"的意思。引申为"营垒"，为"军队"。

《左传·桓公六年》："楚武王侵随，使薳章求成焉，军于瑕以待之。随人使少师董成。斗伯比言于楚子曰：'吾不得志于汉东也。我则使然。我张吾三军而被吾甲兵，以武临之。彼则惧而协以谋我，故难间也。汉东之国，随为大。随张必弃小国。小国离，楚之利也。少师侈，请羸师以张之。'熊率且比曰：'季梁在，何益？'斗伯比曰：'以为后图。'少师得其君。王毁军而纳少师，少师归，请追楚师。随侯将许之。"

"我张吾三军而被吾甲兵"，"军"为"军队"义；"王毁军而纳少师"，"军"是"营垒"的意思。

因为营垒是用战车围起来的，所以"军"又引申特指用战车围困。从上面引的《左传》中的用例看，"军"后面的宾语一般是某某师，而"围"的宾语则常常是城市名或者国名，当然，这里的国名其实就是指其首都。可见"围"用于围城，而"军"则用于围困敌人的军队。这说明"军"是专指用战车围困，敌人的军队驻扎下来要用战车围成营垒，我方在敌人的营垒之外再用战车将其围困起来，这就叫"军"。要是围困敌人的城市，就没有那么多的战车了，只能用人，所以就不能称为"军"了。可见，"军"特指用战车围困敌人，这就是"军"和"围"的区别。

"军"在先秦汉语中也引申扩大表示一般的围困。

《周礼·秋官·朝士》："凡盗贼军，乡邑及家人杀之无罪。"郑玄注引郑司农云："谓盗贼群辈若军，共攻盗乡邑及家人者，杀之无罪。"郑司农增字解经，误。俞樾《群经平议·周官二》："军者，围也。"是。"盗贼军"指盗贼被包围。盗贼被包围了，乡亲们或者盗贼的家人杀了他们不属于犯罪。

《左传·僖公十九年》："宋人围曹，讨不服也。子鱼言于宋公曰：'文王闻崇德乱而伐之，军三旬而不降；退修教而复伐之，因垒而降。'"

"军三旬而不降"说的是周文王围困崇德三旬而崇德不降。这里的"军"应该是围困崇德部族居住的城邑。

"军"和"围"都泛指"包围""围困"之后，"军"和"围"就成了同义词。后来，汉语选择"军"侧重表示"军队"的义项，"包围""围困"的意思人们都使用"围"表示，这样，"军"的"用战车围困"义和"包围""围困"义，人们渐渐地就非常陌生了。

三、利用出土文献材料，解决训诂疑难问题

出土文献也是古文献，出土文献材料中使用的字义，对于解决训诂疑难问题，同样会起很大作用。因为出土文献特别是青铜器的铭文是没有经过任何人改动过的最准确的语言材料，对汉语史和训诂学研究都极为珍贵。这个道理当然人人明白，只是要利用出土文献材料，前提是我们要看懂古文字，首先是自己能够读懂，然后才能谈得上利用。可能是因为古文字这个拦路虎，学界很少有人在做训诂时会在出土文献中找材料。

我最近又从秦简中得到一个重要材料，说出来，请大家一起来解决下面的问题。

战国秦汉古书中的"金""黄金"还是指"铜"，不是我们现在说的"黄金"。富金碧、牟维珍先生《王力〈古代汉语〉注释汇考》根据《史记》《汉书》中的材料说"此'黄金'非铜"，"《汉书·食货志》'金'皆指黄金；铜则除一次称'赤金'外，余皆径称'铜'。"① 富金碧、牟维珍先生的说法真的不能说没有道理。"铜"直接称为"铜"，

---

① 富金碧，牟维珍. 王力《古代汉语》注释汇考［M］. 哈尔滨：黑龙江人民出版社，2004：36. 。这样的材料不仅仅在《食货志》中，其他地方也很多，如《汉书·外戚传下》："皇后既立，后宠少衰，而弟绝幸，为昭仪。居昭阳舍，其中庭彤朱，而殿上髹漆，切皆铜沓黄金涂，白玉阶，壁带往往为黄金釭，函蓝田璧，明珠、翠羽饰之，自后宫未尝有焉。"

或者称为"赤金",则"黄金"就是我们现在理解的黄金。这样的理解,从逻辑上说一点问题都没有。但是,如果把战国秦汉古书中的"金""黄金"理解成现在意义上的"黄金",那么,汉武帝奖励卫青,一次就奖励黄金20万斤,实在是多得让我不敢相信了。不知道还有谁敢相信汉武帝会大方到如此不可思议的地步?汉武帝奖励卫青,一次就奖励黄金20万斤,那么,汉武帝的皇室总至少还有80万斤黄金吧?如果没有这么多的黄金,汉武帝怎么舍得一下子就奖励卫青那么多黄金呢?汉武帝总不至于大方得把家里所有的黄金都拿出来奖励卫青吧?更为重要的是,汉代皇帝向大臣赏赐黄金,不只是卫青一个人,还有很多人受到过赏赐,有的还不止一次受到赏赐。那么,汉代皇室里到底有多少黄金呀?恐怕会多于100万斤吧。不知道哪位先生能够说明汉代皇室那么多的黄金是从哪里来的?①

要说战国秦汉文献中的"金"和"黄金"都是"铜",我们如何解释文献中"铜"或者"赤金"与"金""黄金"相对举的语言问题?要说战国秦汉文献中的"金"和"黄金"都是"黄金",我们却连自己都不敢相信。

那么这个问题到底怎么解决呢?如果从出土文献中找材料,我找到了"铜"为"合金"的材料②:

睡虎地秦墓竹简《秦律十八种·金布律》第86-88简:县、

---

① 最近,海昏侯墓发现大量黄金,于是"汉代黄金储备量惊人"这样的字眼又现于媒体。我觉得海昏侯墓发现大量现代意义的黄金,也并不能说明汉代黄金储备量惊人。1. 海昏侯之国正好处于产金的地区,人们可以通过淘金获得一些黄金,所以海昏侯拥有比较多的黄金是可以理解的。2. 海昏侯其实是个守财奴,墓中除了大量黄金外,还有15吨的五铢钱!海昏侯是把财富都带到了墓中。所以,我们不能以海昏侯这个特例来判断整个汉代的黄金储备量。

② 经检索知道张世超先生早于1989年就在《古籍整理研究学刊》1989年第2期发表《释"铜"》论证"铜"之古义为"合金"或金属之总称。不过,张先生文还是有可商榷之处的,如谓"赤金"指金属元素 Cu,又谓"铜"为金属总称,等等。

都官以七月粪公器不可缮者，有久（记）识者靡（磨）蛍（彻）之。其金及铁器入以为铜。都官输大内，内受买（卖）之，尽七月而齎（毕）。都官远大内者输县，县受买（卖）之。粪其有物不可以须时，求先买（卖），以书时谒其状内史。凡粪其不可以买（卖）而可以为薪及盖鬻（鬻）者，用之；毋（无）用，乃燔之。

从上文中可以看出，秦国非常重视物尽其用，重视废物回收再利用。那些无法修理的器物，有铭文的，把铭文磨掉，还有使用价值的就卖掉，不能卖的，器物上的金（铜）和铁要上缴官府熔炼为铜，显然"铜"就是多种金属熔炼而成的合金。从文字形体上说，"铜"从"金""同"，应该是会意字，本义大概正是"混同多种金属"的意思。《说文解字》："铜，赤金也。从金同声。"把"铜"看成是形声字，应该是不对的。

看来"铜"的本义不是金属"铜"，而是多种金属的合金。可能正是因为合金的缘故，其颜色不是金黄色，偏赤色，所以称为"赤金"。这样，我们就可以相信，战国秦汉文献中的"金""黄金"还是指铜；《汉书·食货志》中所说的"铜"除一次称"赤金"外，余皆径称"铜"，这个"铜"和"赤金"就是多种金属的合金。

至于"铜"后来为什么又表示金属元素 Cu？什么时候开始表示金属元素 Cu？这里面的繁杂关系，我现在还不能说得很清楚，我会做进一步研究，也请大家共同研究，争取早日解决这个问题。

我们虽然还没有彻底解决"铜"的词义问题，但是秦代出土文献材料目前表明"铜"本义是"合金"，对我们辨别秦汉文献中相关金属词的含义还是有许多帮助的。

四、由古文字形体关系正确解释古文献

我们知道，中国古籍历史上经过无数次传抄，所以里面有很多错

字。字之所以会出错，很重要的一个方面是字形问题，有的形体差不多，抄错了；有的是抄书的人不认识原本上的字，抄成了他所认为的字，结果抄错了；有的使用了异体字，导致抄本与原本用字不一样；有的把古人使用的形体改抄为当时人们熟悉的形体，弄不好又搞出错误来，等等。所以，我们联系古文字形体关系常常可以发现并解决按照一般训诂方法解决不了的疑难问题。这个问题，裘锡圭先生早就说过了，其《考古发现的秦汉文字资料对于校读古籍的重要性》一文已经充分说明了古文字材料对于校勘古籍具有非常重要的作用。① 我再举几个例子谈一谈。

《诗经·豳风·七月》："二之日凿冰冲冲，三之日纳于凌阴，四之日其蚤（或作"早"），献羔祭韭。"郑玄笺："古者日在北陆而藏冰，西陆朝觌而出之；祭司寒而藏之，献羔而启之。"孔颖达疏："四之日其早朝，献黑羔于神，祭用韭菜而开之，所以御暑。言先公之教，寒暑有备也。……三之日纳于凌阴，四之日即出之，藏之既晚，出之又早者，郑《答孙皓》云：'豳土晚寒，故可夏正月纳冰，夏二月仲春大蔟用事，阳气出，始温，故礼应开冰，先荐寝庙。'言由寒晚得晚纳冰，依礼须早开故也。"朱熹集传："蚤，蚤朝也。"王力先生《古代汉语》1981 年版注释说"蚤"是一种祭祀仪式。后来的版本修订为："献上羔羊，祭以韭菜。这是对司寒之神的祭祀（上古藏冰取冰都要祭祀司寒之神），祭后打开冰窖，取出使用。"今人《诗经》注释多把"早"解释为古代的祭祀。如蒋立甫先生说："蚤：'早'的古字。'早'是一种祭祖仪式的名称，奴隶主贵族于每年二月初一日举行。"② 南山先生说："蚤：通'早'，古代的一种祭祀仪式。"③ 程俊英、蒋见元先生说：

① 裘锡圭．考古发现的秦汉文字资料对于校读古籍的重要性［J］．中国社会科学，1980（5）．
② 蒋立甫．诗经选注［M］．北京：北京出版社，1981：970-974.
③ 南山．上古诗韵双葩：诗经与楚辞［M］．广州：广东人民出版社，2004：213.

"蚤，同'早'，齐诗、鲁诗均作早。这里指早朝，是古代一种祭礼仪式。"① 余冠英先生说："'蚤'读为'叉（音爪）'，取。这句是说取冰。"② 周明初先生说："蚤：通'早'，早晨。"③ 陈戍国先生《诗经校注》说："'四之日其蚤'，'蚤'自是'早'之借，'蚤'上'其'字相当于'之'，避复故用'其'。"④

按："四之日其蚤（早）"的"早"郑玄没有解释，是很耐人寻味的。"二之日凿冰冲冲，三之日纳于凌阴"二句互文，言二之日、三之日凿冰冲冲、纳于凌阴。不能理解成二之日凿冰、三之日始藏冰，四之日即早早出之。"四之日其蚤，献羔祭韭"言四之日开始要开冰窖取用二之日、三之日收藏的冰，故献羔献韭祭祀司寒之神。孔颖达、朱熹把"蚤"解释为"早朝"，谓四之日早朝，献羔献韭祭祀司寒之神。其实古代官吏朝会，在廷上议事，一年四季都早朝，文献称之为"朝"。《逸周书·大匡》："王乃召冢卿、三老、三吏、大夫、百执事之人，朝于大庭。"《左传·宣公二年》："宣子骤谏，公患之。使鉏麑贼之。晨往，寝门辟矣。盛服将朝，尚早，坐而假寐。麑退，叹而言曰：'不忘恭敬，民之主也。贼民之主，不忠；弃君之命，不信。有一于此，不如死也。'触槐而死。""盛服将朝"的"朝"就是指"早朝"。故上古文献中从来没有"早朝"一词，"早"也没有"早朝"之义。把"蚤"解释为"早朝"是增字解经，显然是错误的。如果真的是四之日为取冰而早朝，《七月》应该表述为"四之日其朝"。王力先生以及今人的《诗经》注释把"蚤（早）"说成是祭祀仪式，更是对郑玄笺的曲解。在"国之大事在祀与戎"（《左传·成公二年》）的古代中国，一种祭祀之名在文献中仅仅出现这一次，也是绝对不可能的，据此我们足以判

---

① 程俊英，蒋见元．诗经注析［M］．北京：中华书局，2006：406.
② 余冠英．诗经选［M］．北京：人民文学出版社，1979：157.
③ 崔富章，周明初．诗经注释本［M］．杭州：浙江古籍出版社，1998：98.
④ 陈戍国．诗经校注［M］．长沙：岳麓书社，2004：187.

定"叜（早）"不是祭祀仪式。程俊英、蒋见元先生既说"早"是"早朝"，又说是一种祭祀仪式，把两种不同的说法糅合在一起，清楚地表明他们实际上不知道"早"究竟是什么。余冠英先生把"叜"说成是"叉"的假借字，从假借的条件上说，确实是可以的。《类篇·又部》："叉，或作叜。"说明"叜"与"叉"是可以假借的。但是叉的字义是指甲，《说文解字》："叉，手足甲也。"文献中没有用作"取"义的例证，所以余冠英先生之说也是不可信的。崔富章先生主编、周明初等先生注释的《诗经注释本》把"早"解释为"早晨"，则是连语法都不通，因为古代汉语中"其"后面的词应该是动词或者形容词，"早晨"的意义在这里根本不合适。陈成国先生的解释倒是把周明初先生的理解解释通了，"四之日其叜（早）"就是"四之日之早晨"！然而，"叜"上"其"字相当于"之"，避复故用"其"，则是陈先生的想象而已。按照陈先生避复之说，则《七月》诗中"二之日其同"，就是"二之日之同"了，我不知道赞同陈先生说的能有几人，再说一年之中，难道只有四之日之早晨要取冰备暑，其他时间都不要取冰备暑了吗？显然不是这样的。

那么，"四之日其叜"到底是怎么一回事呢？我认为《七月》原文的"早"应该是"阳"字，因为"阳"和"早晨"的"早"早期使用的汉字形体都是昜，昜从日、在，"在"是测日影的表杆①，昜巧妙地利用立圭表测日影表达"朝阳光的地方"的概念，因为立圭表测日影必须选择朝太阳的地方。所以昜的本义是"朝阳光的地方"②。测日影的地方都是照得到阳光、地势比较高的地方，所以昜又引申表示"山之南"或者"水之北"③和"高"。《说文解字》："阳，高明也。"《释名·

---

① 陆忠发. 汉字学的新方向［M］. 杭州：浙江大学出版社，2009：54-55.
② 陆忠发. 汉字学的新方向［M］. 杭州：浙江大学出版社，2009：101-102.
③ 这个意义人们非常熟悉。

释丘》："丘高曰阳丘。"即其证。

汉字中高的地方往往添加提示符号"𨸏（阜）"，故𣅀亦作𨸏。

《小屯南地甲骨》4529："于南𨸏西𡿩。"

立杆测影多在早晨，故𣅀又引申表达"早晨"的概念。"早晨"的"早"睡虎地秦简正作𣅀，《说文解字》篆文作𣅀。

这样，𣅀一个形体同时表示了两个概念，既表示"早晨"，又表示"高"和"照得到阳光的地方"，有时候就会引起误解。为了有所区别，"早晨"的"早"，文献中常常假"蚤"为之。"蚤"的本义是"跳蚤"。《说文解字》："蚤，啮人跳虫。"《广韵·皓韵》："蚤，古借为蚤暮字。"

后来，表示"高"和"照得到阳光的地方"的"𣅀"，形体逐步变化为"昜"①，其变化过程是：扬鼎作𣅀，叔鼎作𣅀，宅簋作𣅀，旌叔鼎作𣅀，侯马盟书作𣅀，楚帛书作昜。𨸏则变化为"阳"。其变化过程是：敔簋作𨸏，虢季子白盘作𨸏，阳陵虎符作陽，睡虎地秦简作陽。

这样，表示"高"和"照得到阳光的地方"的"昜"和"阳"，形体已经与原来的"𣅀"区别开来，于是"早晨"的"早"又用原来的形体𣅀表示了，不再假借"蚤"了，𣅀现在形体写作"早"。

"早"和"阳"一开始共享一个汉字形体，大家可能很难接受这样的事实。其实，古文字中两个概念共同使用一个汉字形体的情况是比较多的。我给大家举两个例子。

晶，甲骨文作𣆟，本为"星"之本字，此字造字运用了生活常识：⊙像星星之形，亦像太阳之形。为了区分星星与太阳，星星作𣆟、𣆟，太阳作⊙。因为日只有一个，所以𣆟、𣆟肯定不会被人理解为"日"。人们看到𣆟、𣆟这样的发光体有很多，自然就知道是星星。这样，太阳

---

① 𣅀下面的一竖是测日影的表，古人为了判定表是否垂直，在表上系上绳索，于是人们在表上添加𠂆作为提示符号，提示是表上的绳索。这样𣅀就演变成了𣅀。

和星星的差别，利用生活常识，就巧妙地区分开来了。

但是，⽊、⽊除了表示"星星"的概念，还表示"明亮"的概念。因为人们晚上仰望天空，总是能够感受到星星非常明亮。因此，⽊、⽊又因为人的感受而表达了"明亮"的概念。《说文·晶部》："晶，精光也，从三日。"这样，"晶"就同时表示"星星"和"明亮"两个概念了。

为了区分"星星"和"明亮"两个概念，星星的概念用字又添加提示符号"生"以提示其声音，作⽊。这样，"星星"和"明亮"就区分开来了。

）（月，夕），像月亮之形，表示月亮。月亮在晚上最明显，故又以）表达"夕"的概念，这是以特定的事物表达相关的时间概念。所以古文字）既表示月亮，又表示"夕"的概念。"夕"盂鼎作⽉，历鼎作⽉；"月"不嬰簋作⽉，师奎父鼎作⽉。可见，甲骨文、金文"月""夕"形体不分，但是二字出现的环境不同，所以还是非常容易区分的。

战国时起，"月""夕"形体开始分化，"月"侯马盟书作⽉，睡虎地秦简作⽉，中间都有"·"提示是发光体；"夕"睡虎地秦简作⽉，二字不再同体。

这两个例子可以帮助我们理解并接受"早"和"阳"共享一个汉字形体的事实。

知道"早"和"阳"的关系，我们可以判定"四之日其蚤"其实应该是"四之日其阳"。因为古书中"⽊（早）"常常假借写成"蚤"，传抄者把"四之日其⽊（阳）"写成了"四之日其蚤"，后人只知道"蚤"是"早"的假借字，却不知道"四之日其蚤"本来应该是"四之日其⽊（阳）"，导致简简单单的一句话成为谁都解释不好的疑难问题。

"四之日其阳"的意思非常明确，"四之日其阳"与《七月》一诗前面的"春日载阳"是一回事。"阳"的意义由"朝阳光的地方"引申为"暖和"。《诗经·豳风·七月》："春日载阳。"郑玄笺："阳，温也。""四之日其旸（阳）"的"旸（阳）"郑玄之所以没有解释，我的理解是郑玄前面已经解释过"阳"了，所以没必要重复解释。"四之日其阳"的意思是说"四之日大概要暖和了"。可见"四之日其阳"和"春日载阳"都是说气候暖和。《周礼·天官·凌人》："春始治鉴。凡外内饔之膳羞鉴焉，凡酒浆之酒醴亦如之。祭祀供冰鉴，宾客供冰，大丧供夷盘冰。夏，颁冰掌事。"因为气候暖和了，所以才要"献羔祭韭"以取冰备暑。

20 多年前，我读《武经七书》，校勘《尉缭子·兵谈》，发现一处错字，非常精彩，说来与大家分享。

《尉缭子·兵谈》："治兵者，若秘于地，若邃于天，生于无。故关之，大不窕，小不恢。"这句话中的"关"字，或作"开"，自宋抄本以来各本无不尽然。如明朝刘寅《武经七书直解》作"故关之，大不窕，小不恢"，清朝朱墉《武经七书汇解》校作"开之"，指出："开谓开其生养之道。"[1] 华陆综《尉缭子注译》谓当作"开"，开者，开启，开行。句谓："治理军队，要像隐藏于大地之下那么秘密，要存于无形之中，所以实行它（寓兵于农），军队组织隐藏于生产组织中，大的方面不暴露破绽，小的方面不显露痕迹。"[2]《中国军事史》编写组《武经七书注释》亦校作"开"，谓："善于治兵的人（实行寓兵于农）就像大地那样深藏不露，就像天空那么深邃莫测，表面无形无影，却蕴藏着巨大的力量，作战时，大规模用兵不会感到兵力不足，小规模用兵也

---

① 此二书见《中国兵书集成》。
② 华陆综. 尉缭子注译［M］. 北京：中华书局，1979：4-6.

不会感到兵力过多。"①

也有人根据银雀山简本《尉缭子》残简认为，原文作"开之"不误，下文当补"关之"。钟兆华《尉缭子校注》曰：除宋本、《施氏》本外，诸本均作"故开之"。本句应当是两个对举的分句构成的，宋本有脱漏和遗误，据竹简"……大而不眺（窕），关之，细而不欸"，可知其句式当为"开之，大而不窕；关之，小而不恢"，类似句子，古籍中不难找。《大戴礼记·主言》："士者布诸天下而不窕，内诸寻常之室而不塞。"《淮南子·兵略训》："入小而不偪，处大而不窕。"《荀子·赋篇》："充盈大而不窕，入郄穴而不偪。"段玉裁《说文解字注》说："凡此皆可证'窕'之训宽肆。凡言在小不塞，在大不窕者，谓置之小处，而小处不见充塞无余地，置之大处而大处不见空旷多余地。"可见本句宋本删动，上句误"开"为"关"，而下句脱"关之"，诸本则下句脱"关之"。② 李解民《尉缭子译注》说同。谓："治兵之道，犹如大地秘藏不露，犹如天高深莫测，产生于无形之中，所以敞开的话，再巨大的东西也不会放浪不羁，关闭的话，再细小的东西也不会局促窘迫。"③ 徐勇《尉缭子浅说》则曰："治理军队的人要像隐藏在地下一样神秘，要像处于高空上一样深邃，用兵没有固定形式，一旦展开，置于大的地方不会显得过于空旷；一旦聚集，处于小的所在也不会显得过于充塞。"④

朱墉解"开"为"开其生养之道"，其义与上下文均不协，故非是。华陆综谓开为"实行"之义于训诂无据，亦不可信。《中国军事史》编写组在《武经七书注释》中译"开"为作战，大概是依据

① 《中国军事史》编写组. 武经七书注释［M］. 北京：解放军出版社，1986：148-149.

② 钟兆华. 尉缭子校注［M］. 郑州：中州古籍出版社，1986：6.

③ 李解民. 尉缭子译注［M］. 石家庄：河北人民出版社，1992：15.

④ 徐勇. 尉缭子浅说［M］. 北京：解放军出版社，1986：53-60.

86955 部队理论组、上海师范学院古籍整理研究室《尉缭子注释》所注
"开"为举兵①，然释"开"为"举兵"，亦于训诂无据。遍览《武经
七书》，除《尉缭子·兵谈》一处不计外，凡言举兵，或谓"发兵"，
或谓"出兵"，或谓"引军"，绝无言说成"开军"或"开兵"者，可
见诸说均不可信。至于或谓《尉缭子·兵谈》原句当作"故开之，大
而不窕；关之，小而不恢"，这种相对为文的句式在古籍中确实多见，
所以这种说法似能成立。但其释义却难以服人，什么叫"军队敞开"，
什么叫"军队关闭"，什么又叫"军队展开"，真的让人感到不知所云。
这样的论断又怎么能让我们相信它是正确的呢？"军队聚集"倒是意义
明确，但军队聚集之后，即使"处于小的所在也不会显得过于充塞"。
这话又等于没说，当今之军营，在一个小的营地里，驻扎着成千上万的
官兵，他们并没有什么充塞之感。所以，断定《尉缭子》原文当为
"开关""关之"相对举为文，是错的。

银雀山汉墓简本《尉缭子》本身也有很多错误，如银雀山汉墓简
本《尉缭子》二："因险者毋（无）战心"，银雀山汉墓竹简整理小组
注："因险，似是陷于不利地形之义。"《武经七书注释》于《尉缭子·
攻权》下注引竹简文，谓："也就是说：困守于险要地形中的人没有决
战的意图。"忠发按："囚"当为"因"字之误。凡兵，凭借险要地形
而为守者，以为牢不可破，故士卒无决战之心。若囚困于险要之地，则
必死斗而求生。《孙子·九地》："围地则谋，死地则战。"此兵之常理。
今传宋本《武经七书·尉缭子·攻权》作"分险者，无战心"。"分
险"乃凭借险要地形之义，《六韬·豹韬·分险》："引兵深入诸侯之
地，与敌相遇于险扼之中，吾左山而右水，敌右山而左水，与我分险相
拒，各欲以守则固，以战则胜。""分险者，无战心"，其义与"因险者

---

① 86955 部队理论组，上海师范学院古籍整理研究室. 尉缭子注释［M］. 上海：上海
　古籍出版社，1978：6-7.

毋（无）战心"正同。所以，据银雀山汉墓简本《尉缭子》来校订今本是不大保险的。因此我们可推想，真正的《尉缭子》原文，所谓的"关之"或"开之"当在"大而不窕"句前，故后世的传本除银雀山汉墓竹简外，均如是作。

那么，"关之"或"开之"到底是怎么一回事呢？我认为，《尉缭子》原文中的所谓"关"或"开"当是个错字，我断定其原文当作"斗"。

如果熟悉相关古文字形体，我们就能判定《尉缭子》原文作"斗"。

甲骨文"打斗"的"斗"作闬，楷书作"鬥"，因为从"鬥"的形体上已经看不出"打斗"的意思来了，"鬥"字又不表音，所以人们表示"打斗"的意思，又常常假借"鬭"表示，《说文解字》："鬭，遇也。从鬥斲声。"草书又把"鬭"写成闗。

金文"关"作闗，本义是两扇门上相对的供插入（或者放入）门闩的两根木头条段。因为人们在"关"中放入门闩闩好门之后，常常要用绳索把门闩与"关"捆在一起，以防止有人从门外使用工具打开已经上了门闩的门，所以闗又有形体作闗，添加"丝"表示用绳索捆起来。草书把闗这个小篆形体写成闗。

我们把闗（鬭）与闗（关）放在一起比较，二者基本上看不出什么差别。所以古人抄书，闗（鬭）很容易错成闗（关）。这就是为什么有的《尉缭子》传本中会是"关"字。

那么，《尉缭子》传本的"开"又是怎么错出来的呢？

《说文解字》："开（開），张也。从门从开。閞，古文开。""开（開）"不见于甲骨文和金文，有古文形体作閞，睡虎地秦简作閞，估计是战国时期人们为"开门"概念造的俗字。閞从"门"从双手持一，一表示门闩，所以閞用两手打开门闩，表达"开门"的概念。"开

（開）"由"开门"引申表示"门开着"。

门开着是因为门闩没有闩上，如果把门闩闩上，门又关起来了。所以，人们又造了一个俗字"閞"表示"关门"。① "閞"显然是在"開"的基础上添加一个"一"表示闩上门闩所造的俗字。

因此，關（鬭）错成閞（关）之后，有人抄书又把關（关）改写成"閞（关）"，"閞（关）"因为与"開"太接近了，又被抄书的人错写成了"開"。

所以，《尉缭子》原文的"鬭（今天简化字作'斗'）"经过抄书者辗转误抄，就有的错成了"关"，有的错成了"开"，已无人知原本作"鬭（斗）"了。

斗，战斗也。《尉缭子·制谈》："金鼓所指，则百人尽斗。"《孙子·兵势》："斗众如斗寡，形名是也。"《孙子·九也》："兵士甚陷则不惧，无所往则固，深入则拘，不得已则斗。"《吴子·料敌》："秦性强，其地险，其政严，其赏罚信，其人不让，皆有斗心，故散而自战。"《吴子·应变》："战胜勿追，不胜疾走，如是佯北，安行疾斗，一结其前，一绝其后，两军衔枚，或左或右，而袭其处。"《六韬·虎韬·必出》："勇斗则生，不勇则死。"《司马法·定爵》："凡战，智也；斗，勇也。"诸兵书中的"斗"均"战斗"之义。《尉缭子·兵谈》中的这段文字谓善治兵者（要寓兵于农），就像深藏于大地之下，隐匿于天空之中一样不露踪迹，强大的战斗力就存在于无形之中。故使军队投入战斗时，大规模作战不感到兵力不足，小规模作战不显得兵力过剩。

我要是不熟悉这些相关古文字形体，我也不可能看出来《尉缭子》原文应该是"鬭（'斗'）"。可见，熟悉古文字对于校勘古书作用是非常大的。

---

① 秦公. 碑别字新编［M］. 北京：文物出版社，1985：437.

五、正确训释出土文献

随着出土文献越来越多，出土文献的各方面价值的研究都有赖于对出土文献的语言研究。只有正确解释了出土文献的语言，出土文献的价值才能被充分认知，其他的研究才能在此基础上展开。可见，正确解释出土文献的任务已经摆在了训诂学研究者的面前。

当然，对出土文献的语言进行研究的，首先应该是从事古文字学研究的学者，他们会考释其中不认识的古文字，尽可能疏通出土文献的语言以利于各相关学科研究者使用。但是，由于从事古文字研究的学者常常对训诂学缺乏深入研究，所以解释出土文献的语言，完全依赖于从事古文字学研究的学者，还是不行的。

如《睡虎地秦墓竹简·为吏之道》："敬自赖之，施（弛）而息之，犢（密）而牧之；听其有矢，从而贼（则）之；因而征之，将而兴之，虽有高山，鼓而乘之。"睡虎地秦墓竹简整理者把"犢"看成是"密"的假借字，并引《诗经·昊天有成命》传文："密，宁也"解"密"为"宁"，解"牧"为"养"。"密而牧之"的意思就是"宁而养之"。

这样的解释就不内行。首先，这样的解释非常迂曲，古人为什么不直接说"宁而养之"，非要这么通假一下呢？这样的解释不但迂曲，而且与历史事实不符，历史上从来没有那个朝代对官吏提出过养民的要求，所以我们不能把"犢（密）而牧之"理解成"宁而养民"。其实在秦简当中，"卖"常常都写成"买"，依据这个习惯，我们判断"犢"应该理解成从"牛"从"卖"的"犊"，"犊而牧之"，"犊"做状语，修饰"牧"，像牧养牛犊一样对待人民，其意思就是说让人民休养生息，这样也正好与前面一句"弛而息之"相应。

我读出土简帛文献整理者注释的简帛文献，有一个感受，感觉这些由文字学研究者所做的注释，与汉代训诂学者的注释风格有相似之处，他们常常会犯随文释义的错误，很少顾及上下文关系。所以我说他们做训诂不内行。

出土文献没有得到古人的解释，我们可以想见，其中需要解释的地方肯定很多。小盂鼎《集成》（5.2839）铭文：

> 惟八月既望，辰在甲申，昧丧（爽），三左三右多君入服酉（酒），明，王各周庙，□□□邦宾，从（延）邦宾尊其旅服，东乡。盂以多旂佩，鬼方子□□入三门。① 告曰："王令盂以□□伐鬼方，□□□职□，执兽（酋）三人，获职四千八百又二职，俘人万三千八十一人，俘马□□四，俘车卅两（辆），俘牛三百五十五牛，羊卅八羊……"王若曰："□，盂拜稽首，以兽（酋）进，即大廷。"王令……折兽（酋）于□，王乎鬶伯令盂以人职入门，献西旅，□□入燎周庙，盂以□入三门，即立中廷，北乡。盂告鬶伯即立（位），鬶伯……

就在我节引的这部分文字中，有很多词人们都并不熟悉，需要解释。还有看似普通的词，我们其实并不懂，如"入三门"的"门"，很多人就不懂。

"入三门"是怎么一回事呢？入三门不是说要经过三道门，入三门，说白了，就是从三个台阶上走上来。这里面还有一个非常重要的概念，人们的理解是错误的。古代宫殿建筑所谓的"门"，不是我们平常理解的门，宫殿建筑的门在进入宫殿的台阶下面，这里有宫卫把守，形成一个"门"。请看下面的材料以及我的分析。

《左传·昭公二十七年》："夏四月，光伏甲于堀室以享王。王使甲坐于道及其门，门、阶、户、席，皆王亲也，夹之以铍，羞者献体改服于门外。执羞者坐行而入。"古代大夫的居所一般都是四合院，塾之内

---

① 商王姓子，在商代，"子"为贵族。参考陆忠发．古代特定称名考意［J］．江西社会科学，2006（1）．。这里说的"鬼方子"是鬼方的贵族，应该就是下面说的酋。

是一个大的庭院，进入塾之后，有道路直达后面的堂和主室。吴公子光在自己的宅院宴享吴王，吴王的卫士沿着从塾通向堂和室的道路两旁坐着，门、台阶、户和室内的席子上都是吴王的亲信。由这个材料可见，所谓的门，就是在庭院的道的尽头，在台阶的下面的门。

《韩诗外传》卷九："孟子妻独居，踞。孟子入户视之，白其母曰：'妇无礼，去之。'母曰：'何也?'曰：'踞。'其母曰：'何知之?'孟子曰：'我亲见之。'母曰：'乃汝无礼也。非妇无礼。《礼》不云乎："将入门，问孰存。将上堂，声必扬。将入户，视必下。"不掩人不备也。今汝往燕私之处，入户不有声，令人踞而视之，是汝无礼也，非妇无礼也。'于是，孟子自责，不敢去妇。"《礼记·曲礼上》有"将入门，问孰存。将上堂，声必扬。将入户，视必下"的记载，可见，入门之后才能上堂，继而入户（室门）。《说文解字》："门，闻也。从二户，象形。""门，闻也"是声训，是说明"门"与"闻"这两个概念的关系的。显然，"门"与"闻"这两个概念的关系，就是来人将要入门的时候要问主人在家吗，以提醒主人有客人来访。这样说来，"将入门，问孰存"的"门"不是两塾所夹的门，而是堂的台阶下面的门，因为在塾那里就喊主人，主人恐怕也是听不到的。而在堂的台阶下面喊主人，主人就应该能够听到了。所以，《礼记·曲礼上》中"将入门，问孰存"的"门"也是指建筑物台阶的下面。

刘向《说苑·修文》："夏，公如齐逆女。何以书? 亲迎，礼也。其礼奈何? 曰：诸侯以屦二两加琮，大夫、庶人以屦二两加束脩二，曰：'某国寡小君，使寡人奉不珍之琮，不珍之屦，礼夫人贞女。'夫人曰：'有幽室数辱之产，未谕于傅母之教，得承执衣裳之事，敢不敬?'拜祝，祝答拜。夫人受琮，取一两屦以履女，正笄、衣裳而命之曰：'往矣，善事尔舅姑，以顺为宫室，无二尔心，无敢回也。'女拜。乃亲引其手，授夫于户。夫引手出户，夫行女从，拜辞父于堂，拜诸母于大门。夫先升舆执辔，女乃升舆，毂三转，然后夫下，先行。"《穀梁传·桓公三年》："礼，送女，父不下堂，母不出祭门，诸母兄弟不出阙门。父戒之曰：'谨慎从尔舅之言。'母戒之曰：'谨慎从尔姑之言。'诸母般申之，曰：'谨慎从尔父母之言。'"

我们把《说苑·修文》和《穀梁传·桓公三年》关于出嫁女儿告别父王和诸母以及父王和诸母兄弟送别出嫁女儿的记载放在一起看，就会明白：女儿先在堂上告别父王，接着在大门口告别诸母，然后登车而去。那么，登车的地点在哪儿呢？一定在宫殿的下面，因为马车是不能登高的。女儿在大门外登车而去，送别的人中父王在堂上，不从台阶上下来；母亲和其他诸母兄弟也止步于宫城之中的不同地方，所以，我们可以判断出嫁女儿登车的大门外仍然在宫城之内。这登车的地点应该就在堂下，因为送别女儿的时候，在堂上的父王还对女儿说话。

可见，所谓的大门，就是在宫殿台阶的下面。

小盂鼎铭文两次提到即廷之前要入三门，显然是入廷的人要通过三个台阶上廷。如果周王的宫城结构都与凤雏西周宫城结构相同，那么进入凤雏西周宫城最大的厅堂的台阶恰好是三个，这三个台阶的下面应该就是小盂鼎铭文所谓的"三门"，而三个台阶上面的这个建筑就是所谓的周庙及其大廷。这三个台阶中间的一个最宽，这个最宽的台阶下面应该就是《说苑·修文》所谓的"大门"。

此外，"三左三右多君入服酉（酒）"这句话中的"多君"是什么人呢？我们所知道的是，只有国君才能称"君"，"三左三右多君"是不是左右各三个国君呢？当然不是。所以，这"多君"就不能不做解释。

"多君"一词见于甲骨卜辞，"君"又是在"尹"的基础上造的字，甲骨卜辞也有"多尹"，二者相关而又不同，所以我们要把"多尹"和"多君"结合起来研究才能说清楚"多君"。

一般认为，商代多尹与多君是相同的官。其实，多尹与多君有很大的不同。我们先将有关多尹与多君的卜辞对比如下。

《合集》5611 正："贞：王其有曰：多尹若……"

《合集》5611 正："贞：彡（再）曰：多尹……"

《合集》5612 正："庚辰贞：不于多尹𠙴"

《合集》5613："令多尹外……"

《合集》19838："甲申……多尹若田……"

《合集》20357："……多尹……于商。"

《合集》23560："戊子卜，禾贞：王曰：余其曰：多尹其令二侯上丝暨𠂤侯其…周。"

《合集》24136："……已卜，禾贞：……多尹于……母癸燎……"

《合集》27894："弗不飨，惟多尹飨……"

《合集》31981："呼多尹往𡿧……"

《合集》32979："多尹在器。"

《合集》32980："甲午贞：其令多尹作王寝。"

《合集》33209："癸亥贞：多尹弗作，受禾。"

《合集》33209："癸亥贞：王令多尹𡐦田于西，受禾。"

《怀特》348："……寅卜，贞……于多尹……舟……"

《屯》4517："甲申……多尹……若上甲……"

除了多尹之外，卜辞中还有关于束尹、甲尹等的记载。

《合集》5618："甲午卜，贞：呼束尹有禽。"

束尹非一人，对束尹集体言则称多束尹。

《合集》5617："呼多束尹次于教。"

《英藏》2283："王其呼甲尹伐卫于……"

这些尹是按其职责分类，其性质也属于多尹中的一类。束是樲木，束周身有刺，商代的时候用樲木加工做兵器使用。所以束尹、甲尹其实是督造兵器装备的官员。

卜辞中还有黄尹和伊尹。黄尹是黄氏之长，从卜辞中看，黄尹受到后世商王的祭祀，而且祭品相当丰盛。说明黄尹在商人心目中的地位是相当高的。如：

《怀特》899："燎黄尹四豕卯六牛。"

黄尹也有神威，可以祟王、害王。

《合集》3484："贞：黄尹不我祟。"

《合集》3483："贞：黄尹害王。"

黄尹也可以保护后人。

《合集》3481："癸未卜，古贞：黄尹保我史。"

黄尹死后商王还给他立神主。

《合集》6354 反："其卫于黄示。"

伊尹的地位比黄尹更高，他不但有黄尹的一切神威，商王还常把他与先王同时祭祀。

《合集》32318："甲申卜，侑伊尹五示。"

侑伊尹五示，即侑祭伊尹和五位先王。先王各有示，故用示代先王。

这两位有姓氏的尹，其身世说法各异，有人说黄与衡通，所以黄尹就是太甲时的大臣阿衡，阿为官名，衡为其名。但《史记·殷本纪》又曰："伊尹名阿衡，阿衡欲奸汤而无由，乃为有莘氏媵臣，负鼎俎，以滋味说汤，致于王道。或曰：伊尹处士，汤使人聘迎之，五反然后肯往从汤，言素王及九主之事。汤举任以国政。"赵诚先生又考伊尹为商王成汤的弟弟。① 我疑此二臣本为多尹中一员，因才能卓著，被提拔而委以重任，又因有大功于王室，被赐姓封地，并受到后世商王的爱戴和祭享。史传傅说起于版筑之间，武丁"举以为相，殷国大治"，可能就

---

① 赵诚. 甲骨文与商代文化［M］. 沈阳：辽宁人民出版社，2000：91-100.

属于这种情况。当然，黄尹、伊尹、傅说地位再高，也只能说明他们是多尹中的佼佼者，并不表明商代的多尹都有这么高的地位。所以我们在讨论多尹与多君时，不应该受到这些特别的尹的影响而使我们的判断发生偏差。

《甲骨文合集》中关于多君的刻辞有以下这些：

　　《合集》24132："辛巳卜，爻贞：多君弗言，余其侑于祝。庚勾，九月。"

　　《合集》24133："……大贞：……多君……曹册惟……月。"

　　《合集》24134："丁酉卜，爻贞：多君曰：来吊以夸。王曰余其……"

　　《合集》24135："辛未王卜，曰：余告多君曰：般卜有祟。"

　　《合集》24137："……未王卜……余告……君曰受……吉。"

李学勤先生《释多君与多子》一文引《后下》十三·二之辞亦与多君有关。

　　《后下》十三·二："丁酉卜，爻贞：多君曰：来吊以夸，王曰：余其曾? 从王。"

赵诚先生说："君亦即尹，只不过增加了口形作为文饰。卜辞的多尹在商王左右，其地位较尊，当属史官之类。"[①] 李学勤先生也说："卜辞君、尹二字往往互用，多尹也就是多君。"[②] 我认为，把多君与多尹混为一谈，是一种错误。理由有如下一些。

1. 多尹司劳作之事，而从卜辞中看，多君未有司劳作之事者。

2. 王对多尹常常用"令"，而对多君则往往用"告"，说明多尹与多君的地位是不相同的。

---

① 赵诚. 甲骨文简明词典 [M]. 北京：中华书局，2009：60.

② 李学勤. 释多君多子 [M]//胡厚宣. 甲骨文与殷商史. 上海：上海古籍出版社，1983：13-15.

3. 从多君与商王的关系来看，多君与商王关系很密切。首先，从《合集》24135 一辞看，占卜的结果商王要告知多君，可见其关系甚密。其次，从《合集》24134 和《后下》十三·二这二辞中看，商王常常要与多君商量问题，而且当双方意见不一致时，也不一定按商王的意旨办事。到底怎么办，还要再卜问。而多尹则未见有与商王共商国是的记载。综合这些因素考虑，我们可以确定多尹与多君不是同一类官员。

那么，多尹与多君到底有什么不同呢？关于多尹的性质，史家依据甲骨卜辞中尹掌管的事务，一般把尹看作商王左右的辅佐之臣。李铁先生认为商王的辅佐政务官，其地位最高的是尹，一般的政务官称多尹。多尹的职责，根据甲骨卜辞的记载是从事农田耕垦、军事活动以及服务于国王的事务活动，他们具有一定的行政能量，又有相应的行政权力，是国家政权中的务实派。① 王宇信先生认为，尹的职司当与后世的"相"相近②，张晋藩先生又说尹是国王的师保之官③。这些说法可能是受了伊尹的影响而产生的误解。商汤死后，伊尹曾一度代王行政，他死后还一直受到后世商王的尊崇，得到后人的祭享。伊尹史书又称阿衡，"亦曰保衡"④，周初还是保尹相通，如《矢令方尊》（《集成》11.6016）"明公尹"。伊尹虽为商王之辅相、师保，但不能据此认为商朝的多尹都是商王的辅相、师保。从甲骨卜辞的记载中看，很难说多尹具有什么行政权力，他们只是负责某个具体事务的人，可能还称不上是商王左右的辅臣。所以，史家对多尹的认识，还有待修正。

甲骨学家对多尹的性质早有研究，比较一致的看法是：尹是史官。

---

① 张晋藩．中国官制通史［M］．北京：中国人民大学出版社，1992：35-37．彭林．中华文明史（第2册）［M］．石家庄：河北教育出版社，1994：21．王汉昌，林代昭．中国古代政治制度史［M］．北京：人民出版社，1985：8．游绍尹，吴传太．中国政治法律制度简史［M］．武汉：湖北人民出版社，1982：22．

② 杨志玖．中国古代官制讲座［M］．北京：中华书局，1992：3．

③ 张晋藩．中国古代政治制度［M］．北京：北京师范大学出版社，1989，21．

④ 《史记·殷本纪》司马贞《索隐》。

李孝定先生曰："窃疑尹之初谊当为官尹字。殆象以手执笔之形。"① 赵诚先生曰："尹，原来是一种史官，所以从又从丨，用一只手拿着一支笔来示意。卜辞有伊尹、黄尹当即这一史官，但在当时地位较高。卜辞还有'多尹'，可能指称一般史官。"② 姚孝遂先生也说："尹属史官之类，故从又持笔以象之。"③ 众所周知，史官是记事之官，但从卜辞中看，尹司圣田、作寝之事，圣田、作寝皆非史官之事。可见，把尹说成是史官，是有问题的。陈梦家先生意识到把尹说成是握笔之形不妥，他认为尹字乃从又持杖之形，尹之本义与史同义，本搏兽之官，进而为祭祀之官，再进而为文书之官。④ 陈梦家先生的说法也与卜辞不合，商王有史官，但不叫尹。王宇信先生说："甲骨文里的'作册'就是史官。《尚书·洛诰》里的'作册逸'，在《左传》《国语》等书中都作'史佚'，逸与佚同，是一个人的名字，他的官为'作册'或'史'，职司相同。"⑤ 所以关于尹的性质，至今还是不清楚。

那么，尹到底是什么样的人呢？尹是商王朝的官员，这是没有问题的。他们接受商王的命令，为商王朝服务，商王也很重视多尹，会卜问他们是否有咎⑥，也会宴飨多尹⑦。从卜辞中看，多尹的主要工作是替商王掌管劳作之事：圣田和作寝。圣田就是砌田埂（造水田）⑧，因此，圣田和作寝都是极其繁重的体力劳动。这样的事当然不可能由多尹亲自

---

① 李孝定. 甲骨文字集释 [M]. 台北："中研院历史语言研究所"，1965：907.
② 赵诚. 甲骨文简明词典 [M]. 北京：中华书局，2009：60.
③ 于省吾. 甲骨文字诂林 [M]. 北京：中华书局，1996：905.
④ 转引自于省吾. 甲骨文字诂林 [M]. 北京：中华书局，1996：902.
⑤ 转引自杨志玖. 中国古代官制讲座 [M]. 北京：中华书局，1992：5. 王宇信，杨升南. 甲骨学一百年 [M]. 北京：社会科学文献出版社，1999：461. 又说作册是司理典册和册命的职官。其实，司理典册可能是史官的职责之一，所以，作册还应该是史官。
⑥ 《合集》5612。
⑦ 《合集》27894。
⑧ 陆忠发. 圣田考 [J]. 农业考古，1996（3）.

劳作，最大的可能是多尹督察奴隶进行。所以多尹应该是督察劳作之官，这样的人在劳作现场，不从事具体的劳作，只持杖站着对奴隶劳作进行指挥、监督，他们站久了，则腰酸背痛，于是就拄杖支撑身体以减轻身体的疲乏程度。所以，这种人区别于其他人的特征是常拄杖支撑身体。甲骨文尹字作 Γ，从丨（杖）从又，古文字中又往往与人同义，如圣田之圣，作 $\mathcal{M}$，亦作 $\{\Bbbk\}$①，所以甲骨文尹字正作人拄杖形②，正像这类督察劳作的官员。因此，尹字的本义正是督察劳作之官，由督察劳作之官引申为一般的掌管百工之官，《尚书·顾命》"百尹御事"之尹即是。再引申为一般的官吏，如古代官员称尹，即是。《左传·文公元年》："使为大师，且掌环列之尹。"杜预注："环列之尹，宫卫之官。"由督察劳作之官，又引申为督察、治理。《说文解字》："伊，殷圣人阿衡，尹治天下者。"尹治连文，尹亦治也。《尚书·多方》："开惟式教我用休，简畀殷命，尹尔多方。"《左传·定公四年》："故周公相王室，以尹天下。"这里的尹都是治理的意思。从尹字字义引申情况看，尹之本义为督察劳作之官，可以清楚地理清尹字的字义引申线索，这也证明我们考证的尹的本义是正确的，因而卜辞中的多尹就是督察劳作之官，因劳作场所很多，督察劳作之官也就很多，故这些官统称多尹。

那么，君又是什么样的官呢？君字从尹从口，口是个提示符号，提示君这类官的职责以动口为常。君字从口，口为说话器官，所以口在这里提示这类官以动口说话为常事。结合关于多君的卜辞中记录的多君常与商王商量事情这样的材料，我们判断多君就是商王的顾问之臣。王之顾问之臣，其地位当然是高的。我们从《尚书》中看，被称为君的只有君奭、君陈、君牙三人。君奭是召公，奭为召公名，君为周公对召公之称；君陈为周公之子，周公死后，成王命他接替周公治理成周；君牙

---

① 陆忠发.甲骨卜辞所见整治黄河史料［J］.农业考古，1998（3）.

② 尹字不像握笔形，笔下当有毛，亦不像持杖形，持杖不会持其上端。

是周穆王命他做大司徒时对他的称呼。可见，这三人地位都是很高的。在周代，也只有天子所封的诸侯才能称君。《礼记·曲礼下》："五官之长曰'伯'，是职方。其挩于天子也，曰'天子之吏'。天子同姓，谓之'伯父'，异姓，谓之'伯舅'。自称于诸侯，曰'天子之老'，于外，曰'公'，于其国，曰'君'。九州之长，入天子之国，曰'牧'。天子同姓，谓之'叔父'，异姓，谓之'叔舅'，于外，曰'侯'，于其国，曰'君'。"① 而尹在后代一般泛指官员。从君在卜辞之后的文献中使用的情况看，君的地位是极高的，这也证明君与尹不是一样的官。

在周代，诸侯国内的人民称呼诸侯为"君"，在成周，诸侯都是不被称为"君"的。所以，我们也不能把"三左三右多君"的"多君"理解成列席这次接受献俘仪式的诸侯们。商代把商王的顾问之臣叫"多君"，西周初年小盂鼎铭文中提到的"多君"应该与商代卜辞中的"多君"是相同的职官，即周王的顾问之臣。

可见，如果人们不知道"多君"为周王的顾问之臣，理解小盂鼎铭文，出现误解的可能性是非常大的。

上面我从五个方面论述了古文字知识对于训诂研究的重要性，事实证明，古文字知识在训诂实践中非常重要。

第五节　结合古文字研究古代语言的方法

根据我的研究体会，我觉得结合古文字研究古代语言，下面几个方法可供参考。

---

① 古代诸侯称名有特定的含义，人们称诸侯曰"君"，表达的是"您是天子最尊贵的臣子"之意。参考陆忠发. 古代特定称名考意 [J]. 江西社会科学，2006（1）.

一、熟悉古文字表意方法，依据古文字形体确定古文字本义

结合古文字训诂，最重要的就是要正确把握古文字本义。只有正确把握古文字本义，才能进而把握古文字的引申义，最终正确解释使用了古文字本义和引申义的文献。而正确把握古文字本义，必须熟悉古文字表意基本理论与方法，会依据古文字结构正确判断古文字形体所要表达的意义。

古文字的结构表达的是什么意思，我们只有非常熟悉古文字表意方法才能做出正确的判断。如邑，甲骨文作𝄞，从囗从跪姿的人。如果熟悉古文字表意方法，我们就会明白：1. 甲骨文中囗往往表示城；2. 跪姿的人一般表示坐着的人或者居住的人；3. 古文字上下结构往往表示前后左右空间关系。依据这些材料，我们就可以判断𝄞字的结构是利用城和城周围的居民之间的空间关系表意，即这个城的周围聚居着很多人，所以𝄞的本义是"宫城"。

"国"也是这样。"国"，甲骨文作𝄞，我们要知道，凵在甲骨文中除了表示人的"口（嘴巴）"之外，也表示古人的居穴，如甲骨文"各"作𝄞，亦作𝄞；"出"，甲骨文作𝄞，亦作𝄞，所从的凵都表示居穴。我们还要知道，戈是兵器，汉字表达概念，经常使用的方法，就是用工具表示使用这个工具的人，所以，具体到𝄞这个字，凵表示居穴；戈表示持戈的卫兵。这样，我们就可以知道，古人造𝄞这个字，显然是突出"凵"这个居穴的外面有卫兵守卫，那么，联系上古人人穴居的社会现实，我们就可以判断古人造𝄞这个字，表达的初义是"国王或者部族首领的居穴"。

有了这个认识，我们就可以进一步推知，随着社会的发展，国王的居所由原来的居穴逐步发展为宫城，则"国"的字义也很可能逐步演变指国王的宫城。再结合甲骨卜辞中"国"使用的情况分析，我们判断"国"确实指"宫城"。

二、把古文字涉及的古文辞与汉字表意方法相结合，正确判断古文字本义

许多时候要正确把握古文字本义，我们需要把古文字涉及的古文辞与汉字表意方法相结合，通过分析研究古文字涉及的古文辞，初步确定这个古文字在这些古文辞中的意义是什么，然后我们再设身处地地想一想，要表达这个古文字现在表达的这个意义，如果让我来造一个字，我会怎么造字。我们常常这样设身处地地思考问题，我们就会豁然开朗，明白古人造这样的汉字形体，他们要表达的是什么含义。这样我们就能正确把握古人造字表达的本义。

如"方"，《说文解字》解释其形体为"併船"，这样的解释毫无根据。通过联系甲骨卜辞中"方"的使用情况。我们知道"方"在卜辞中主要用为"族""国"之义，是泛指的。卜辞中的"方"往往指"外国人"或者"外族人"。把"外国人"或者"外族人"确定为"方"的本义，其引申义系统非常清楚，这也反过来证明我们确定的"方"的本义是正确的。

那么，我们现在可以设身处地地想一想，如果让我们造字表达"外国人"或者"外族人"的概念，我们应该怎样造字。

我们抢夺他族、他国之人口，为了防止其途中逃脱，肯定会用绳索将其捆起来。然而，这些人在被带来我国的路程中，他们要自己走路，自己吃饭、大小便，所以我们既不能捆他的脚也不能捆他的手，那么，怎样才能让这些人手脚自由又乖乖地受我指挥呢？我想，将人与人的脖子用绳索捆着串联在一起后，他们就只能乖乖地听我指挥了。我们能够设身处地地想到这一点，我们再看看古人造字的结构，我们就会恍然大悟。

"方"的甲骨文形体应该是从侧人从⊢，古文字侧人往往表示站立

或者行走的人，⊢是提示符号，在"央""帚""帝"等字中都使用了这个提示符号，提示捆扎、缠绕等，在"方"字中，⊢提示这个人脖子上被什么东西捆住了，ⅎ、ᚻ像人脖子上受了捆扎之形；ᚻ这个形体，人脖子上的也是提示捆扎的提示符号。当军队凯旋的时候，你看到许多人脖子上被绳索捆着，你自然就会明白：这些人都是被抢夺来的外国人或者外族人。所以，古人造字用ⅎ、ᚻ这样的形体表达"外国人"或者"外族人"，就很好理解了。

图 2-1　易洛魁人表示俘获的图形文字①

　　易洛魁人表示俘获的图形文字中哪个人是俘虏，一看便知。

　　再如"家"，我们联系甲骨卜辞，可以确定其表示的意思是指贵族居住的院落。那么，我们再设身处地想一想，如果让我造字表达"贵族居住的院落"，我应该怎样造字呢？我们会想：贵族居住的屋子肯定比普通人家要大，但是，大小的区别在文字形体上很难体现，所以想用大小来区别贵族的居所和普通人的居所，是行不通的。

　　如果我们有足够广的知识面，我们就可以明白，古代只有贵族的家里会养猪，普通人家都是养不起猪的。古代粮食作物的产量很低，如北方种植的谷子，中华人民共和国成立前后，谷子的亩产只有几十斤，是

---

① 图片取自汪宁生. 易洛魁人的今昔——兼谈母系社会若干问题［M］//西安半坡博物馆，良渚文化博物馆. 史前研究（2004）. 西安：三秦出版社，2005：105.

赵治海先生几十年在海南的辛勤培育，使谷子的亩产突破了千斤。可以想象，上古时期，农作物产量还可能更低，所以普通人家养不起猪，只有贵族人家因为祭祀的需要，他们会养猪。这样，在贵族人家的附近，就会寄居着猪，而普通人家的附近就不会寄居着猪了。所以，当人们看到一户人家屋子附近寄居着猪，人们就自然知道这户人家是贵族之家。因此，古人造字，从∩从豕，∩表示住宅，这个住宅附近有猪，利用"宅"和"豕"之间的空间关系，表达这个住宅就是贵族的居所，能够这样去思考问题，"家"的本义和造字就清楚了。

清楚了"方"和"家"的本义，其引申义也可以顺利知道了：方引申表示"方国""地方"；"家"引申表示"贵族"。《庄子·秋水》记载：秋水时至，百川灌河。泾流之大，两涘渚崖之间，不辨牛马。于是焉河伯欣然自喜，以天下之美为尽在己。顺流而东行，至于北海；东面而视，不见水端。于是焉河伯始旋其面目，望洋向若而叹曰："野语有之曰：'闻道百，以为莫己若'者，我之谓也。且夫我尝闻少仲尼之闻，而轻伯夷之义者，始吾弗信，今我睹子之难穷也，吾非至于子之门，则殆矣。吾长见笑于大方之家。""大方之家"一般解释为"懂得大道理的人"，其实"大方之家"就是大地方的贵族。大地方的贵族接受的教育往往要比平民或者小地方的人好一些，他们也常常有相对宽广的知识面，所以河伯就把见多识广的人说成"大方之家"了。

三、联系古文字造字的历史明确古书用字情况

汉字是一个个造出来的。人们表达语言中的概念（或者词义），方法有很多，可以通过造字，用专门的形体表达某个概念；还可以通过引申或者假借，让一个字兼表示另一个概念。当一个汉字形体同时表示的概念多了以后，为了区别不同概念使用的汉字形体，人们又通过添加偏旁部件的方法来分化原来的汉字形体。战国以后，由于人们掌握了形声字的造字方法，人们就大量造新的形声字形体来表达语言中的概念。历

史上许多古文字的形体都因为各种原因停止了使用，人们另外造新的字体来取代古文字形体。① 这样，传世文献中的用字情况，有时候就比较繁杂。传世文献中的许多字可能就是后人把古文字改写成后来造的字，如"甚嚣尘上"这个成语出自《左传》，从杜预集解开始，就是使用"尘"字，而古文字表示"尘土"的概念，造的字是"三个鹿和一个土"，可能杜预嫌这个字写起来太麻烦，就改成后来造的"尘"字。这种情况有时候会影响我们对文献的解释，我们必须联系古文字造字的历史，才能搞清楚古书本来的用字情况，从而正确解释古书。

如《左传·隐公元年》："若阙地及泉，隧而相见，其谁曰不然？""阙地"的意思就是"掘地"，但是"阙"却没有"掘"的意思，所以"阙地"不应该有"掘地"的意思，而且"阙地"这样的搭配也是讲不通的。于是人们认为"阙"应该是假借字，那"阙"是什么字的假借字呢？很多学者就说是"掘"的假借字。

这样说有没有问题呢？有。"掘"这个字最早见于《说文解字》，出土文献中至今没有找到"掘"这个字，"掘"这个字很可能在春秋时还没有造出来。这样，左丘明作《左传》使用的"阙"，怎么可能是春秋以后才造出来的"掘"的假借字呢？

实际上，表示"挖掘"概念的字，甲骨文中已经有了，即"攻"。甲骨文攻作，𠤎即工，是掘土的铲②，……即土③，象手执锤子形，整个字表示把铲插入土中掘土。但是，左丘明大概不知道"挖掘"的概念已经有了"攻"表示，只好假借"门阙"之"阙"，这种情况就是文字学上说的"本有其字的假借"。《左传·隐公元年》"若阙地及泉，隧而相见，其谁曰不然"之"阙"看成是"攻"的假借字，就比较妥当了。

---

① 　这些情况比较复杂，请参考陆忠发《当代汉字学》第三章和第四章的介绍。
② 　陆忠发. 再释几个关于农具和农作物的甲骨文字 [J]. 农业考古，1999（3）.
③ 　陆忠发. 圣田考 [J]. 农业考古，1998（3）.

再如《左传·成公二年》"载以过朝"的"载",有人说意思是"用车装",有人说应该解释为"抬着",还有人说"異"字甲骨文作 ⊕、⊕,本义为"负戴"之"戴",所以"戴"就是"以首载物","载"为"戴"之后起字,所以"载以过朝"的"载"应该解释为"以首载畚"。

"载"从"车",其义确实是"用车装"。但是,"用车装",说不通。"朝"是宫殿下面的广场,车子如何下台阶?那妇人如何把宰夫的尸体装在车上,拉着车下台阶从朝中经过?所以说不通。"抬着"必须两个人,显然不正确。说"異"字甲骨文作 ⊕、⊕,为"负戴"之"戴",这是望文生义。事实上 ⊕ 在甲骨卜辞中为祭名,其本义不是"负戴"之"戴"。

"载以过朝"的"载"很可能就是后人改写的字。根据现在的出土文献,我们可以判断"载"是战国以来造的字,是表示"用车装"这个概念的本字。

那么,在"载"没有造出来之前,人们表示"装载"的意思,用什么字呢?根据甲骨文和金文的材料,我们可以看到,古人用 ⊎ 表示"装载"的意思。⊎ 显然是箩筐象形字,箩筐是用来装载东西的,所以引申表示"装载"的概念。东西装载在箩筐里,怎么运输呢?一般是扛在肩上。所以 ⊎ 又引申有"扛着"的意思。《左传·成公二年》"载以过朝"的"载",解释为"扛着"就比较好了。

可见,联系古文字造字的历史是很有用的方法。

四、由古文字形体的相似关系校勘古书中的错字

研究古汉语的学者都熟悉校勘。古书中常常有错字,错字的原因多因为字的形体接近或者读音接近。楷书形体接近了会造成错字,古文字形体接近了同样会造成错字。

《论语·公冶长》："宰予昼寝。子曰：朽木不可雕也，粪土之墙不可杇也。""粪土之墙不可杇"本来应该是写作"垒（厽）土之墙不可杇"，因为"垒"与"𡊀（"粪"的异体字）"形体相似，导致"垒土之墙"因为形近而错成了"𡊀土之墙"，"𡊀土之墙"又被改写成为"粪土之墙"。这种错误就是古文字形体接近造成的。①

形体接近尚且会错，要是两个字都写一样了，区分就更加难了。《尚书·说命下》"敩学半"，《礼记·学记》引作"学学半"。"敩学半"和"学学半"都讲不通。于是王力先生只好说"第一个'学'字音 xiào，指教人，后一'学'字音 xué，指向人学"。"学"读"xiào"的情况，我们好像从来就没有遇到过。《汗简》："𰷣，教。出《字指》。"《古文四声韵》"学"下收𰷣，云出古《老子》；"教"下又收𰷣，言出郭昭卿《字指》。可见古人写字，把"教"和"学"写成同样的形体了。这样，我们就有理由相信"敩学半"和"学学半"其实本来是写作"教学半"的。"教学半"就好解释了。"半"有"等同"的意思，"教学半"就是说教与学地位相等。②

---

① 陆忠发."宰予昼寝"与"粪土之墙"考［J］.孔子研究，2013（5）.
② 陆忠发.王力《古代汉语》注释疑难考证［M］.杭州：浙江大学出版社，2020：195-201.

第三章

汉字表意理论与历史学研究

历史学研究不能不使用古文献，我们在第二章论述了解读古代文献，需要掌握汉字表意理论。另外，按照现在的学科分类，古文字学就归并在历史学之中。因此，汉字表意理论对于历史学研究当然是非常重要的。

第一节　正确把握古文字形体表达的意义

历史文献中如果涉及古文字，研究者必然要懂得古文字的意义才能正确把握文献记录的历史。济南大辛庄发现的甲骨卜辞有曰："御四母，豕、豕、豕、豕。"李学勤先生翻译为"祭祀四位母，分别用野猪、阉猪或者家猪。"①"豕"是家猪，"豕"是野猪，已见上文。李学勤先生所说的"豕"，甲骨文作𫝑，闻一多先生说："𫝑予初释为'十豕'合文。近知其非，谛审之当释'豕'，去势豕也。故所从丶旁列以示去之之谊。"② 甲骨学界多认同闻一多先生的说法。而闻一多先生的说法其实是错误的。阉割猪不能用割去生殖器的方法，因为猪长长的阴

<hr>

① 李学勤. 济南大辛庄甲骨卜辞的初步考察［J］. 文史哲，2003（8）. 李学勤. 中国古代文明十讲［M］. 上海：复旦大学出版社，2003：269.

② 于省吾. 甲骨文字诂林［M］. 北京：中华书局，1996：1565.

茎全部藏于腹内，要把它割除，非动大手术不可。猪腹部下面的外阴仅仅是一个包皮，里面没有阴茎。仅仅割去猪的外阴，是割不掉猪的阴茎的，即使没有了外阴，猪照样有生育能力。所以阉割猪不用割除阴茎的方法。北魏·贾思勰《齐民要术·养猪》说猪生下来六十日后犍，按照犍牛的方法犍猪，可见在小猪生下两个月左右阉其睾丸即可。闻一多先生的说法是想当然导致的错误。

甲骨文中有 𢁣、𢁣、𢁣 三体，唐兰先生释为"豰"是正确的。但是唐兰先生说 𢁣、𢁣、𢁣 三体的关系则是错误的。错误的原因是没有明白汉字的表意方法。唐兰先生说：𢁣 字卜辞可见，旧释为豕，字或作 𢁣，亦释为豕，其变为 𢁣 则释为牡或从豕矣。余察诸释并误。𢁣 当象牡豕之形，故并绘其势，𢁣 则作书之时，小变其法，故势不连缀于小腹。牡豕为豰，故 𢁣 当为豰之本字。① 唐兰先生说 𢁣 象牡豕之形，实际上牡豕生殖器的外阴部在腹部中央偏后一点处的下面，不在两后腿之间，所以说 𢁣 根本不是牡豕的象形。作 𢁣 也不是书者小变其法，𢁣、𢁣 字形之间的差别是比较大的，乀一个与豕的身体相连，一个不相连，不能算作小变。如果我们熟悉汉字结构中常常使用的提示符号及其作用②，我们就会明白 𢁣、𢁣、𢁣 所从的乀、乀、丨皆是提示符号，提示猪的生殖器。加提示符号造字并不是象形的手法，所以它不一定按事物的外形特征来安排字的结构，只是在一个形体旁加注一个提示符号即可。因而 𢁣、𢁣 和 𢁣 三字中，提示雄性生殖器的乀、乀、丨与豕或连或不连，其表达的字

---

① 于省吾.甲骨文字诂林［M］.北京：中华书局，1996：1565.

② 我所说的提示符号，指的就是汉字结构中起提示作用的部件，它可能是一个没有独立意义的符号，也可能是一个有完整意义的文字，只要它在字的结构中起提示作用，我们都把它叫提示符号。提示符号在汉字结构中的作用主要是提示个性特征、提示环境、提示字义、提示动作行为的结果、提示动作的受力点、提示实施动作的器官、提示器物中的物品、提示用途、提示质料、提示器物形状、提示动作器官的频率等。请参考陆忠发.汉字学的新方向［M］.杭州：浙江大学出版社，2009：45-53.

义都是相同的。①"御四母，豲、豝、豭、豕"应该写成"御四母，豲、貑、豝、豭"。

《左传·隐公元年》："都城过百雉，国之害也。先王之制：大都不过参国之一，中五之一，小九之一。"《礼记·坊记》："故制：国不过千乘，都城不过百雉，家富不过百乘。以此坊民，诸侯犹有畔者。"可见古代对诸侯建城的大小有明确的规定。但是，这个百雉之城到底是什么城？研究历史的人是需要搞清楚的。

《说文解字》："都，有先君之旧宗庙曰都。从邑者声。"《周礼》："距国五百里为都。"《左传·庄公二十八年》："筑郿，非都也。凡邑，有宗庙先君之主曰都，无曰邑。邑曰筑，都曰城。"孔颖达疏："小邑有宗庙，则虽小曰都，无乃为邑。"《淮南子·时则》："仲秋之月……是月可以筑城郭，建都邑，穿窦窖，修囷仓。"高诱注："国有先君之宗庙曰都，无曰邑。"古人的解释是："都"是邑，只不过内有宗庙而已。《汉语大字典》《汉语大词典》依据《左传·庄公二十八年》"凡邑，有宗庙先君之主曰都，无曰邑"这样的材料，都把"都"解释成了建有先君宗庙的城邑。李学勤先生翻译前面所引《礼记·坊记》几句说："分封诸侯不准超过千乘车的军力，建造城邑不准超过一百雉（高一丈，长三丈为一雉）的规模，卿大夫之家不能超过百乘车的军力。"② 可见，"都"一般都解释为"都邑""城邑"，即相当于我们现在所说的"城镇"。目前出版的《古代汉语》教材一般都注释为"都城"③，即我们现在所说的"城市""首都"。

---

① 如果按照我的解释，"豝、豭、豕"应该解释为"家猪、公猪和野猪"，逻辑关系有一些混乱，这是因为古人还没有逻辑的概念。《孟子·梁惠王》："鸡豚狗彘之畜，无失其时，七十者可以食肉矣。"按照我们现在的逻辑分类，也是讲不通的。
② 谭家健.中国文化史概要［M］.北京：高等教育出版社，2010：4.
③ 复旦大学张世禄，严修主编《古代汉语》第二版注释为"大都会"，第三版改注释为"都城"。王宁主编《古代汉语》注释为"首都"。

其实这样的解释是有问题的。共叔段的"都"有多大呢？他的"都"的城墙超过了百雉，被认为是违反规定，是"国之害也"。这百雉是多长的城墙呢？古城墙长一丈高一丈为一堵，三堵为一雉，百雉，周长三百丈的墙罢了。① 如果我们把"百雉"换算成我们比较熟悉的长度单位，问题就显现出来了：周制一尺合今天的七寸，如此，三百丈不足 600 米。也就是说，共叔段的"都"，还不足我们熟悉的 400 米跑道围起来的运动场两个那么大。如果说"都"是城邑，这周长三百丈的墙内能住多少人呢？这么小的地方，我们把它说成是城邑，行吗？所以，过去关于"都"的解释肯定都错了。

要知道这里的"都"到底怎么解释，我们应该先从分析"邑"的表意说起。古人注释常常把"都"和"邑"放在一起说，说明"都"和"邑"是同样的事物，只是在内部是否有宗庙上的区别。《左传·庄公二十八年》："筑郿，非都也。凡邑，有宗庙先君之主曰都，无曰邑。邑曰筑，都曰城。"孔颖达疏："小邑有宗庙，则虽小曰都，无乃为邑。"《淮南子·时则》："是月可以筑城郭，建都邑。"高诱注："国有先君之宗庙曰都，无曰邑。"这个说法显然是错误的。商代卜辞中的"天邑""大邑商"，其中能没有宗庙吗？邑，甲骨文作𖤽，从"囗"从跪姿的人。如果我们注意总结汉字表意的方法，我们就能够知道，在古文字中，站立的人往往表示行走的人或者从事劳作的人，跪姿的人往往表示坐着的人或者居住的人。知道这些能够帮助我们正确把握"邑"字的本义。邑从"囗"表示城，从跪姿的人表示居住的人，所以𖤽利用"囗"这个城外有人聚居这样的城与人的位置关系表达"囗"这个城是宫城。所以，"邑"的本义是"宫城"。所谓宫城，它只是王侯一家人

---

① 张世禄先生主编的《古代汉语教程》（张世禄. 古代汉语教程［M］. 上海：复旦大学出版社，2005：263.）和徐正考、付亚庶先生主编的《古代汉语》（徐正考，付亚庶. 古代汉语［M］. 北京：北京师范大学出版社，2011：2.）把"雉"注释成古代计算城墙面积的单位，是错误的。

居住生活的小城，所以都不大，如紫禁城是明清皇帝的宫城，比之于当时的都城，紫禁城就太小了。

"都"的本义也是"宫城"。正因为"都"是国王的宫城，礼制上才会有大小方面的规定。可见，如果不能结合汉字表意分析正确理解古书中的相关字词，常常会说错历史。

《左传·隐公元年》："祭仲曰：都城过百雉，国之害也。先王之制：大都不过参国之一，中五之一，小九之一。"① 周代亲民，国王宫城的外朝对老百姓开放②，王城之中最宏伟的建筑就是宫城，这里当然是万民向往之所。可以想见，宫城之外朝，肯定聚集了许多百姓。《穀梁传·僖公十六年》："民所聚曰都。"这就是宫城在商代称为"邑"，在周代称为"都"的原因。拙文《都邑考》考之甚详。③

由于当今的学者们对于如何分析古文字形体表意缺乏深入研究，学者们在解释古文字形体如何表意时就常常显得力不从心。李学勤先生主编的《字源》，号称是"集合全国的力量"，编纂的"一部能够反映时代水平的"④《字源》⑤，其撰写书稿的人员相当多的是中国社会科学院语言研究所研究员，大学的博导、教授。这样精心打造的巨著，应该是

---

① "国"的本义也是"宫城"，学界无人能知，仍然是不会分析古文字形体所致。相关考证可参考陆忠发."国"字本义考［J］.杭州师范大学学报，2012（6）.

② 朝廷的意义，我们过去的理解也都是错误的，还是因为人们不会分析金文"廷"字的形体和意义。"朝"是王侯宫城里面的宫殿下面的广场，"廷"是宫城里面供王侯与大臣处理政务的大空间厅堂。请参考陆忠发.朝廷本义考［J］.语言研究，2005（4）.。周代开放外朝，《周礼·秋官·小司寇》《周礼·秋官·朝士》已明言之。

③ 陆忠发.都邑考［J］.杭州师范学院学报，2005（2）.

④ 见李学勤先生所作的《序》（李学勤.字源［M］.天津：天津古籍出版社，2012：1. 沈阳：辽宁人民出版社，2012：1.）。

⑤ 《字源》2012年12月出版，2013年7月就重印，可见十分抢手。《字源》的出版是人们期盼已久的大好事。这正好印证了李学勤先生在《字源·序》中说的探求字源是令人着迷的事情。其实，汉字最大的魅力不是在于其形体的变化，而是在于形体如何表意。大众对汉字造字的兴趣超过对汉字形体变化的兴趣。我认为《字源》应该加强对汉字形体如何表意的说解。

《说文解字》之后的又一个里程碑。然而,《字源》中对许多汉字如何表意都没有说清楚。如:

《字源》757页"兑"字,编者写道:

> 构形不明。《说文解字》:"兑,说也。从儿,台声。"徐铉:"台,古文充字,非声,当从口从八,象气之分散,《易》曰:兑为巫为口。"林义光《文源》:"兑,即悦之本字,古作 𠔻(师兑敦),从人口八,八,分也,人笑故口分开。"于省吾主编《甲骨文字诂林》"兑"字条后姚孝遂按语:"诸说皆难以置信,存以待考。"又:"卜辞诸'兑'字皆用作'锐',徐灏《段注笺》谓'兑即古悦字','亦古锐字'。《孟子》:'其进锐者退速',锐之义为疾速,《汉书·淮南王传》:'王锐欲发兵',亦急疾之义。"又:"《粹》一一五四(1154):'马其先,王兑从'者,马队先行,王疾速从其后也。"兑最早的词义是锐(快速)之义,但与兑字初形 𠔻构形无法联系上,因此无法证明兑字之本义为锐。解兑为悦字之初文,本义为笑,虽与字形结构相符,但甲骨文、西周金文、西周文献未有用兑为悦为说者,也无法证明兑字之本义为悦、说。兑字本义或构形之义如何,只能存疑待考,诸说只可备一说而已。

"兑"甲骨文作 𠔻,我在《汉字学的新方向》中说:此字下像人张开嘴巴之形(𠙵为人之口,𠃌为提示符号),上"八"像口中气流喷出,整个字用人行走时气喘吁吁,表示"疾速行走"之义。

我们的文字学研究者常常不善于体会古人造字之意,所以,就不容易明白古人造这样的形体要表达什么意义。我常常设身处地地想想古人,如果要我们造字表达"快步走"的概念,我们怎么造字?造两个脚一前一后行走的形体,那是"步",表示一般的行走;造甩开胳膊跑的形体,那是"走",表示"跑";在"走"的基础上添加提示脚步非常快的提示符号,就是"奔",表示"快跑"。那么,"快步走"的概念怎么造字呢？你走得气喘吁吁，是快步走导致的，所以，古人就用人气喘吁吁的状态表达"快步走"的概念。多这样想想，就能够与造字的古人取得心灵互通，就能够理解古人造字表达的意义了。

由于过去学界没有认真研究汉字如何表意问题，《字源》编者说解汉字表意，常常不如人意。如《字源》577 页"买"，编者说解说："古以贝为货币，'買'从网、从贝，会网罗钱财、获利之意。"著名古文字学家商承祚先生说"买"的形体"象以网取贝之形"。① 这是想当然的解释。贝往往生活在泥中，网很难取到。再说以网取贝跟买东西又有什么关系呢，商先生没有说清楚。编者不取商先生说法是明智的，但是编者的说解就是无根之谈了。哪一本古书中的"买"有"网罗钱财、获利之意"呀。

汉字造字，选择好部件之后，还要考虑如何组合这些部件来表达需要表达的概念。事物之间的空间关系是三维的，而汉字形体是平面的，用二维来表达三维，是无论如何也做不到跟生活中的事物空间关系一模一样的。所以，我们在理解汉字造字部件的平面关系时，有时候需要我们把它还原成三维空间关系。▨，上面是网，下面是贝，这个位置关系我们应该理解成内外关系，即网里面盛上贝。知道▨应该理解为用网兜盛上贝壳，你就能够理解▨为什么表达的是"买东西"了。上古时期，人们直接用贝壳作为货币使用，王莽复古，还规定了贝壳的大小与汉代已有货币如何换算的问题。知道这样的历史事实，理解▨为什么表达的是"买东西"的概念就比较容易了。古人出门时用网兜盛上贝壳，与我们出门时带上钱包是一回事。想想看，我们出门时带上钱包要干什么？当然是买东西。

"买东西"是人的目的，这个概念不容易用简单的图形表达。汉字表达概念的方法常常是利用我们的行为和行为的目的之间的合理的联

---

① 于省吾. 甲骨文字诂林［M］. 北京：中华书局，1996：1890.

想，用容易以图形表达的行为（如用网兜盛上贝壳）来表示不容易用图形表达的行为的目的（如买东西），㒼的造字就是这样。所以，㒼表达的是"购买"的概念，不是"从网、从贝，会网罗钱财、获利之意"。

第二节　正确考释古文字

古文字考释是历史学研究的重要组成部分。过去学者考释古文字基本上都是采用偏旁分析和对照的方法，但是，可对照的字实在是不多了。现代学者如果不能正确分析古文字形体如何表意，仍然沿用过去的老方法去考释古文字，希望得出正确的考释结论常常是非常困难的。

因"考释一个字奖励十万块"而备受关注的首批甲骨文释读优秀成果征集评选活动，经过专家严格评审，蒋玉斌先生的《释甲骨金文的"蠿"兼论相关问题》①获得一等奖，王子杨先生《释甲骨文中的"阱"字》②获二等奖。我有一些不同意见，想与两位先生商榷。为了今后的甲骨文考释工作能够更好地开展，我简要分析一下这些成果有可能错在哪里，为什么会错，以便使今后的甲骨文考释者明白考释甲骨文应该注意什么问题。

一、关于蒋玉斌先生的成果

蒋玉斌先生考释甲骨文字𡴎就是"屯"，读为"蠿"，然而这个考释结论有可能是错误的。本来蒋玉斌先生的考释成果也不过是甲骨文研究者的一家之言，然而经过甲骨文研究同行专家推荐和甲骨文优秀释读成

---

① 蒋玉斌. 释甲骨金文的"蠿"兼论相关问题［J］. 复旦学报，2018（5）.
② 王子杨. 释甲骨文中的"阱"字［M］//文史：第二辑. 北京：中华书局，2017：5-15.

果征集评选活动的严格评审而获奖的这个考释结论就成了最后的定论，影响极大。一个有可能错误的考释成果也能够被甲骨文研究同行专家推荐并且被评审专家一致认可而获奖，说明目前的甲骨学界大家都不知道这个成果错在哪里。这么说来，甲骨学研究存在的问题就比较严重了。为了甲骨学研究的健康发展，也为了蒋玉斌先生今后能够出更好的甲骨文考释成果，对于说甲骨文字￤就是"屯"的结论，我试着做一些分析。

（一）甲骨文字￤不是"屯"

甲骨文字￤过去已有学者认为是"屯"。连劭名先生认定￤为"屯"之初文，认为￤在卜辞中有两个用法：1. 读为敦，是进攻敌方的意思；2. 在《合集》36518 中是"屯聚"的意思。① 徐中舒先生主编《甲骨文字典》就直接把￤字当作"屯"。② 但是，姚孝遂先生在《甲骨文字诂林》￤字按语中已经指出，￤字均见于晚期卜辞，与"屯"之用法有别，似不得为"屯"之初形。所以，说甲骨文￤是"屯"，其实信者很少。蒋玉斌先生通过对比"屯"与￤的形体，认定甲骨文字￤就是"屯"，在卜辞中可以读为"蠢"。

蒋玉斌先生的考释从对比"屯"与￤的形体入手，我们就首先分析蒋玉斌先生的对比有什么问题。

"屯"字在卜辞中出现数百例，其字形作￤、￤ （《合集》808）、￤ （《合集》812 正）、￤ （《合集》814）、￤ （《合集》815）、￤ （《合集》817）、￤ （《合集》6560）、￤ （《合集》20416） 等，甲骨文￤字作￤ （《合集》36181）、￤ （《合集》36512）、￤ （《合集》36515）、￤ （《合集》36518）、￤ （《合集》36821） 等形体。"屯"与￤字的形体区别实际上非常明显，概括起来有下面四点：

① 于省吾. 甲骨文字诂林 ［M］. 北京：中华书局，1996：3311-3312.
② 徐中舒. 甲骨文字典 ［M］. 成都：四川辞书出版社，2006：45-46.

1. 甲骨文"屯"字的形体从来不填实，甲骨文♦字从来无虚廓。

2. 甲骨文"屯"上面有短而粗的🞂（其实是提示符号，提示植物种子发芽之后形成的瓣，我不知道植物学上这个东西叫什么，详见后文），甲骨文♦字上面没有短而粗的🞂，基本上可以看成是粗细差不多的一个整体。

3. 甲骨文"屯"上面明显有长长的提示符号（提示嫩芽，详见后文），♦字则没有这样明显的提示符号。

4. 甲骨文"屯"下面一横或平直或左倾或右斜，要之基本上皆为一直线（这条直线其实也是提示符号，提示地面，详见后文），而♦字下面则明显是左右两个倾斜向上的线条，♦字下面明显是植物茎与叶的形状。

据此四者，我们可以确定甲骨文"屯"与♦字形体上区别非常明显。我们须知，甲骨文刻写非常困难，所以除非必要，甲骨文一般是不填实事物轮廓的。♦字每一次使用均填实轮廓，说明刻写者是有意识这样做的，其目的恐怕就是防止人们误认为♦与"屯"字是同一个字。

我们再从字义方面看，综合目前的研究，甲骨文"屯"的意义有：1. 用为"纯"，一对，主要用于记事刻辞，做成对甲骨的计量单位；2. 用为"纯"，意思是"全"，又用为总括副词，皆；3. 用为"春"，如卜辞"今屯""来屯"即今春、来春；4. 抓来的人牲，如"多屯""侯屯"等。①

♦见于下面卜辞中：

《合集》36181+《合集》36523："甲戌王卜，贞：今🞂，巫九备，口♦盂方率伐，叀口典西田🞅🞅盂方，妥余一人。余其比多田

①　蔡哲茂. 殷卜辞"用侯屯"辨［M］//宋镇豪. 甲骨文与殷商史：新二辑. 上海：上海古籍出版社，2011：110-130.

甾正盂方，亡又，自上下于🔲……"①

《合集》36512："✦盂……🔲盂方……田甾正……"

《合集》36515："……贞今🔲，巫九备✦……🔲示余其甾
正……余受佑，不🔲……"

《合集》36518："己巳王贞：启乎祝曰：盂方𠂤人，其出伐✦
师，高其令东会于高，弗悔，不🔲歼。王卜曰：吉。"

《合集》36821："癸巳王……贞：旬无……在✦𠂤。"

✦字在甲骨卜辞中作为地名或者方名使用，我们对比下面的卜辞：

《合集》36819："癸卯，王卜，贞：旬无畎，在🔲。"

《合集》36819："癸巳，王卜，贞：旬无畎，在🔲。"

《合集》36820："癸卯卜，在🔲，贞：王旬无畎。"

《合集》36821："癸巳，王［卜］，贞：旬无畎，在✦𠂤。"

《合集》36821："癸卯，王卜，贞：旬无畎，在🔲𠂤。"

《合集》36821："癸丑，王卜，贞：旬无畎，［在］齐𠂤。"

显然，《合集》36821 的"在✦"与"在🔲""在🔲""在🔲""在
齐"等都是记载占卜的地点，因此，✦是地名或者方名无疑。又据《合
集》36818："盂方𠂤人，其出伐✦师，高其令东会于高，弗悔。"我们
可以判断✦是与盂方相邻的地方。

因此，从字形和字义两方面看，甲骨文✦字都不是"屯"。

甲骨文✦字字形像一种植物的谷穗，是象形字。其🔲部分是谷穗，
其🔲部分是提示符号，提示🔲是长在植物茎叶🔲上的谷穗。这种植
物谷穗不是散穗，挺直向上，应该是高粱。

---

① 《甲骨文合集补编》11243。按：我对于这两块刻辞的缀合表示不解，骨头的边缘明
显不合，而且还有不少地方是无字的，如果是同一个骨头断裂了，字应该是相连
的，不应该存在边缘无字现象。

图 3-1　高粱图片

　　高粱是耐旱农作物，殷商时期大地上野兽纵横，旱地农作物常常会遭受野兽的破坏，收成不高，所以不受重视，商王朝不关心高粱的收成如何，因此卜辞中没有以⸼字表示农作物的材料，就像粟因为耐旱，卜辞中也没有以粟表示农作物的材料。商代卜辞中大量出现的作为农作物的"禾"，其实不是粟而是水稻。[①]

　　甲骨文⸼字本义是高粱，对应的农作物是"粱"，⸼作地名，这个地方应该就叫"粱"。

　　《殷周金文集成》10603 器⸼戈铭的⸼应该就是甲骨文⸼字，证明甲骨文⸼字确实是方名或者人名。⸼戈出土比较多，说明这个叫"粱"的方国历史上确实存在，其地或许就是战国时魏（梁）国都城附近。

————————

① 陆忠发. 甲骨卜辞中的禾指水稻说［J］. 江西社会科学，2005（2）.；陆忠发. 论水稻是商代的主要农作物［J］. 农业考古，2008（4）.

一〇六〇三 屮戈

10603.1-8

图3-2　《殷周金文集成》屮戈铭

因为出土青铜器铭文中"梁""粱"二字时有混同，如《殷周金文集成》中3.947，9.4579，9.4615之铭文，等等。

可见，屮字与甲骨文"屯"字字形不同、字义不同，二者怎么可能是相同的字呢？所以，蒋玉斌先生把屮字看成是"屯"字，很可能是错误的。

既然甲骨文屮字是"粱"，不是"屯"，那么，蒋玉斌先生说《合集》36181和《合集》36512的"屮盂方"应该读为"蠢盂方"（骚动的盂方），就有可能是错误的了。因为"粱"不可能引申出"蠢动"这样的意思，又因为"粱"的读音与"屯""蠢"相去甚远，"粱"也不能假借为"屯"和"蠢"。

（二）为什么会错误

蒋玉斌先生之所以会考释错误，最重要的原因是蒋玉斌先生与甲骨学界的其他学者一样不明白甲骨文"屯"字如何表意，表达的是什么本义。

甲骨文▉，王襄先生、叶玉森先生、董作宾先生认为像矛，唐兰先生认为像无足之豕，郭沫若先生以为像卜辞之包裹，丁山先生以为是"夕"之别体，曾毅公先生以为是"身"之古文，胡厚宣先生释为"匹"，李亚龙先生释为"笺"，诸说于字形字义均讲不通。徐中舒先生主编《甲骨文字典》把甲骨文▉和▉看成同一个字，谓字形像待放之花苞与叶形。其实，只能说甲骨文▉的形体有些像待放之花苞与叶形而已，而甲骨文▉的形体根本就不像待放之花苞与叶形。▉取像于什么，甲骨学界仍然不清楚，唯陈初生先生说▉像籽芽破土而出，得之。于省吾先生通过比对商周金文和《说文解字》"屯"字形体，正确释其字形是"屯"，"屯"的字义，于省吾先生说："屯"在卜辞中用为"纯"，也表示"春"。①

《合集》9652："壬子〔卜〕……贞：今屯受年，九月。"

《合集》11534："……午卜，于来屯乎……入。"

上面卜辞中的"屯"就表示"春"。

甲骨文"屯"字，有表示"春"的用法，学术界没有异议。但是，甲骨学界却不知道其本义正是"春"，表示"春天"，大多数学者也不知道其字形取像于什么。

过去学者们考释甲骨文，因为常常不会分析汉字形体如何表意，人们很少会从字形如何表意的角度思考古人造字表达的是什么意义，人们一般会结合卜辞实际用法去总结甲骨文在卜辞中的意义，这当然是可行的，然而古人造字表达的本义，有时候人们就不知道了。

其实甲骨文"屯"是春天的"春"的本字。"春天"的概念极难表达，古人造字表达春天的概念，一开始是利用人们熟悉的社会生活中

---

① 于省吾. 甲骨文字诂林〔M〕. 北京：中华书局，1996：3311-3312.

典型事物与特定季节之间的联想，把无形的抽象的"春天"的概念用"植物种子发芽"这样具体、有形的图形表达出来了。因为植物种子发芽与春天在人们认识中必然会产生的联想，这样的表达是极其巧妙而且又是非常好理解的。

图3-3　种子发芽生长图片

植物种子发芽生长的整个过程如图，与甲骨文"屯"是何等相似？

甲骨文■字，正像植物种子刚刚冒出地面的样子，其斜的一横是提示符号，提示地面，斜横下面部分表示这棵幼苗的根，植物刚刚发芽时，须根尚未充分发育，故作■■形，中间的■表示冒出地面的已经发芽的植物种子的两瓣，其上面的■也是提示符号，提示植物种子刚刚长出的嫩芽。人们看到植物种子发芽了，就联想到春天来了，所以造字者用"屯"表示"春天"的概念，是通过人们必然产生的联想用具体的事物非常巧妙地表达了抽象的"春天"概念。①

甲骨文中表示"春天"的字还作■、■、■、■、■、■、■、■等形体，《说文解字》："春，推也。从艸从日，艸春时生也。屯声。"

---

① 联想是汉字表达概念的常用方法之一，请参考陆忠发. 当代汉字学［M］. 上海：上海教育出版社，2014：181-289.

因为这些形体与《说文解字》对"春"的解释相符合，过去甲骨学界一致认定这些形体才是表示春天的"春"的甲骨文字。这些字在卜辞中正表示"春天"：

　　《合集》9518："丁酉卜，争贞：今[形]王再黍。"

　　《合集》9660："贞：来[形]不其受年。"

　　《合集》30851："于[形]酚，王受佑。"

　　其实这些形体都是在"屯"的基础上添加提示环境的提示符号形成的"屯"的异体字。造字添加[形]、[形]为提示符号，都是提示林木茂盛、杂草丛生的野外环境，添加"日"也是提示环境，表示太阳出来了。[形]、[形]、[形]、[形]、[形]、[形]、[形]、[形]这些形体表达的意思是：在阳光照耀下，种子都破土而出、长出了嫩芽，人们知道：这是春天到了。

　　[形]、[形]、[形]、[形]、[形]、[形]、[形]、[形]是按照会意字的造字方法创制的，是会意字，不是从艸从日、屯声的形声字。

　　甲骨学界认定[形]、[形]、[形]、[形]、[形]、[形]、[形]、[形]等形体是表示"春天"概念的字而不认为"屯"是表示春天的"春"的本字，原因就是不知道"屯"和[形]、[形]、[形]、[形]、[形]、[形]、[形]、[形]如何表意。在汉字表意理论还没有总结出来的时代，学者们考释甲骨文，难免会有这样的局限。

　　蒋玉斌先生因为同样不能从表意的角度认识甲骨文"屯"和[形]，他的考释方法实际上仍然是沿用过去学者考释古文字的常用方法，通过对比甲骨文"屯"和[形]的形体，而在对比时又犯了一些技术性的错误，最终错误地认为甲骨文"屯"和[形]形体是相同的。

　　蒋玉斌先生忽略了甲骨文"屯"和[形]上部明显的不同，把我们前面罗列的1、2、3三点不同，仅仅看成是虚廓与填实的区别，因为甲骨文中确实存在虚廓与填实表示事物相同的情况，于是蒋玉斌先生就认为甲骨文"屯"和[形]上部表示的是相同的事物。其实，甲骨文"屯"和[形]上部轮廓本不相同，二者的根本区别是轮廓不同，而不是相同轮廓的虚廓与填实的区别。真正的虚廓与填实的不同，我们参考金文的写法就知道了，金文把甲骨文"屯"上面短而粗的■填实作■，如■（《集成》1.64）、■（《集成》1.109）、■（《集成》1.111）、■（《集成》1.141），这些形体与甲骨文■上部完全不同。由此可见甲骨文"屯"和■上部的区别根本不是相同轮廓之虚廓与填实的区别。

蒋玉斌先生在比对甲骨文"屯"和■下部异同时，不顾卜辞中数以百计的"屯"下部的一横基本上是一条直线的事实，在数以百计的"屯"的形体中找出两例"屯"下部的一横略呈弧形：

■（《合集》11534）、■（《合集》4143）

本来手书汉字有些笔画或者线条存在一些不同是正常的，但是蒋玉斌先生把这略呈弧形的线条说成"亦可写作 V 形"，这样，在蒋玉斌先生看来，甲骨文"屯"和■的下部就是相同的了。

明明区别非常明显的甲骨文"屯"和■的形体，经过蒋玉斌先生的比对，其上部表示的事物相同，下部的刻写也相同，这样，■就和甲骨文"屯"是同一个字了。于是，蒋玉斌先生认为，■既然是"屯"，就可以读为"蠢"了。

然而，蒋玉斌先生说"弧形亦可写作 V 形"，虽然有证明，但是其证明都是错误的。蒋玉斌先生的第一个证明材料就是现藏于吉林大学的甲骨中"春"字的刻写（合集 37852），如图 3-4：

图 3-4 吉林大学藏甲骨文"春"字照片

　　图中左是"春"字拓本，右是蒋玉斌先生的摹写本。蒋玉斌先生的摹本有两个问题。1. 从拓本看，该甲骨本身剥蚀比较严重，"春"字中的"屯"的上部能不能摹写成 🌢，是可以存疑的。2. 我们要讨论的"屯"的下部的 V 形，明显是误摹，因为右边根本就没有斜上的线条。

　　蒋玉斌先生的第二个材料是《合补》6829 中的两例"春"，如图：

图 3-5　《合补》6829 图

　　蒋玉斌先生解释说"此处'春'字从草木生出地面之形"，既然蒋玉斌先生也认为字中的三个部件都是表示草木，那么，用这个材料来证明甲骨文"屯"的写法，说明蒋玉斌先生其实是认为甲骨文"屯"也是像草木形。如果甲骨文"屯"也是像草木之形，那么，"春"的 🌿、🌿、🌿、🌿、🌿、🌿、🌿 和前引吉林大学藏甲骨文"春"字诸形体，除了有的形体中有"日"外，就主要都是由草木组成，但是，草木 🌢 和草木 🌿、🌿 为什么又不一样呢？所以，我们认为蒋玉斌先生用《合补》6829 图来证明甲骨文"屯"字的下面可以写成 V 形，是不妥当的。

　　通过分析蒋玉斌先生的举证，可以看出蒋玉斌先生说甲骨文"屯"字中弧形亦可写作 V 形，显然是错误的。

　　因此，我们可以说，蒋玉斌先生由于同样不会分析甲骨文"屯"和 🌢 字的表意，仅仅根据甲骨文刻写中产生的线条的细微变化，引用了不恰当的证明材料，导致蒋玉斌先生错误认为甲骨文"屯"和 🌢 字是同一个字，进而读 🌢 为"蠢"。

二、关于王子杨先生的成果

甲骨文中有如下形体的字，基本形体是上面从屮或者屮，以从屮居多；下面从凵或凵或井，凵和井中往往有一点。

王子杨先生把这些形体认定为同一个字，认为这个字上从"歺"（铲臿类挖土工具）、下或从"井"或从"凵"，对应现代汉字的"阱"，字义是"坑陷野兽"。

应该说王子杨先生的考释结论基本上是正确的。这个字从凵或凵或井，都表示一个坑穴，所以，形体不同而字义是相同的。

图 3-6　甲骨文"阱"字图片①

王子杨先生的错误在于把上面的屮或者屮看成铲臿类挖土工具，把字形说成是象以铲臿类掘土工具挖掘陷阱之形，再结合卜辞用法，指出字的本义是"坑陷野兽"。因而错误分析了字形，也错误分析了字形表达的本义。

屮或者屮为什么不是铲臿类挖土工具？如果把屮或者屮看成是铲臿类挖土工具，其上面的丨或者丨就是铲臿类挖土工具的木柄，那么木柄丨

---

① 这些古文字图片取自王子杨先生《释甲骨文中的"阱"字》一文（王子杨. 释甲骨文中的"阱"字［J］. 文史：第二辑［M］. 北京：中华书局，2017：5-15.）。

上的、或者，是什么东西？铲臿类挖土工具的木柄上需要这个东西吗？其用途是什么？这些问题，人们就说不清楚了。因此，＃或者＃不是铲臿类挖土工具。

那么，＃或者＃是什么呢？其实是提示符号。

《说文·井部》："阱，陷也。从阜从井，井亦声。"司马迁《报任安书》："猛虎处深山，百兽震恐，及在槛阱之中，摇尾而求食，积威约之渐也。""阱"是名词，字义是陷捕野兽的坑穴，引申出"陷捕野兽"的意思。

汉字表意理论研究倡导我们研究古文字要设身处地地从造字的古人的角度思考问题，这样就比较容易与造字古人达到心灵互通，从而正确理解古人造字的思路。对于考释甲骨文"阱"字来说，如果我们能够结合社会生活，从造字者的角度思考问题，我们就能够正确理解甲骨文"阱"字的结构和字义。

陷捕野兽的坑穴是人们为了陷捕野兽，在野外挖掘的坑穴。但是野兽不会自己往人们挖的坑穴中跳啊，那要怎么办呢？显然陷捕野兽的坑穴要进行伪装，那么如何伪装呢？人们一般会在坑穴上面搭上树枝、撒上杂草，让野兽看不出这里是坑穴，这样野兽就会掉进坑穴里去了。

人们挖坑穴陷捕野兽，都是为了陷捕形体比较大的野兽，所以所挖的坑穴也很大。因此，从坑穴的一边到另一边的距离就比较长，不是很长的树枝还不能从坑穴的一边搭到另一边。为了能够搭树枝，人们会在坑穴的底部打上木桩，把树枝搭在树桩上，然后再在上面撒上杂草。这就是提示符号＃表示的事物。＃中的＃表示木桩，＿表示在木桩上铺盖的树枝和杂草。

经过这样的伪装，野兽就不知道这里有坑穴，糊里糊涂地掉入坑穴中去了。可是，这样经过伪装的坑穴，对人有危险，人在野外行走，也同样会糊里糊涂地掉入坑穴中去。那么要怎么办呢？挖坑穴的人就要对行人进行警示，让行人不要走近这个伪装的坑穴。那么如何警示呢？人们通常是拿一根树棍插在上面，为了醒目，常常会再在棍子上系上布帛、绳索之类可以飘动的东西。行人见到这些警示标记，就知道这里有陷捕野兽的坑穴，不可靠近，就不会掉入坑穴中去了。所以 ⻏ 也是提示符号，提示人们所做的警示标记。

因此，这个上面从 ⻖ 或者 ⻖，下面从 凵 或 凵 或 凵 的字是添加了提示符号的象形字，从 凵 或 凵 或 凵 像坑穴，从 ⻖ 和 ⻏ 为提示符号，提示这个坑穴经过人们的伪装并且做出了警示标记，所以这个坑穴是陷捕野兽的坑穴。

凵 和 凵 中的一点又是什么呢？也是提示符号，提示地点，具体说就是提示把木桩打在坑穴的底部。

可见，王子杨先生成果的错误，在于错误分析字形，错误说解字的本义，归根结底还是因为王子杨先生不明白提示符号在甲骨文"阱"字中的作用。

一叶知秋。甲骨文释读优秀成果征集活动首次评选出的一等奖和二等奖成果都因为考释者不懂汉字表意分析的理论与方法而出现考释错误，可见汉字表意理论对于古文字考释是非常重要的。

第三节　正确研究古代史

研究古代史需要使用传世古代文献，也需要使用出土文献，要正确把握出土文献中相关古文字字义，就需要掌握汉字表意理论，能够正确分析古文字形体表达的意义。如：

《集成》10175 墙盘：方蛮亡不㦰㢼。

《集成》4331 ⻊伯簋：王命益公征眉敖。益公至告，二月眉敖至𠂤，献賏。①

《集成》2831 九年卫鼎：眉敖者肤卓吏（使）𠂤于王，王大黹。

《集成》260 㝛钟：挈乃遣闲来逆卲王，南夷、东夷具𠂤廿又六邦。

这几个青铜器的铭文是从裘锡圭先生《甲骨文中的见与视》② 一文中抄录下来的。这里面都有一个𠂤字，我在《汉字学的新方向》中运用分析字形和考文例的方法考甲骨文𠂤应该解释为"搜寻""寻找"的"寻"③，而裘先生把𠂤考释为"视"。其实"视"应该是𠂤（见）挈乳出来的从"见""示"声的形声字，其初形不是𠂤。

𠂤从𠂉表示行走的人，从👁；👁为提示符号，提示实施动作的器官是眼睛，表示睁大眼睛注视或者搜寻之意。𠂉与👁合起来就是一个人在行走中眼睛密切地搜寻着什么，以此表达"搜寻"的概念。卜辞中的𠂤常常用于搜寻敌人并且歼灭之；传世文献中的"寻"和出土青铜器铭文中的𠂤，有"征讨""投降"的意义。《国语·周语中》："夫三军之所寻，将蛮夷戎狄之骄逸不虔，于是乎致武。"韦昭注："寻，讨也。"讨，引申可有"降服"之义。墙盘："方蛮亡不�𠂤。""㝛"在甲骨文、金文中作𠂤、𠂤、𠂤、𠂤、𠂤诸形，都是人双手举戈的形象，本义是"投降"。"方蛮亡不㝛𠂤"，㝛、𠂤同义连文，所以𠂤也是"投降"之义。这些意义都不是"八尺为寻"的"寻"的引申义，而是𠂤的引申义。

𠂤字从𠂤，示人坐于某处，从👁；👁为提示符号，提示实施动作的器官，以强调眼睛的注视作用。整个字表示一个人坐于某处，眼睛注视着什么，以表达"监视"的概念，引申为"看""见到""入觐""招见""出现"等意义，今字作"见"。

---

① 按：賏这个字应该是"帛""贝"二字的合文，眉敖至，降服，献上帛和贝。
② 复旦大学出土文献与古文字研究中心网站上也可以看到这篇文章。
③ 陆忠发. 汉字学的新方向［M］. 杭州：浙江大学出版社，2009：106-109.

《说文解字》："见，视也。从目儿。" 由"监视"义引申有"看"义，再引申有"看到"义。后来，为了区分"看"义和"看到"义，又造了"视"字。"看"义形体写作"视"，"看到"义仍然沿用 ，今字作"见"。

"视"是从"见""示"声的形声字，其初文是"见"，"见"的古文字形体从跪姿的人，"视"也应该从跪姿的人。如何尊铭"视"作 ，从"见""氏"声，"见"从跪姿的人。睡虎地秦简中"见""视"就皆从跪姿的人，如159和160号简："除吏、尉，已除之，乃令视事及遣之；所不当除而敢先见事，及相听以遣之，以律论之。啬夫之循见它官者，不得除其故官佐、吏以之新官。""视"作 ，"见事"之"见"作 ，"见它官者"之"见"作 。"见事"就是上文的"视事"。可见，"见"和"视"皆从跪姿的人，这反过来也可以证明 从站立的人而解释为"视"是有问题的。

裘锡圭先生《甲骨文中的见与视》之所以会错误考释甲骨文 字为"视"，除了没有像我上面那样分析 和 二字的表意方法，还有一个更加重要的原因是裘先生利用了楚简材料。今本《老子》三十五章曰："道之出口，淡乎其无味，视之不足见，听之不足闻，用之不足既。"对应于"视之不足见"一句，郭店楚墓竹简的《老子》丙5号简作" 之不足 "①。所以，裘先生就认为 铁定应该解释为"视"了。

其实我读《老子》，早就怀疑"视之不足见"的"视"可能是什么字的错字，因为汉语中动词"视"涉及的对象必须是确定的，而不确定的、无形之物皆不可"视"。"道"本无形，又无味，固不可"视"，所以我断定今本《老子》的"视之不足见"肯定有问题，只是我一直想不出"视"是什么字的错字，有了" 之不足 "为证，我现在可以肯定"视"是"寻"的错字，不确定的、无形之物皆不可

---

① 荆州市博物馆. 郭店楚墓竹简［M］. 北京：文物出版社，1988：9.

"视"，但是说"寻"是可以的。①

我前面从裘先生文中引下来的几个青铜器中的铭文，其中的³都应该考释为"搜寻"的"寻"，其意义是"搜寻"的引申义"投降"。而裘先生把³考释为"视"，释其义为"聘、问"的意思，对周代青铜器铭文中记载的周王朝征服蛮夷的历史就全部理解错了。

科技史研究是历史学研究的重要部分。研究中国科技史，同样不能不使用中国古代文献和相关古文字材料。研究者如果能够正确分析相关古文字形体表达的意义，就可以正确把握中国古代科技发展的实际。如古埃及在4000年前就使用日晷测时了，中国文献记载日晷最早见于《汉书·律历志》，考古所得到的日晷实物也是西汉时期的，这似乎表明，中国出现日晷，大约在西汉初年。李约瑟先生研究中国科学技术史，无论如何也不能相信中国古代一直到西汉时期才出现日晷，他说："也许是由于太普遍和太熟悉的缘故，中国文献很少明显地提到日晷或太阳钟。"② 事实是中国最晚在武丁时期就已经有日晷了。如果我们会分析"昼"字的甲骨文形体，就必然会得出这样的结论。

昼，甲骨文作^身，亦作^身。〇表示日晷的晷面，晷面中的点是个提示符号，提示日晷的表杆插入的位置；卜和人表示测日影的表杆，卜和人上面的斜线是表杆的悬绳，用以判定表杆是否垂直，∇也是提示符号，提示表杆的下部是尖的，以便于插入晷面圆孔之中；^手是手，与表杆合起来表示立一根表杆；乀乁表示表杆在太阳下的投影移动的范围。整个字表示：在晷面的"·"这个圆孔处立表杆，则表杆在太阳下的投影将在晷面的"B乀乁A"这样一个范围内移动。这样就巧妙地把"白昼"的意义表达出来了。当太阳初升时，表杆的投影在A处；随着太阳的

---

① 陆忠发.《老子》校释二则［A］.2012年中国训诂学会年会论文.

② 李约瑟.中国科学技术史·天文学（中译本）［M］.北京：科学出版社，1975：303-304.

升高，表杆的投影由 A 向 B 的方向移动，最终在太阳落山时，表杆的投影到达了 B 的位置。表杆的投影由 A 移动到 B 的位置，这就是一个完整的"白昼"。先人们对"白昼"意义的表达是何等的巧妙而精确。🌣经过一定的演变，就成了今天的汉字"昼"，其演变过程大致如下：🌣→書→書→昼。

可见，甲骨文🌣字是依据日晷测时的原理造字的，没有日晷，能造出🌣字来吗？

然而，有那么多研究甲骨文与殷商史的学者，写了那么多的论文和专著，都不知道商代其实已经有日晷了。究其原因都是因为没有正确分析甲骨文🌣字如何表意。

研究中国制糖史的学者每引《说文解字》关于"饴"字的解释并且结合"饴"字出现于先秦文献以说明先秦有饴糖，季羡林先生《糖史》也是这样认为的。当然，中国在先秦确实已经有饴糖了。《诗经·大雅·绵》："周原膴膴，堇荼如饴。"郑玄注释"堇荼如饴"曰："其所生菜虽有性苦者，甘如饴也。"张衡《七辨》："沙饴石蜜，远国贡储。"嵇含《南方草木状》："诸蔗一曰甘蔗，交趾所生者，围数寸，长丈余，颇似竹，断而食之者甚甘。笮取其汁，曝晒数日成饴，入口消释，彼人谓之石蜜。"这些"饴"，毫无疑问就是饴糖。但是，我们在前面已经例证"饴"的本义是稀饭或者米糊，不是饴糖。因为人们不会分析饴字如何表意，都错误地把"饴"的本义理解为饴糖，以错误的材料研究中国制糖史也是不合适的。

古人舂稻为米，因为有的稻壳没有舂掉，与米混在一起，遇到潮湿，结果发芽了。人们用混了发芽的稻（蘖）的米煮稀饭，发现这样煮出来的稀饭带有一点点甜味（因为米析出的淀粉有一些被米芽转化成了麦芽糖，植物的种子发芽会产生出糖化醇素，糖化醇素能把淀粉转化成为麦芽糖），所以人们煮稀饭就掺和一些蘖进去。许慎说"饴"是米蘖煎出来的，刘熙说"饴"是米煮烂得到的，二者并不矛盾。麦芽糖的发明就是在人们用混了发芽的稻（蘖）的米煮稀饭的基础上摸索出来的。古人一日两餐，如果早餐剩下来了饭食，人们会在里面添加一些米芽准备晚上煮一煮再吃（想甜一点）。几小时之后，奇迹出现了：盛放在容器里面的食物消失了，容器里出现了许多黏稠状液体，这就是麦芽糖。麦芽糖的发明就是在人们用混了发芽的稻（蘖）的米煮稀饭的基础上摸索出来的。①

---

① 陆忠发. 中国古代文化研究［M］. 杭州：浙江大学出版社，2023：312.

第四章

汉字表意说论与商代历史研究

研究任何关于古代的学问都会因为各种各样的原因出现一些错误，这是正常的。但是，因为一个关键的甲骨文字的字义被理解错误，其错误明明是非常明显的，但是几乎所有的研究者全部对这个错误视而不见，导致整个商代历史研究出现集体失误，这样的事情却是极其罕见的。

第一节　不懂汉字表意理论导致商代
历史研究出现明显失误

甲骨文中有𢎤和𢎧二字，𢎤是用一模一样的两个相同的部件组合成字，𢎧是用一个部件和一个重文符号组合成字，其实也是用一模一样的两个相同的部件组合成字。造字者造这样的形体是为了表达"再""又一次"这样的概念。

然而，由于过去的甲骨学研究者不懂汉字表意理论，人们不知道𢎤和𢎧二字如何表意，表达的是什么意思。人们一般根据这两个字在卜辞中的若干用例，推测它们的意义。

王襄认为𢎤就是"弜"字，《说文解字》："弜，弓强也。"以"弓强"义解卜辞，无一可通，所以王襄又认为𢏚是古"从"字，与"从"义同。然而以"从"义解卜辞，亦无一可通。罗振玉疑𢏚为"弼"之古文，王国维则认为应该是"柲"之本字，叶玉森也认为是"柲"之古字。① 以上诸说，施于卜辞均不可通。张宗骞先生释𢏚为"弜"，读为"弗"②，裘锡圭先生称赞说："甲骨卜辞里常见的'𢏚'，前人不得其解。1940 年张宗骞发表《卜辞弜弗通用考》，指出卜辞'弜'字多用为否定副词，这是很重要的发现。"裘锡圭先生还补充说："粗略地说，'不'和'弗'是表示可能性和事实的，可以翻译成'不会……'；𢏚和𢏚是表示意愿的，可以翻译成'不要……'。"③ 张秉权先生也说："张宗骞从文例上证明卜辞中𢏚与弗可以通用，其说可信。"④ 姚孝遂先生也同样认为张宗骞说的是对的。⑤

　　其实张宗骞先生判断𢏚为否定副词的立论是有问题的。张宗骞先生是如何发现𢏚是个否定副词的呢？因为《粹》799："其𢷎御，又大雨。𢏚𢷎，亡大雨。""𢷎"与"𢏚𢷎"相对，"又（有）大雨"和"亡大雨"相对，显然𢏚是个否定副词。继而张先生进一步论证"弜"与"弗"同音，又举𢏚与弗、勿⑥、不、毋、亡都用于动词前面的 50 例，如卜辞有"𢏚正"，又有"弗正""勿正""不正"；卜辞有"𢏚又"，又有"弗又""不又""毋又"，等等。不过，这些材料充其量只能说明𢏚与弗、勿、不、毋等词在语法上都做状语，并不能说明𢏚与弗、勿、不、毋、亡意义相同。所以张先生也说"此不足为吾说之力证也"。

---

① 于省吾．甲骨文字诂林［M］．北京：中华书局，1996：2623.
② 张宗骞．卜辞弜弗通用考［J］．燕京学报，1940（28）：58–69.
③ 裘锡圭．说"弜"［M］//裘锡圭．古文字论集．北京：中华书局，1992：117–121.
④ 转引自于省吾．甲骨文字诂林［M］．北京：中华书局，1996：2629.
⑤ 于省吾．甲骨文字诂林［M］．北京：中华书局，1996：2630.
⑥ 甲骨学界把𢏚、解释为"勿"，这个解释也是错误的，下文有考。

117

张先生说之力证是以下对贞之辞①，如：

𢆶用在关于宾祭的卜辞中：

新 259：王宾祭，𢆶宾【祭】。

侯 19·20：戊午卜，狄贞，王𢆶宾。戊午卜，贞，王宾。

侯 59·60：癸酉贞，其𥇡沈，王宾。贞𢆶宾。

粹 381：子癸岁，王宾祭。𢆶宾祭。

珠 850：贞小丁岁，其宾。贞𢆶宾。

弗、勿、亡也用在关于宾祭的卜辞中：

佚 872：乙巳卜，王宾日。弗宾日。

粹 424：丙寅贞，其宾。贞勿宾。

邺二下 38·1：乙丑卜，即贞，王宾唐，翌，亡尤，三月。乙丑卜，即贞，毋王宾唐，料，亡尤。

𢆶用在关于御祭的卜辞中：

粹 484：贞于父御，贞𢆶御。

诚 168：贞御于母，𢆶御于母。

勿也用在关于御祭的卜辞中：

藏 106·1：贞于母己御，贞勿于母己御。

贞御于羌甲。勿御。藏 70.3：

𢆶用在普通的动词前面：

后上 26·6：乙未贞：大御，其遘，翌日。乙未贞：大御，𢆶

① 有些所谓的对贞卜辞，可能是把验辞当成了反问的卜辞。如《合集》6086 有四条卜辞：1."贞𥄎方出，惟我有作囟?" 2."贞：不允出?" 3."惟我有作囟。" 4."允出。" 3 应该是对 1 的结果的记录，4 应该是对 2 结果的记录。显然 1 占卜之后，再占卜的是 2，3 和 4 分别是对 1 和 2 结果的记录。

遘，翌日其兴。

　　粹 694：戊，王𢦏其遘雨，其遘大雨。

亡、不也用在普通的动词前面：

　　粹 511：辛未卜，行贞：其乎𠈇行又遘。贞亡遘。

　　戬 17·10：甲午贞：翌乙不遘雨。贞：其遘雨。一月。

　　张先生计举在"宾""御""求""燎""遘""飨""酚""又""用""令""正""从""乎""乍""涉""田""勿"等十七类动词前面𢦏与弗、勿、不、毋、亡用法相同的例子，通过参例甄辞，确定"𢦏与弗、勿、不、毋、亡用法相同，可无疑矣"。

　　综合张先生的论证，其举𢦏与弗、勿、不、毋、亡都用于动词前面的 50 例，是论证了𢦏与弗、勿、不、毋、亡语法作用上的相同；𢦏与弗、勿、不、毋、亡意义上的相同，是通过对十七类对贞卜辞的"参例甄辞"得出的；再通过论证𢦏与弗同音，张先生最终确定卜辞𢦏与弗通用。

　　其实，用所谓的对贞卜辞来论证相关词的意义，有循环论证之嫌。首先只有认定了𢦏、𢦏与弗、不、毋、亡这些否定副词意义相同，才能确定"王𢦏其遘雨，其遘大雨""贞于父御，贞𢦏御"这样的卜辞是对贞卜辞；接下来又说因为"王𢦏其遘雨，其遘大雨""贞于父御，贞𢦏御"这样的卜辞是对贞卜辞，所以𢦏是否定副词。因此，张宗骞先生关于𢦏为否定副词的论证，其实不可靠。

　　历史学研究，尤其是夏商周历史研究，必须使用大量的古文字材料，既要考释古文字，又要使用涉及古文字的出土文献和出土文物材料，因此，历史学研究者就非常有必要掌握汉字表意理论。有的学者因为不会分析汉字形体表意，错误地把𢦏和𢦏理解成否定词，这本来只是古文字考释中常见的考释错误而已。把〻和〻理解成否定词，大量的卜辞根本读不通，说明把〻和〻理解成否定词其实是错误的。但是，整个商代历史研究领域因为无人知道〻和〻到底表达什么意义，绝大多数学者就集体沉默了，最终导致商史研究中把大量的甲骨卜辞材料的意思都说反了。

其实，郭沫若先生在《殷契粹编》中就认为这两个字不应该解释为否定词，而应读为"被"。夏渌先生也考此字为"比"（见《武汉大学学报》（社会科学版）1981 年第 3 期），但因二位先生的结论同样是不正确的，我就不具体征引了。

第二节　〻与〻都不是否定副词

自从张宗骞先生释〻为"弜"，读为"弗"之后，所有从事甲骨学和殷商史研究的学者均把它们当作否定词看待，这样理解〻和〻的意义，大量卜辞扞格不通，说明〻和〻不是否定意义的词。近年新发现的青铜器铭文中也有使用〻字的材料，学者们按照〻是否定词理解，同样解释不通铭文。凡此都说明把〻与〻当成否定副词，很可能是错误的。

通过分析相关卜辞，我们认为〻与〻都不是否定副词。请看我下面的分析。

一、部分从正反两个角度去反复贞问的卜辞恰恰说明〻不是否定副词

我从《合集》32 号正面中找到下面的卜辞：

《合集》32 正："乙卯卜，殼贞：王比望乘伐下危，受有又。"

《合集》32 正："乙卯卜，殼贞：王〻比望乘伐下危，弗其受有又。"

《合集》32 正："丁巳卜，㱿贞：王[illegible]众伐于𢀛方，受有又。"

《合集》32 正："丁巳卜，㱿贞：王弜[illegible]众𢀛方，弗其受有又。"

这些卜辞应该就是人们所理解的从正、反两个角度去反复贞问的卜辞。我不知道大家有没有注意到，如果弜是否定副词，所谓从反的角度贞问的卜辞就有了"弜"和"弗"两个否定副词了，反了两次，不还是正吗？这恰恰说明弜不是否定副词。

二、把"弜"解释为否定副词，相关卜辞前后的意义扞格不通

把弜看成是否定副词，其实是讲不通的。请看下面的卜辞。

（一）田猎卜辞

《怀特》1445："弜田[illegible]弗其禽有大狐？"

《怀特》1447："弜田[illegible]弗其禽有犬？"

此二辞中的[illegible]和[illegible]都是地名或者人名，指田猎的地点或者田猎的人。如果把弜看成否定副词，"弜田"就是"不要田猎"，既然不要田猎，还问什么会不会擒大狐或者犬呢？可见，把弜理解为否定副词是讲不通的。

《合集》28680："壬王弜田其悔，其遘大雨。"

王田猎都希望不要下雨，《合集》28680 的弜如果理解成否定副词，就讲不通了。壬这天王要是不去田猎，王肯定会后悔，这天大概会遇到大雨。可见把弜解释为否定副词，意义刚好说反了，商王怎么会有希望在大雨中打猎的想法。

《合集》28681："……弜田，亡灾。"

只有王外出田猎，才占卜有没有灾。《合集》28681 的弜如果解释为否定副词，意义也刚好说反了：弜田，就是不田猎。王待在家里，还说什么"亡灾"呢？可见弜不能解释为否定副词。

《合集》28343：“弜射[illegible]鹿，弗禽？”

《合集》28344：“弜[illegible][illegible]鹿，弗禽？”

《合集》28366：“弜射又豕，弗禽？”

这三条卜辞中的弜如果看成否定副词，这三条卜辞就是莫名其妙的卜辞了：既然不去捕猎[illegible]鹿、又豕，怎么会擒获[illegible]鹿、又豕呢？可见弜解释为否定副词，讲不通。

（二）农业卜辞

《合集》28198：“弜圣，弗其受有年？”

“圣”是“垒砌”的意思，卜辞中说的“圣”就是指“圣田”，即造水稻田。① 弜如果解释为否定副词，“弜圣”就是“不造水稻田”，不造水稻田，当然丰收希望很小，《合集》28198 这样的卜辞就是无疑而问。可见弜看成否定副词，讲不通。

《合集》28200：“弜耤，丧藋，其受有年？”

所谓耤田，是商王先耕作为民作示范的仪式，参加的人很多。往返途中有人员伤亡，有时候也是常事。《合集》8：“……卜，贞：众作耤不丧……”裘锡圭先生说：商代方国林立，野兽纵横，农业上也有人员损失的可能。②《合集》28200 说耤田而丧藋。但是，弜如果解释为否定副词，“弜耤”就是“不要举行耤田仪式”，不要举行耤田仪式，那怎么还会丧藋呢？可见弜解释为否定副词，讲不通。

《合集》28231：“弜受禾。”

卜辞常常问“不受禾”“弗受禾”，此辞“弜受禾”的弜解释为否定副词，按照裘锡圭先生说表示“不要”，就讲不通。商王为什么不要

---

① 陆忠发．圣田考［J］．农业考古，1996（3）．又：陆忠发．论水稻是商代的主要农作物［J］．农业考古，2008（4）．

② 裘锡圭．关于商代宗族组织与贵族和平民两个阶级的初步研究［M］//裘锡圭．古代文史研究新探．南京：江苏古籍出版社，1992：290-328.

受禾（水稻丰收）呀？

（三）祭祀卜辞

《合集》30521："弜有ⵎ，兹用。"

《合集》30522："弜有ⵎ，兹用。"

ⵎ是"切割"的意思①，卜辞中ⵎ的对象都是牛，因为牛肉非常硬，吃不动②，ⵎ之之后，牛肉的肉块小了，祖先吃起来方便。所以，ⵎ牛应该就是把牛肉切成小块，方便神灵享用。卜辞"兹用"的前面是一定有明确的牺牲的，如《屯》726："壬寅贞，月有ⵎ，其有土，燎大牢。兹用。"所以这里的"有ⵎ"就是指敬献切割好的牛肉。但是，如果ⵒ是否定副词，这两条卜辞就是说："不敬献切割好的牛肉，祖先大概会享用。"这不就是子孙在糊弄祖先了吗，所以ⵒ解释为否定副词，讲不通。

《屯》2219："ⵒ巳，用。"

《屯》4320："ⵒ又，兹用。"

《花东》214："辛未卜，子ⵒ祝，用。"

《花东》220："ⵒ又邕，用。"

《花东》296："癸卯卜，子ⵒ告帚好，若，用。"

《花东》296："癸卯卜，ⵒ告帚好，用。"

这几条卜辞，ⵒ解释为否定副词，也讲不通，既然不巳、不又、不祝、不告，神灵还"用"什么呢？

《花东》395："辛未卜，ⵒ入麂，其𥝢，用。"

𥝢像手执隹献于"示"之前，是"祭"之异体字。这条卜辞ⵒ如

----

① 陆忠发. 当代汉字学［M］. 上海：上海教育出版社，2014：360-364.
② 我们吃的牛肉都是牛杀死后放了七八天的牛肉，这样的牛肉已经分解，可以吃了。古人祭祀，现杀现用的牛肉非常硬。

果解释为否定副词，祭祀就没有牺牲了，神灵"用"什么呢？此辞其实是说进贡了麔，用麔祭祀，结果神灵享用了。可见𢓊解释为否定副词讲不通。

《合补》10651："辛未卜，求于大示。"①

《合补》10651："𢓊求，其告于十示又四。"

如果𢓊是否定副词，《合补》10651就是自相矛盾的卜辞，前面说𢓊求（不求），后面又说要求告于十四位先王，岂不自相矛盾？可见𢓊解释为否定副词讲不通。

（四）其他卜辞

《合集》28245："𢓊步，亡雨。"

此辞的𢓊解释为否定副词，也很难讲通。既然没有雨，为什么不要步呢？

《合集》9334："𢓊入二百二十五。"

如果把𢓊理解成否定副词，那么，这句话与"此地无银三百两"就很相似。既然都有明确的数目，说明就是有银在此了。同样，入的数目是二百二十五，这应该是记录收入的数目。那么，𢓊似乎也不应该看成是否定副词。

《合集》36418："𢓊杀，其唯小臣临，令王弗悔。"

甲骨文"临"作𦥑，金文"临"作𦣻（盂鼎）、𦣻（毛公鼎）②，从"人"，从𡩟表示眼睛，从𡭔或者𢆶作为提示符号，提示泪水流淌，整个字像人俯首流泪之状。《汉书·苏武传》："后陵（李陵）复至北海上，语武：'区脱捕得云中生口，言太守以下吏民皆白服，曰"上崩"。'武闻之，南乡号哭，欧血，旦夕临数月。"颜师古注："临，哭

---

① 《合补》指《甲骨文合集补编》。

② 容庚. 金文编［M］. 北京：中华书局，1986. 583.

也。"这条卜辞的彡如果解释为否定副词，"彡杀"就是"不杀"或者"不要杀"，既然没有杀人，小臣还伤心什么呢？可见彡解释为否定副词，还是讲不通。《合集》36418其实是说杀一个人，只有小臣为他伤心流泪，杀了这个人，王不后悔。

综上所述，彡是不能看成否定副词的，不管把彡的意思理解成"不要……"还是"不会……"，都是讲不通的。彡一定是一个有实在意义的词，其意义下文有考。

三、把彡解释为否定副词，相关卜辞前后的意义扞格不通

（一）田猎卜辞

《合集》11007 正："翌丁亥彡焚，宁？"

这条卜辞中的彡理解为否定副词，也是讲不通的。古人焚是为了驱赶禽兽以狩猎，所以有时候难免会引发火灾。如《屯》722："今日卜，王其田渊西，其焚，无灾？"《屯》722问的就是在渊西焚烧山林驱赶禽兽以狩猎，会不会引发火灾。如果把彡理解成否定副词，"彡焚，宁"就是毫无意义的话了。不焚，自然就无灾了，还说什么"宁"不"宁"呢？所以，彡不能理解成否定副词。

《合集》10644："贞，彡乎逐。不获？"

这条卜辞，彡解释为否定副词，那么整个卜辞都是废话：不去逐，还想获吗？显然彡不能解释为否定副词。

《合集》10761："□□〔卜〕，贞：彡狩……禽二百六十九。"

这条卜辞，彡解释为否定副词，那么整个卜辞都是神话：不去狩猎，还擒获了二百六十九，能不神吗？显然，彡不能解释为否定副词。

《合集》40126："贞：翌辛巳王彡往逐兕，弗其获？"

这条卜辞，彡解释为否定副词，讲不通，既然不往逐兕，还问什么"弗其获"呢？

《合集》10374:"辛亥卜，王贞：ξ乎ξ狩麋，弗其禽？"

《合集》10500:"……ξ往逐磬燕，弗其禽？"

这两条卜辞，ξ解释为否定副词，就是无疑而问。既然不狩麋，还要问能不能擒获麋，既然不逐燕，还要问能不能擒获燕，显然都讲不通。

（二）农业卜辞

《合集》10020:"庚申卜，ξ［受］黍［年］。"

这条卜辞，ξ解释为否定副词，讲不通。还有希望农作物不丰收的吗？

《合集》787:"贞，ξ㞢敉，受有年。"

只有用祭祀来祈求农作物丰收，如果ξ是否定副词，不祭祀也希望农作物丰收，这样的事情在商代是没有的。可见ξ解释为否定副词，讲不通。①

（三）祭祀卜辞

ξ解释为否定副词，许多祭祀卜辞的语义含糊不清，举例如下。

《合集》10251 正:"翌癸未ξ燎五牛。"

ξ解释为否定副词，ξ否定的动词是"燎"，但是，燎又有宾语"五牛"。那么，癸未这天到底燎不燎？不知道。如果不燎，为什么不直接说"翌癸未ξ燎"？如果燎，那么燎多少牛？也不知道。

《合集》769:"贞ξ曹妣庚服、十㝵、三十小宰。"

ξ解释为否定副词，即不要曹妣庚服、十㝵和三十小宰。那么，曹

---

① 《合集》795 正:"辛未卜，㱿贞：我伐人三在黍不？""曹，受有年。"曹锦炎、沈建华先生《甲骨文校释总集》把两条卜辞合在一起，真的就成了不祭祀也想农作物丰收的卜辞了。我核对"不"与"曹"不是连在一起的，按照常规，"曹"应该在"不"的下面、"在"的右边。现在"不"的下面、"在"的右边空着，显然卜辞于"不"句绝，则"不"当读为"否"。

祭妣庚到底用多少牺牲呢？不知道。

如果把彡解释为否定副词，这样表达模糊不清的卜辞就非常多，难以计数。

《合集》947 正："彡自上甲又伐。"

如果彡解释为否定副词，又祭的对象和牺牲都表达不清了。这样的卜辞也很多。

《合集》952 正："翌乙丑彡酚。"

如果彡解释为否定副词，敬献牺牲的方式就表达不清了。不酚，还用不用其他方式敬献牺牲呢？说不清。这样的卜辞也很多。

《合集》1173："……彡求［于］上甲豭……二……"

如果彡解释为否定副词，"彡求［于］上甲"就是不求于上甲。如果不求于上甲，直接说"不求于上甲"即可，为什么还要说用豭等牺牲呢？如果是不用豭求上甲，那么，求上甲用什么牺牲，则应该明确说。可见彡解释为否定副词，卜辞语义表达就是含糊不清的了。

《合集》30914："彡用二十邕。"

如果彡是否定副词，表达就很不清楚。

《天理大学附属天理参考馆藏甲骨文字》76："甲子卜，㱿贞，彡杀羌百。十三月。"

如果把彡解释为否定副词，"彡杀羌百"就表述不清楚。不杀一百个羌人，到底杀多少呢？说不清。

《合集》2002 反："王囧曰：吉。彡佐王。"

《合集》2496："癸巳卜，争贞：侑白麇于妣癸，不［佐］。王囧曰：吉。彡佐。"

彡如果是否定副词，这两条卜辞就讲不通。既然占卜是"吉"，其验辞怎么又是"不要佐王"呢？只有彡不是否定的意义，卜辞才能够讲得通。

《合集》8401："丁未卜，争贞：⁊🌀，用。"

这条卜辞，⁊解释为否定副词，讲不通，既然不🌀，还说什么神灵"用"呢。

可见，如果把⁊解释为否定副词，大量的卜辞都表达不清了，这反过来也证明⁊不能解释为否定副词。

（四）战争卜辞

《合补》5121："癸卯卜，𣪊贞：乎雀彳亍伐亘，歼？"

《合补》5121："⁊乎雀彳亍伐亘，弗其歼？"

《合集》6948正："⁊乎雀彳亍伐亘，弗其歼？"

《合补》5121和《合集》6948正这两条卜辞中，⁊解释为否定副词，也讲不通。既然不命令雀、彳亍讨伐亘，还需要问能不能歼灭亘吗？"弗其歼"就是无疑而问了。可见⁊不能解释为否定副词。

《合集》6178："贞：⁊𢓊人乎伐舌方，弗其受有佑？"

如果⁊是否定副词，"⁊𢓊人乎伐舌方"就是不召集人命令他们去讨伐舌方，那么还问什么会不会得到佑助？只有召集人去讨伐敌人，才会问我们的行动会不会得到佑助。所以，⁊是否定副词，讲不通。

《合集》6197："辛丑卜，𣪊贞：舌方其来，王⁊屰伐？"

屰是"迎接"的意思，"屰伐"就是"迎头讨伐"，相当于我们现在说的"迎头痛击"。如果⁊是否定副词，那么舌方来进犯，商王武丁还要躲避吗？显然讲不通。

《合集》6201："癸酉卜，争贞：王⁊屰舌方，上下弗若。不我其受……"

如果⁊是否定副词，那么武丁不迎击来犯之舌方，还问什么"上下弗若？不我其受〔佑〕"？这就是无疑而问了。

（五）其他卜辞

《合集》9741正："贞：祖乙⁊害王。"

这条卜辞，彡解释为否定副词，为"不要……"，很牵强。祖乙害不害王，还由人的意志决定吗？讲不通。

《合集》10948 正："彡疾身。"

卜辞中的"身"指人的胸腹部。① 这条卜辞，彡解释为否定副词，讲不通。"彡疾身"就是"不要疾身"，还有要胸腹部生病的吗？显然讲不通。

《合集》18878："彡风。"

如果彡解释为否定副词，是"不要"的意思，这条卜辞也讲不通，"不要刮风"，这样的话好像也不是人能够要求天的。

《合集》21903："丙午卜，彡贞，允不屮。"

"彡"解释为否定副词，"不要贞"很牵强。商代的人不是常常要贞问神灵吗？为什么现在又不要贞了？

《合集》734 正："己巳卜，㱿贞：彔不屮。王固曰：吉。彡屮。"

《合集》734 正："己巳卜，㱿贞：彔其屮。"

屮，像人在棺椁中，甲骨学界多释为"死亡"的"死"。② 㱿贞彔大概要死了，王占卜说"吉"。后来彔还是"彡屮"。"彡屮"是验辞，记录彔到底死没死。如果把彡解释为否定副词，理解成裘锡圭先生说的"不要……"，这就讲不通了，谁会要死呀。

《合集》795 反："贞：不佳囚？王固曰：吉。彡佳囚。"

如果把彡解释为否定副词，理解成裘锡圭先生说的"不要……"，也是讲不通的。谁会要神灵降囚呀？再说"彡佳囚"是验辞。如果结果确实是吉，是无囚，为什么验辞不直接写"不佳囚"或者"不囚"呢？

《合集》809 反："王固曰：彡若。"

① 陆忠发. 汉字学的新方向［M］. 杭州：浙江大学出版社，2009：99-100.
② 甲骨文中又有屮四周添加许多点为提示符号者，陆忠发考为"蕴埋"义。陆忠发. 汉字学的新方向［M］. 杭州：浙江大学出版社，2009：65-66.

如果把彡解释为否定副词，理解成裘锡圭先生说的"不要……"，也是讲不通的。做什么事情，希望神灵不要诺呀？

《合集》808 反："彡疾囗。"

生病不是自己能够决定的，所以，这个彡似乎也不能是否定副词。

《合集》809 正："王固曰：吉。龟彡余囗。"

"余"下一字，曹锦炎、沈建华先生《甲骨文校释总集》校为"害"。我核对卜辞，此字主体残缺严重，但是肯定不是"害"字，因为"害"作害，所从的"它"有长长的尾巴，但是这个残缺严重的字只是上部残缺，下面没有残缺，然而这个字显然没有长长的尾巴。据此我们可以断定此残缺的字肯定不是"害"字。曹、沈两位先生之所以会校为"害"字，是根据卜辞上下文猜的。曹、沈两位先生的思路是：既然占卜的结果是吉，彡又是否定副词，那么"余"下一字必然就是意义不好的字，如"害""囷"之类了。所以曹、沈两位先生就猜是"害"字。曹、沈两位先生的这一条误校，也反过来证明彡不是否定副词。

上面我通过对大量卜辞语义的分析，从三个方面证明彡彡与彡都不是否定副词。

四、关于甲骨文彡彡与彡的结论

彡彡与彡在卜辞中用法相同，基本上都是用在动词前面做状语，少数情况是用在表示牺牲的名词前面，如：

《合集》15783："彡五窂。"

《合集》15922："彡羊，十二月。"

《合集》25220："……大……岁彡彡羊……延一月。"

《合集》25232："辛丑卜，大贞：岁彡彡羊……窂一牛。"

卜辞中的动词有时候可以省略，如：

《合集》6664 正："贞一牢于上甲，告我匚齒。"

《合集》6664 正："贞一窜于上甲，告我匚※。"

《合集》6664 正："十豰于上甲。"

《合集》6664 反："于下乙牛。"

《合集》6664 正、反这些牺牲前面没有动词的情况，应该是省略动词的结果。同样，"彡五窜""彡羊""彡彡羊"，我们认为也是省略动词的结果。

这样，我们可以得出一个基本的结论：彡彡与彡都是用在动词前面做状语，它们很可能是一个非否定意义的副词。

彡彡与彡所不同的是，彡基本上只用于武丁时期的卜辞，武丁以后的卜辞基本上都使用彡彡。武丁时期的卜辞中使用彡彡的，几乎都是记录收入账目的卜辞，如《合集》9334："彡彡入二百二十五。"另外《合集》9341—9350 这些卜辞都只有"彡彡入"两个字，使用的也是彡彡。显然武丁时期卜辞写成彡彡，很可能是出于记录收入账目的人的个人习惯。所有这一切都说明彡和彡彡应该是同一个字的不同写法，它们是异体字。

彡和彡彡是异体字，我们就可以判断彡所从的彡是重文符号，其形体也是同样从两个彡。彡不知何像，显然彡彡与彡都是用两个一模一样的事物组合在一起以强调这两个事物一模一样。《说文解字》："再，一举而二也。"古人表达"再"的概念，就是用一模一样的两个来表示。

动作的重复是经常出现的事情，语言中不可能没有表示动作重复的副词。同样，甲骨卜辞中也不可能没有表示动作重复的副词。

《合集》7660："……再允……"，"再"字，徐中舒先生主编《甲骨文字典》、刘兴隆先生《新编甲骨文字典》均释为"再"而称"义不明"[1]。曹锦炎、沈建华先生《甲骨文校释总集》校为"冉"。可见，

---

[1]　徐中舒. 甲骨文字典 [M]. 成都：四川辞书出版社，1989：444.；刘兴隆. 新编甲骨文字典 [M]. 北京：国际文化出版公司，1993：240.

目前甲骨文中还没有大家公认的表示动作重复的副词"再"。

甲骨文中表示动作重复的副词，不是《合集》7660 "……𠬝 允……"的"𠬝"字，而是在卜辞中大量出现的𠂤和𢀖。

使用了𠂤和𢀖的所有的卜辞，以"再"解之，都是可以讲得通的。如：

《怀特》1445："𢀖田𠦪弗其禽有大狐。"问的是𠦪再次田猎（或者再次在𠦪田猎），还不会擒获大狐吗。这条卜辞的前提是前一次田猎没有擒获大狐。

《合集》9334："𢀖入二百二十五。"记录的是再次收入二百二十五。

《合集》15783："𠂤五窜。"就是再次献享五窜。

《合集》11007 正："翌丁亥𠂤焚，宁。"这条卜辞说的是丁亥这天再次焚猎，没有出现不安的状况。

《合集》6197："辛丑卜，㱿贞，舌方其来，王𠂤𢽷伐。"这条卜辞说舌方来犯，商王武丁再次给予迎头痛击。

《合集》6119："贞：小疾，𠂤告于祖乙。"这条卜辞说得了小疾，再次求告于祖乙。

《合集》769："贞𠂤曹妣庚服、十𤏡、三十小窜。"这条卜辞说再次曹祭妣庚，用了一个投降的人（服）、十个𤏡和三十小窜。……

总之，甲骨文𢀖与𠂤是异体字，它们不是否定副词，应该解释为副词"再"。因此，人们过去基于𢀖与𠂤为否定副词得出的所有有关商史的研究结论都说反了，我们可能需要全面修订过去的研究结论。

第三节 新出青铜器铭文证明𢆶确实不是否定副词

𢆶字在金文中使用的例子不算少，但是从张亚初先生的《殷周金文集成引得》中看，𢆶好像都是人名用字。朱凤瀚先生在《𢆶器与鲁国早期历史》一文中披露了一组西周康王晚期至昭王时期的铜器，为同一器主𢆶所作的尊、卣和所谓"提梁套盒"三器。尊的内底部有铭文，卣为器盖对铭，尊、卣铭文相同，董珊先生认为卣应该是甲乙两器，这样，这组铜器就有四器。朱凤瀚先生对铭文做了很好的研究①，董珊先生在朱先生研究的基础上，再做补充，作《新见鲁叔四器铭文考释》，首发于复旦大学出土文献与古文字研究中心网站，经修改后发表于《古文字研究》29 辑。② 后来，侯乃峰先生作《新见鲁叔四器与鲁国早期手工业》一文，重新对器物铭文进行了解释③，2018 年，裘锡圭先生又作《读西周鲁国叔器铭文札记》，对铭文和相关问题又做了进一步补充。④

综合上述诸先生和我的研究，𢆶尊铭文可隶定释文为：

　　侯曰：叔（𢆶）！不显朕文考鲁公，夂文遗工，不𰝄卑𣸪。余
　令女自𩓣𤾔来𣸪鲁人为余宽，有妹具成，亦唯三羞。余既𤯍，余

① 朱凤瀚．𢆶器与鲁国早期历史［M］//朱凤瀚主编．新出金文与西周历史．上海：上海古籍出版社，2011：1-20．此处引朱先生观点，均出自此文。

② 董珊．新见鲁叔四器铭文考释［M］//古文字研究：第二十九辑．北京：中华书局，2012．此处引董先生观点，均出自此文。器主之名，董珊、侯乃峰、裘锡圭先生都说是"叔"。其实这个器主用字是"线"字，详见本书第六章。

③ 侯乃峰．新见鲁叔四器与鲁国早期手工业［J］．考古与文物，2016（1）．此处引侯先生观点，均出自此文。

④ 裘锡圭．读西周鲁国叔器铭文札记［J］．中华文史论丛，2018（4）．此处引裘先生说，均出自此文。

既处，亡不好。不髓于朕娽。侯曰：叔（◆）！若！若！自今往𢀖其又达女于乃丂。賨女贝马用。自今往至于奢万年，女日其賨勿竝乃工，日引。唯三月，叔（◆）易贝于原。叔（◆）对扬辟君休。用乍朕剌考宝尊彝。

◆卣乙器底铭文是：

侯曰：叔（◆）！女好友朕娽。才兹鲜女之继，自今𢀖又不女井。易女贝用。唯六月，叔（◆）易贝于帝。叔（◆）对扬辟君休。用乍朕文考宝尊彝。

综合学者们所考和我的研究，◆器铭文记载的是器主◆受鲁炀公之邀来到鲁国，为鲁炀公徙都曲阜营建宫城，鲁炀公对◆的工作很满意，◆受到鲁炀公两次赏赐，铸造了这组铜器。

"侯曰：叔（◆）！若！若！自今往𢀖其又达女于乃丂。賨女贝马用"和"才兹鲜女之继，自今𢀖又不女井。易女贝用"两句话使用了"𢀖"字，这两处的"𢀖"字，不是人名，朱凤瀚先生首先指出"𢀖"字不能理解为否定词，但是，因为在甲骨卜辞中"𢀖"字是否定词，表示"不要"的意思，已经是学者们的常识，朱凤瀚先生的意见没有得到认同。董珊先生最终把"自今往𢀖其又达女于乃丂"解释为："自今已往没有人能在工巧方面比得上你。"侯乃峰先生理解成："从今往后，大概没有人能在工巧方面达到你的高度了。"裘先生理解"达"在这里很可能应该读为"汰"，意思是"过"。"自今往，弜其有汰汝于乃巧"的意思就是：从今以后，不会有人在你的工巧方面超过你了。

按：我们需要明白，◆从晋国来到鲁国指导营建鲁侯宫城，现在宫城营建完工，建筑质量上乘。所以鲁侯充分肯定◆的工巧，嘉奖◆，赐之贝马用。然而鲁侯怎么能够断定从今往后没有人能在工巧方面比得上◆，或者从今以后，不会有人在工巧方面达到或者超过◆呢？鲁侯说这样的话的依据在哪里？显然没有依据。既然没有依据，鲁侯怎么可能说今后再也不会有人达到或者超过✦呢？我认为不是鲁侯说的话有问题，而是我们错误理解了鲁侯的话。

"自今往弜其又达女于乃丂。賓女貝马用"，"自今往"就是"从今往后"，"弜"即"再"，此处引申为"复""又"之义。"其"是古汉语中常用的表示推测的语气词，可以翻译为"大概""会"。"又"读为"有"。"达女于乃丂"，即"在工巧方面达到你（的高度）"。所以，"自今往弜其又达女于乃丂"，就是说从今往后，又会有（鲁国工匠）在工巧方面达到你（的高度）。可见叔的贡献不但为鲁侯营建了质量上乘的宫城，他还使鲁国工匠的营建水平得到大幅度提高。这就是鲁侯赏赐✦的两个理由。

我们接着说"才兹鲜女之继，自今𢀝又不女井。易女貝用"。学者们因为没有正确把握𢀝字的意义，解释这句话就更加不可理解了。如裘锡圭先生理解是："鲁国的臣民很少像你那样爱好、遵顺我的教诲，今后，鲁国臣民不要有不以你为榜样的。"裘先生还指出："弜有不汝井"① 也未尝不可以翻译为"不许有人不以你为榜样"。这样的解释，让我们感到不解。

1. 为什么绝大部分鲁国臣民都不爱好、遵顺鲁国国君的教诲？这怎么可能。

2. 如果绝大部分鲁国臣民都不爱好、遵顺国君的教诲，鲁国国君应该早就要求鲁国臣民必须遵顺国君的教诲。为什么直到✦来到鲁国之后，鲁国国君才想到从今以后，不许有人再不遵顺国君的教诲？

3. 鲁国国君与✦这样一个工匠谈这些事情，到底要表达什么意思？

所以，我认为裘先生对"才兹鲜女之，𢀝自今，弜又不女井"的

---

① 裘先生文中的"弜"就是"𢀝"。

理解还是有问题的。

我的理解是："继"属上读，读为"鲜女之继"，"之"是古汉语中常见的宾语前置的标志，"鲜女之继"，即"鲜继女"。"在兹鲜女之继"的"在兹"应该如裘先生说理解为"在兹者"，但是我认为"在兹者"实指营建国王宫城的鲁国工匠而言，"在兹鲜女之继"是说鲁国工匠很少能够继承你（的工巧）。"自今弜又不女井"，"自今"可能是齐鲁方言。《左传·成公二年》："自今无有代其君任患者，有一于此，将为戮乎！"在与晋国的鞌之战中，齐侯战车被树木挡住了，导致齐侯被晋国韩厥追上，齐侯车右逢丑父冒充齐侯做了俘虏。韩厥要杀逢丑父时，逢丑父喊出了这句话。"自今"出自逢丑父之口，很可能是齐鲁方言，与铭文中鲁侯说的"自今"意思相同，相当于我们说的"过去"。"弜"还是"再"，意思是"又"，"自今弜又不女井"，就是说过去（鲁国工匠）又有不向你学习的。

鲁侯说这样的话，是有我们可以理解的原因的。鲁侯要营建宫城，按理说应该由鲁国工匠承担设计施工任务。作为一个工匠，有几人能够有机会为国王营建宫城，鲁国的工匠都把为国君营建宫城当作无上荣光。可是鲁侯却从𡧧𤲉请来𤔲担任工程总指挥，这样，鲁国的工匠肯定有人心里不高兴，甚至公开表示反对。在这种情况下，𤔲来鲁国担任营建宫城的工程总指挥，其工作虽然有鲁侯的支持，但是必然会遇到有些施工人员的明面上的或者暗地里的抵触，工作开展起来并不十分顺手。这样鲁侯就要在其中协调。鲁侯会鼓励𤔲放手去干，同时要求鲁国工匠向𤔲学习，听从𤔲的指挥调度。但是，有相当多的技术高超的鲁国工匠心里不高兴，因此他们并没有主动向𤔲学习的愿望，所以鲁侯才会说"在兹鲜女之继"。有的鲁国工匠甚至故意与𤔲对着干或者表现为不合作。所以鲁侯回顾说"自今弜又不女井"。现在，𤔲克服了重重困难，工程高质量完成了，所以鲁侯决定"赐汝贝用"。虽然有些自认为技艺非常高超的鲁国工匠抵触𤔲和他的技艺，但是必然还会有一部分鲁国工匠认可🖐和他的技艺，愿意仿效🖐的技法，这部分能够虚心学习的鲁国工匠的技术水平肯定会得到提高。所以鲁侯又说"自今往弜其又达女于乃丂"，就是说从今往后，又会有（鲁国工匠）在你的工巧方面达到你（的高度）。可见，新出🖐器铭文，按照我的解释是可以解释通的。

新出青铜器铭文中的𢎥按照过去否定词来解释，根本解释不通铭文内容，而按照我们新的认识，把𢎥解释为"再"，引申为"又"，铭文就很好解释，这也证明𢎥确实不是否定词。所以，历史研究中切勿再把𢎥与弓当作否定词看待。

第五章

汉字表意理论与中国哲学史研究

中国哲学史研究也是史学研究范畴，中国哲学史研究同样需要使用传世古文献和出土古文献，所以研究中国哲学史也需要懂得汉字表意理论。

第一节　中国哲学史研究需要懂得汉字表意理论

哲学似乎与汉字搭不上关系，然而中国哲学史研究不可能不使用中国古代文献，因此，中国哲学史研究就有必要熟悉相关古文字材料了。我举关于商代天神问题的研究为例。

武丁时代的卜辞中有吴字，晚期的卜辞中，吴又作吴，旧释为"天"，辞云：

《合集》20975："庚辰……王：弗疾朕天。"

《英藏》2529："癸巳卜……天邑商。"

"疾天"与卜辞中"疾目""疾身"同例，"天"当为人体的一个部分。《说文解字》："天，颠也。"段注："颠者人之顶也。""天"的本义是"头"。"天邑商"也称"大邑商"，陈炜湛先生认为这是"天"

由头顶引申为大义的缘故。① 郭沫若、陈梦家等先生依据甲骨文呆和呆在卜辞中没有"上天"的意思断定商代没有天神。郭沫若先生在《中国史稿》中说："天"字在商代一般只用为"大"的同义字，没有神秘的含意，周人才把天奉为有意志的人格化的至上神。② 陈梦家先生《殷虚卜辞综述·宗教》章也强调：卜辞的"天"没有作"上天"之义的，"天"之观念是周人提出来的。③

仅仅从上面介绍的情况看，说商代没有天神是正确的。而另外一些学者则依据《尚书》和《诗经》中的相关材料，得出了商代不但有"天"神，而且这"天"神还是至上神的结论。如刘文英先生据《诗·商颂》"天命玄鸟，降而生商"和《尚书》之《微子》《西伯勘黎》等篇的材料，认为殷人的上帝崇拜和天命观念十分清楚，周人的天命观最初是与殷人相同的。④ 詹石窗先生也认为"'天'在殷商是很重要的概念"⑤。有的人甚至认为夏代的时候天神就是非常重要的神了。"在阶级社会中，哲学往往被打上阶级的烙印。夏代的奴隶主为了论证自己统治的合理性，声称自己的政权是得之于'天命'的。如《尚书·召诰》记载：'有夏服（受）天命'等。"⑥

《尚书》和《诗经》已经周人改动，如《尚书·汤誓》云："各尔众庶，悉听朕言。有夏多罪，天命殛之。"又："夏氏有罪，予畏上帝，不敢不正。"《诗·商颂·玄鸟》云："天命玄鸟，降而生商。"又："古帝命武汤，正域彼四方。"或言"天"或言"帝"，可见商代的文献已经被周人改动得面目全非，用以研究商代的历史，固不足据。以这些材

---

① 于省吾. 甲骨文字诂林 ［M］. 北京：中华书局，1996：212-213.

② 郭沫若. 中国史稿 ［M］. 北京：人民出版社，1962：273.

③ 陈梦家. 殷虚卜辞综述 ［M］. 北京：科学出版社，1956：581.

④ 刘文英. 中国哲学史 ［M］. 天津：南开大学出版社，2002：28.

⑤ 詹石窗. 新编中国哲学史 ［M］. 北京：中国书店，2002：18.

⑥ 北京大学哲学系中国哲学教研室. 中国哲学史 ［M］. 北京：北京大学出版社，2003：2.

料得出的夏商两代有"天"神（甚至是至上神）的结论当然是不可靠的。研究商代的神，最可靠的材料还是甲骨文和甲骨卜辞。

甲骨文中有天字，学界普遍认为是兲之异体字。① 天在卜辞中是受祭祀的对象。

《合集》22077："己亥卜，有岁于天。"

卜辞中天为祭祀的对象，绝不用为人之头，兲、兲为人之头，绝不用为祭祀对象。二者的区别如此之大，学界竟然视为一字之异体，忽略了天字字形中包含的极为重要的文化内涵。究其原因，是学界不会分析天字如何表意，表示什么。天从"二"（"二"即古文字"上"）从"大"（"大"即人）会意，人之上是什么？是天空。"天空"的概念极难用一字形表达，然而人们知道，人（大）之上就是天。于是造字者就用"人（大）之上"巧妙地表达了"天空"的概念。

天既然表示"天空"，又是受祭祀的对象，天不就是"天神"吗？所以，商代有天神是可以肯定的。

然而，我们通过比较发现，卜辞中表现出来的许多神，如帝、岳、河等都有控制自然、降祸于人或者佑助人等各种各样的神力，而天神则什么神力也没有，说明天神在商代只是一个普通的自然神。所以历史学界和哲学史学界关于商代天神的认识很多都是错误的。② 只有正确分析甲骨文天的表意，才能正确认识商代的天神。

"帝"在商代是神力最广的神，因为商人将帝与祖先合而为一，武丁及以下的商王都称帝，所以周人不能再尊"帝"为至上神，必须另外尊崇一个神。然而对神的尊崇必须有所继承，突然抛出一个从未有过的神来，人们在思想上很难接受。"天"与"帝"同在天上，这早已被

---

① 于省吾. 甲骨文字诂林［M］. 北京：中华书局，1996：211-212.
② 陆忠发，夏利亚. 论商代的天神［J］. 杭州师范大学学报（教育科学版），2007（1）.；又陆忠发. 古代祭祀十讲［M］. 北京：华文出版社，2011：8-27.

商代的人们接受了。周代选择同在天上的"天"尊之为至上神，赋予它比帝更大的权力，称自己是天之子，周受天命克商，这样，天下的人便很容易接受了。武王克商的第二天，周武王对商代贵族发表了讲话，这就是现在《逸周书·商誓》所载的内容。在《逸周书·商誓》中，周武王首次提到周受天命取得政权，可见尊天神为至上神，是周武王想出来的。①

再如清华简《保训》：

> 惟王五十年，不瘳，王念日之多历，恐，述保训。戊子，自沐身。己丑，昧［爽］……［王］若曰："发，朕疾适甚，恐不汝及训。昔前人传宝，必受之以詷，今朕疾允病，恐弗念终，汝以书受之。钦哉，勿淫！昔舜旧（久）作小人，亲耕于历丘，恐，杀（施）中，自稽厥志不违于庶万姓之多欲。厥有杀（施）于上下远迩，乃勿立迩，稽测阴阳之物，咸顺不逆。舜既得中，言不易实变名，身兹备惟允，翼翼不懈，用作三降之德。帝尧嘉之，用受厥绪。呜呼！发，祗之哉！昔微砺（厉）中于河，以复有易，有易服厥罪，微无害，乃追中于河。微志弗忘，传贻子孙，至于成唐，祗备不懈，用受大命。呜呼！发，敬哉！朕闻兹不旧，命未有所延。今汝祗备毋懈，其有所由矣。不及尔身受大命，敬哉，勿淫！日不足，惟宿不羕。②

《保训》自公布以来研究的文章已经很多，但是《保训》的文句却一直没人读得通。问题最大的是"中"是什么？其他小问题还有很多，可参考吉林大学亓琳的硕士论文（2012年）《清华简〈保训〉研究综

---

① 陆忠发. 中国古代文化研究［M］. 杭州：浙江大学出版社，2020：130.
② 据李学勤先生《清华简〈保训〉释读补正》释文，少量的字和标点做了修正。《保训》篇详细的解释请参考陆忠发. 当代训诂学［M］. 杭州：浙江大学出版社，2018：257-263.

述》之《〈保训〉释文集释》。

先生们对《保训》的解释，有的地方还不够彻底，如其中最重要的"中"，一般都解释为"中道"。目前从事古代思想史研究的学者都是这样做的，对古代思想史中的一些关键词的内涵都不做解释，只是解释为"什么什么道"，如"仁"就解释为"仁道"。但是，这样做解释与不做解释是一样的，因为我们还是不知道"中道""仁道"是什么。

如果从汉字表意的角度分析，"中"的本义是"日晷"。甲骨文"中"作𠁁，从"○"表示日晷的晷面，"𠂇𠂆"从"丨"，是表，"ᴢ"是表上悬挂的绳索，在"𠂇"中作为提示符号，提示"丨"是表而不是普通的棍子。因为古人需要判断表是否垂直插在日晷晷面上，因为仅仅凭借眼睛没办法判断表是否垂直，于是就用绳索系于表上，当绳索紧贴着表的时候，就说明表是垂直的。"𠂆"是"𠂇"在太阳下的投影。经过这样的分析，我们就知道甲骨文𠁁是日晷的象形字，再结合卜辞中使用情况，我们可以确定"中"本义是"日晷"。① 日晷的表必须垂直，所以"中"引申有"正直"义，又引申有"公正"义。② 《荀子·臣道》："事圣君者，有听从，无谏争。事中君者，有谏争，无谄谀。事暴君者，有补削，无挢拂。""中君"就是指正直的国君。③《保训》"施中"的"中"正是"正直""公正"的意思。"中"也可以做动词，做人正直，处事公正就叫"中"。"施中"就是"实行做人正直，处事公正（的原则）"。这其实是上古社会人们普遍遵守的社会原则。故《保训》曰："自稽厥志不违于庶、万姓之多欲。"当时人们普遍认同做人正直，处事公正的原则。微在河地区鼓励、提倡做人正直，处事公

---

① 陆忠发. 汉字文化学［M］. 长春：吉林人民出版社，2001：21-23.
② 陆忠发. 现代训诂学探论［M］. 杭州：浙江大学出版社，2008：170-172.
③ 陆忠发. 当代训诂学［M］. 杭州：浙江大学出版社，2018：129-130.

正，以此来处理与有易的仇恨①，有易服罪了。为什么呢？因为人人都知道做人要正直，处事要公正，虽然微没有追究有易，有易自己做了亏心事，若不服罪，他内心就很受煎熬，所以有易服罪了。

《保训》中的"中"其实就是传世文献中的"忠"。《论语·里仁》："夫子之道，忠恕而已矣。""中"由本义"日晷"引申出一系列意义，如国君、京城、官名等。一个字承担的意义多了，字形往往要进行分化，于是，"做人正直，处事公正"这个意义，字从"心"作"忠"。②《左传·宣公二年》："宣子骤谏，公患之。使鉏麑贼之。晨往，寝门辟矣。盛服将朝，尚早，坐而假寐。麑退，叹而言曰：'不忘恭敬，民之主也。贼民之主，不忠；弃君之命，不信。有一于此，不如死也。'触槐而死。"晋灵公不行君道，赵盾骤谏。于是晋灵公派力士鉏麑去杀赵盾。鉏麑既已领命而来，必然保证完成任务。他只有杀死赵盾（贼民之主），才是忠诚于晋灵公。然而鉏麑却说"贼民之主，不忠"。因此，"贼民之主，不忠"之"忠"便不能解释为"忠诚"之义。力士杀人，必有原则，杀坏人，不杀好人。因此当鉏麑见到不忘恭敬的赵盾，认为赵盾乃民之主管。杀民之主管，便违背了自己杀人的原则，从此不能正直做人。为了堂堂正正做人，他不能杀赵盾，不杀赵盾他又失信于国君，最后他只能选择自己撞死了。所以这里的"忠"，正是"正直""公正"之义。

可见，汉字表意理论对于哲学研究尤其是中国古代思想史研究是非常重要的。

---

① 《山海经·大荒东经》："王亥托于有易河伯仆牛，有易杀王亥，取服牛。"《竹书纪年》卷上："十二年，殷侯子亥宾于有易，有易杀而放之。"
② 陆忠发. 关于"忠"的"正直"义 [J]. 辞书研究，2008（4）.

第二节　我对中国思想史的研究

上面一节我论证了汉字表意理论对于哲学研究尤其是中国古代思想史研究同样是非常重要的。中国古代思想史研究存在许多问题，要从根本上解决中国思想史研究存在的这些问题，必须有汉字表意理论的指导。

党中央国务院非常重视中华优秀传统文化思想的传承与发展，2014年习近平总书记在"纪念孔子诞辰 2565 周年国际学术会议"的重要讲话中指出："中华优秀传统文化的丰富哲学思想、人文精神、教化思想、道德理念等，可以为人们认识和改造世界提供有益启迪，可以为治国理政提供有益启示，也可以为道德建设提供有益启发。"① 2017 年，中共中央办公厅、国务院办公厅印发了《关于实施中华优秀传统文化传承发展工程的意见》，把中华优秀传统文化传承发展作为重大工程提出来了。习近平总书记在党的十九大报告中又发出号召：深入挖掘中华优秀传统文化蕴含的思想观念、人文精神、道德规范，结合时代要求继承创新，让中华文化展现出永久魅力和时代风采。

从我平常阅读的思想史研究文章中看，中国思想史研究存在的主要问题有下面三个：

1. 误解思想史名词含义、曲解古代思想家思想；

2. 教育普及中华优秀传统文化思想效果不佳；

3. 思想史研究中普遍存在断章取义甚至篡改古书的问题。

这些问题直接影响思想史研究和中华优秀传统文化思想教育普及。

---

① 习近平 . 在纪念孔子诞辰 2565 周年国际学术研讨会上的讲话［EB/OL］. 新华网，2014-09-24.

这三个问题的总根源都是思想史研究者不怎么通古汉语，不理解思想史名词含义。因为从事思想史研究的学者往往都没有读过中文专业，没有掌握系统的古汉语专业知识，又因为思想史名词含义非常抽象，一般的语言学研究者都很难准确把握其含义，从事思想史研究者就更加理解不了这些抽象的思想史名词含义。所以思想史研究者误解思想史名词含义、曲解古代思想家思想问题就难以避免。

第一，曲解古代思想家的思想。

从事思想史研究的学者，往往并没有真正懂得古代思想家的思想，最突出的表现就是中国思想史上形成的"仁""礼""忠""和""中庸""无为"等思想史关键词的含义，从事思想史研究的学者往往都不懂这些关键词的含义，所以他们理解古书中的思想史材料也常常会曲解含义。

此话不是危言耸听，中国思想史研究的现状就是这样，我们以"仁"举例。目前，中国思想史学界对"仁"的解释有两个：蔡尚思先生依据《论语·颜渊》"颜渊问仁，子曰：'克己复礼为仁'"把"仁"解释为"孔子以为符合礼的要求的一种最高道德的名称"。北京大学哲学系中国哲学教研室《中国哲学史》也是这样解释的。更多的先生则依据《论语·颜渊》"樊迟问仁。子曰：'爱人'"把"仁"的含义理解为"爱人"。国务院批准成立的中华思想文化术语传播工程最终成果《中华思想文化术语》编委会编写的《中华思想文化术语》就是这样解释的；北京大学著名教授发表在 2017 年 5 月 22 日《人民日报》上的《传承中华优秀传统文化需要发展古文献学》一文就直接把"仁"的含义解释为"爱人"，等等。

然而，这两种解释都是错误的。何以见得？因为把前面学者们理解的意思放到古书里面，古书的句子都是讲不通的。如：

《论语·子路》："子曰：'刚毅、木讷近仁。'"

《论语·颜渊》："仲弓问仁，子曰：'出门如见大宾，使民如承大祭；己所不欲，勿施于人；在邦无怨；在家无怨。'"

《论语·宪问》："子路曰：'桓公杀公子纠，召忽死之，管仲不死。'曰：'未仁乎？'子曰：'桓公九合诸侯，不以兵车，管仲之力也。如其仁，如其仁。'"

《论语·卫灵公》："子曰：'当仁不让于师。'"

《论语·尧曰》："虽有周亲，不如仁人。百姓有过，在予一人。"

我们随便从《论语》中挑选的这些话，哪一句中的"仁"能够按照前面学者们的解释把句子解释通顺呀？如果我们理解"仁"的含义，连《论语》中的句子都讲不通，还能说这样的理解是正确的吗？

《论语·里仁》："子曰：'里仁为美，择不处仁，焉得知？'"

"里"不是人，怎么也能"仁"呢？

汉代大儒董仲舒《春秋繁露·仁义法》："仁之法在爱人，不在爱我。"这个"仁"也能解释为"符合礼的要求"或者"爱人"吗？不能。

显然，研究中国思想史的学者们，确实是连"仁"这个重要的思想史关键词的含义都不知道。

那么"仁"到底是什么意思？我结合对"仁"的古文字形体表意分析，考证"仁"的本义是"人与人之间的关系"，"仁"作动词用表示"处理好人与人之间的关系"（详后）。

再如"无为"，中华思想文化术语网的解释是：

无为是"为"的一种状态。道家以"有为"与"无为"相对。所谓"有为"，一般是指统治者把自己的意志强加给他人或世界，不尊重或不顺应万物的本性。"无为"的意义与之相反，包含三个要点：其一，权力通过自我节制的方式遏制自己的干涉欲望；其二，顺应万物或百姓的本性；其三，发挥万物或者百姓的自主性。"无为"并不是不作为，而是更智慧的作为方式，通过无为来达到无不为的结果。

这种解释，我们有三点不能理解：第一，道家在什么文献中说过"有为"就是统治者把自己的意志强加给他人或世界，不尊重或不顺应万物的本性？第二，无为的三个要素，合起来就是什么事情都让老百姓自主决定，做领导的要克制自己的干涉欲望。那么，领导在整个事情的进程中到底做了什么？既然领导什么也没有做，不就是不作为吗？其"更智慧的作为"表现在哪里呢？第三，无为这种"为"的状态，到底应该怎样把握？

如果道家说的"无为"真的像这样让人摸不着头脑，无从把握，这种思想还能够作为人们社会实践的指导思想吗？显然不能。那么，思想史学界这种对"无为"让人摸不着头脑、无从把握的解释就毫无疑问是错误的了。

"无为"正确的意思是什么？从语言学的角度说，"无为"的"无"是个否定词，意思是"不要"；"为"是"驱使""役使"的意思，"无为"本义就是不要役使别人做什么。不驱使别人做什么，事情怎么做好呢？《老子》第二章："天下皆知美之为美，斯恶已；皆知善之为善，斯不善已。故有无相生，难易相成，长短相形，高下相倾，音声相和，前后相随。是以圣人处无为之事，行不言之教，万物作焉而不辞，生而不有，为而不恃，功成而弗居。夫唯不居，是以不去。"老子的意思是说：天下人都知道美之所以为美，就知道什么是丑了。都知道善之所以为善，就知道什么是不善了。所以有和无相比较而产生，难和易相比较而确定，长和短相比较而出现，高和下相比较而超越，音和声相互应和，前和后相互跟随。因此，聪明的人坚守不强迫别人做事情的原则①，施行不用言语的教化。结果天下万民都争先恐后地做起来。②有了收获不据为己有，万物长成而不占有它③，事情做成而不居功。④人人都不居功，所以人人都会有功。

可见，老子主张做领导的要做表率，天下人自然就会努力做好事情。

无为思想也不仅仅是道家的思想，儒家同样有这样的思想，孔子在很多地方都说了与"无为"思想相同的话，如：

《论语·为政》："子贡问君子。子曰：'先行其言而后从之。'"

《论语·为政》："或谓孔子曰：'子奚不为政?'子曰：'《书》云："孝乎惟孝，友于兄弟，施于有政。"是亦为政。奚其为"为政"?'"

《论语·颜渊》："季康子问政于孔子，孔子对曰：'政者，正也。子帅以正，孰敢不正?'"

《论语·子路》："子路问政。子曰：'先之劳之。'请益。曰：'无倦。'"

《论语·子路》："子曰：'其身正，不令而行；其身不正，虽令不从。'"

《论语·子路》："子曰：'苟正其身矣，于从政乎何有? 不能正其身，如正人何?'"

---

① "处"，马王堆帛书作"居"，是"坚守"之义。《左传·僖公二十八年》："不有居者，谁守社稷? 不有行事，谁扞牧圉?"

② 物，指人。我们今天还有"人物"一词。作是"为""做"的意思。辞，辞让。

③ 为，成也。如《春秋繁露·五行顺逆》："恩及鳞虫，则鱼大为。"凌曙注引卢注："为，成也。""恃"与"有""居"对文，应该是动词，意思应该与"有""居"近同，所以应该是"持"之误。

④ "功"是"事情"的意思，如《诗经·七月》："载缵武功。"毛传："功，事也。"

　　为什么老子、孔子都有"无为"的思想呢？因为这种思想是上古最基本的思想。人类社会早期没有等级观念，人人平等。"无为"的思想是人与人之间最朴素的思想，要求别人做到的，自己应该首先做到。进入阶级社会之后，虽然存在等级差别，但是，"无为"仍然是人们共同遵守的思想。所以，大禹治水，三过家门而不入；商汤求雨，身为牺牲赴火烧。这些都是古代的伟人用自身的行为在践行"无为"的思想。我们读《左传》，常常看到国君自己出现在战场上，选入中学教材的《曹刿论战》，鲁庄公就是与曹刿一起经历了"齐人三鼓"这场激烈的战斗的。战场上刀枪无情，任何人都随时面临死亡，国君与普通士兵都是一样的，国君同样上战场杀敌，这不就是所谓的"身先士卒"吗？

　　再比如，古代有为河神娶妻的风俗，中学语文教材选入了《西门豹治邺》一篇，就是讲述为河神娶妻的风俗。选为河神之妻，其实就是送死。然而我们读商代卜辞，看到卜辞中有以国王女儿作为牺牲的材料：

　　《合集》672 正："酚河三十牛，以我女。"

　　酚是祭祀之名，《合集》672 正说的是向河进行酚祭，用三十头牛，"以我女"与《合集》8974："……以我牛"的"以我牛"一样，都是作为祭祀的牺牲。

　　《合集》658："辛丑卜：于河妾。"

　　这条卜辞记载的就是为河神娶妾的事。通过与《合集》658 对比，我们判断"以我女"就是用我（这里的"我"是商王武丁）的女儿作为牺牲，是作为河神的妻子献给河神。哪有不爱女儿的父亲，河神重女色，现在我们有求于河神，就要投其所好，身为国王，先把自己的女儿献给河神，以后再从其他人家里挑选女子献给河神，老百姓就没有什么好说的了。

　　在古代中国，每年农耕时节到来之前，首先下地耕作的是国王一家人。《汉书·董仲舒传》："陛下亲耕籍田以为农先，夙寤晨兴，忧劳万民,思维往古,而务以求贤,此亦尧、舜之用心也。"这种传统,根据现有的材料可以上推到商代。商代的卜辞中有"作耤"的记载,就是商王亲耕示民的一种仪式。① 北京有先农坛,内坛观耕台前有一亩三分耕地,为明清时期皇帝行耤田礼时亲耕之地。② 帝王每年在春耕时节到来之前要率领家人和百官耕种他的一亩三分地,这就是"先农",是率天下力耕之意。国王都耕种了,天下百姓还能偷懒吗?大家都下地耕作了。

《战国策·赵策四》"赵太后新用事"章载,赵武灵王死后,赵孝成王刚刚即位,国事皆由赵太后主之。秦国欺负赵国孤儿寡母,加紧进攻赵国。赵孝成王向齐国求救,齐国坚持要用赵太后的小儿子长安君为人质才能出兵。赵太后听从了触龙的建议,使长安君为质于齐。当时的名人子义曰:"人主之子也,骨肉之亲也,犹不能恃无功之尊,无劳之奉,而守金玉之重也;而况人臣乎?"在国家危难之际,国王的亲人带头挺身而出,还有谁不愿意为国家赴汤蹈火呢?

可见,在上者带头,处下者自然不甘落后,所以古人不役使属下做什么而诸事皆井然有序向前推进,能够"无为(役)而无不为(作为,做成功)"。《老子·三十七章》:"道常无为而无不为。侯王若能守之,

---

① 裘锡圭. 关于商代宗族组织与贵族和平民两个阶级的初步研究 [M] //裘锡圭. 古代文史研究新探. 南京:江苏古籍出版社,1992:290-328.

② 百度百科"先农坛"条说:"北京有先农坛,有建筑群五组:1. 庆成宫;2. 太岁殿(含拜殿及其前面的焚帛炉);3. 神厨(包括宰牲亭);4. 神仓;5. 俱服殿。另有坛台四座:观耕台、先农坛、天神坛、地祇坛。这些组群建筑与坛台基本都坐落于内坛墙里,仅庆成宫、天神坛、地祇坛位于内坛墙之外,外坛墙之内。另外,内坛观耕台前有一亩三分耕地,为皇帝行耤田礼时亲耕之地。""祭祀先农和亲耕的传统,可以追溯到周朝,但不是每年举行。明清两代,成为国家重要的祭祀典礼。每年仲春亥日皇帝率百官到先农坛祭祀先农神并亲耕(称为耤田礼)。在先农神坛祭拜过先农神后,在俱服殿更换亲耕礼服,随后到亲耕田举行亲耕礼。亲耕礼毕后,在观耕台观看王公大臣耕作。"从百度百科的解释看,人们已经不知道"先农"之义,错把谷神当成"先农"了。"农"甲骨文作 𦣻,从 林,从 卩持 辰,本义为"耕田"。《说文解字》:"农,耕也。"

万物将自化。"说的就是这个道理。然而，这个道理，从事思想史研究的学者并没有懂啊。

在理解不了思想史关键词的同时，从事思想史研究的学者们理解思想史语言材料也是错误百出。如中华思想文化术语网解释"无为而治"说：不过度作为而把国家治理得很好。所举的例子是《论语·卫灵公》："子曰：'无为而治者，其舜也与！夫何为哉？恭己正南面而已矣。'"中华思想文化术语网把这句话翻译为，孔子说："能够无所作为而天下治理得很好的人，大概只有舜吧？他做了些什么呢？只是庄严端正地坐在天子之位上罢了。"这样的理解，有以下几点问题：

1. 把"无为"错误理解成"无所作为"；其实"无为"还是"不役使（别人）"的意思。

2. 把"夫何为哉"错误理解成"他做了些什么呢"。如果是"他做了些什么呢"这样的意思，孔子会说"彼何为哉"，"彼"是代词，指代舜。"夫何为哉"的"夫"不是代词，而是句首语气词，表示下面有议论。"何"是疑问词，表示反问，可以翻译为"为什么"。"夫何为哉"的意思是：为什么要役使（他人）呢？

3. 把"恭己正"这三个最关键的字忽略了。"恭"是"自己"的意思，与"己"同义词连用。同义词连用是古代汉语中非常常见的语言现象。"恭己正"前面的主语承前省略了，如果补出来就是"舜"。"［舜］恭己"就是舜自己。"正"就是"正直""公正"。"恭己正"就是说舜自己做到正直公正。《论语·颜渊》："季康子问政于孔子，孔子对曰：'政者，正也。子帅以正，孰敢不正？'"《论语·子路》："子曰：'苟正其身矣，于从政乎何有？不能正其身，如正人何？'"《论语·子路》："子曰：'其身正，不令而行；其身不正，虽令不从。'"正因为舜自己正，舜的政令不令而行，所以舜用不着强迫他人做什么，他只要坐于朝廷之上，天下就自然大治了。孔子并不是说舜什么事情也不做，孔子是强调自身正的重要性，舜做到了自身正，所以他用不着强迫他人做什么就天下大治了。

4. 标点错误。这段话的正确标点是："子曰：'无为而治者，其舜也与！夫何为哉？恭己正，南面而已矣。'"

通过我们上面的分析，可以发现从事思想史研究的学者误解思想史材料是何等之甚。

我也不是非要把过去的思想史研究说得一无是处，中国的古书是非常难懂的，像我们这样学习研究古汉语的学者，大学里、读研究生时上过许多古汉语方向的专业课程，后来就一直在古书里面摸爬滚打，我们尚且难以保证所有古书都能够看懂。从事思想史研究的学者们很多没有系统学习过古汉语方向的专业课，他们本身古汉语方面的知识就不全面，所以他们本身就很难读懂古书。可是他们偏偏选择去读最难懂的思想史材料，从事最艰深的思想史研究，所以他们理解不了古书，曲解古人思想，也在情理之中。

第二，中华优秀传统文化思想教育普及存在的问题。

中华优秀传统文化思想传承发展的基础是广大人民群众对于中华优秀传统文化思想的正确理解和接受，人民群众理解和接受中华优秀传统文化的条件是思想史研究者对于中华优秀传统文化思想正确的教育普及。可见，思想史研究和中华优秀传统文化思想的教育普及直接关系到党中央国务院实施中华优秀传统文化传承发展工程的重大决策能否取得预期成效。

一直以来，中华优秀传统文化思想教育普及效果不是很理想。我这样说是言过其实吗？不是。因为很多研究者理解不了思想史关键词的含义，不能向大众解释清楚思想史关键词的含义，这样，普通大众因为更加理解不了思想史名词的含义，人们就无法真正理解接受中华优秀传统文化思想，得不到中华优秀传统文化思想的教育启迪。

由于某些思想史研究者本身不会解释思想史名词含义，他们在向大众普及中华优秀传统文化思想或者阐述他对相关思想史问题的研究成果时，通常采用两个方法来巧妙地掩饰自己对于思想史名词含义的不解。

第一，他们把思想史名词打上引号，作为专有名词处理，因为是专有名词，所以作者就不需要对这些词做出解释了。这样，虽然某些思想史研究者自己可能不懂或者误解了相关思想史名词的含义，这些都不影响他写文章出专著。所以我们看某些思想史研究者的著作或者文章，里面通常是充满了引号，人们读这样的著作或者文章，只能掌握一些概念，却不知道这些概念的内涵是什么。

再如"仁"，研究许多思想史的学者们自己都理解不了"仁"的含义，他们写文章写著作向大众传播"仁"的思想，就把"仁"这样的思想史关键词当作专有名词处理，把它打上引号，因为是专有名词，所以著作和文章中就不需要对这个词做出解释了。这样，即使思想史研究者不懂"仁"的含义，他照样可以写关于"仁"的文章、写关于"仁"的著作。而我们作为读者读这样的文章或者著作，感觉他们就是在玩文字游戏，其文章和著作读起来头头是道，读完了却根本不知道他说了点什么道理。从他们的文章和著作中，我们知道孔子怎么说"仁"，孟子怎么说"仁"……可是"仁"是什么，我们却不知道。

第二，偷换概念。他们把不同的思想文化关键词随意换来换去。《人民日报》上有一篇《弘扬"义以为上"的传统美德》的文章，文章说儒家"在动机上反对'以义求利'"，"也就是说，反对在主观动机方面假仁义之名而行谋利之实"。文章接着又说："在特殊情况下应该牺牲利益而成就道义……最极端的情况，就是孔子所谓的'杀身成仁'、孟子所谓的'舍生取义'。孔子说：'志士仁人，无求生以害仁，有杀身以成仁。'孟子说：'生亦我所欲也，义亦我所欲也，二者不可得兼，舍生而取义者也。'也就是说，当遇到义与利发生尖锐冲突而不可调和的特殊情况时，志士仁人决不为了苟活而做出损害仁义的事情，而是宁可牺牲自己也要成仁践义"。

从语言学的角度说，文章中使用的词，只有意思相同的才可以相互替换。这位先生在文章中使用了"道义""仁义""义""仁"这几个词，含义是相同的吗？如果含义不同，怎么可以这样相互替换呢？"杀身成仁"和"舍生取义"也是一回事吗？我认为这位先生显然还没有搞清楚"道义""仁义""义""仁"这些词的含义，所以就在文章中随意地换来换去，也搞不清楚"杀身成仁"和"舍生取义"有什么不同。《弘扬"义以为上"的传统美德》的作者其实就是以其昏昏使人昏昏，作者自己都不知道"道义""仁义""义""仁""杀身成仁""舍生取义"这些词的含义，有多少读者又能知道这些词的意思呢。

总之，因为某些思想史研究者并不能真正理解古代思想家的思想，他们当然就不能正确有效地向大众传播中华优秀传统文化思想。

第三，断章取义和篡改古书的问题。

研究中国思想史的学者们，不但自己并没有真正正确理解古代思想家的优秀思想，在做学问的态度上还有极其严重的问题，断章取义、篡改古书现象在他们的著作和文章中十分普遍。

任何一个研究古代学术的学者都应该知道，忠实于古书原材料是做学问的基本要求，学术研究中的断章取义，是绝对不该有的事情。但是，从事思想史研究的学者们，对古书进行断章取义的现象普遍得很。如某部《中华优秀传统文化核心理念读本》，作者在 206 页节引《孟子·尽心上》"亲亲而仁民，仁民而爱物"，说孟子提出了"亲亲而仁民，仁民而爱物"的观点，意思是仁者应当由爱亲人而亲爱百姓，由爱百姓而爱惜万物，这就是典型的断章取义。《孟子·尽心上》："君子之于物也，爱之而弗仁；于民也，仁之而弗亲；亲亲而仁民，仁民而爱物。"孟子在前面明明是说君子仁民而弗亲民，经过作者这样的断章取义，就成了君子亲民了，跟孟子上面说的意思完全不一样了。

另外，"亲亲而仁民，仁民而爱物"的主语明明是"君子"，作者却把它改成了"仁者"，"仁者"和"君子"怎么可能是一回事呢！又如该书 199 页把《论语·学而》中有子说的"君子务本，本立而道生。

孝弟也者，其为仁之本与"说成是孔子的话。这些情况就是篡改古书了。

再如有位思想史研究者再思儒家"仁"与"礼"说：

> 孔子以"爱人"解释"仁"，便突出了仁在人与人之间的交往、沟通过程中的意义。后来孟子从恻隐之心、不忍人之心等方面发挥"仁"的观念，也体现了仁与情感凝聚的关联。另一方面，孔子又肯定"克己复礼为仁"，亦即以合乎"礼"界说"仁"。如上所述，"礼"以秩序为指向，合乎礼（复礼）意义上的"仁"，也相应地关乎理性的秩序。可以看到，"仁"和"礼"都包含理性秩序和情感凝聚的双重向度，但是二者的侧重又有所不同：如果说，"礼"首先指向理性的秩序，但又兼及情感的凝聚，那么，"仁"则以情感的凝聚为关注重心，但同时又涉及理性的秩序。

> 从仁与礼本身的关系看，二者之间更多地呈现相关性和互渗性，后者同时构成了儒学的原初观念。对原初形态或本然形态的儒学而言，首先，"礼"需要得到"仁"的引导。礼具体展现为现实的社会规范、社会体制，这种规范、体制的形成和建构，以实现仁道所确认的人的存在价值为指向。尽管礼在起源上关乎天人关系（沟通天人），但其现实的作用则本于仁，所谓"人而不仁，如礼何"便可视为对此的确认。①

《论语·颜渊》："颜渊问仁。子曰：'克己复礼为仁。一日克己复礼，天下归仁焉。为仁由己，而由人乎哉?'颜渊曰：'请问其目。'子曰：'非礼勿视，非礼勿听，非礼勿言，非礼勿动。'颜渊曰：'回虽不敏，请事斯语矣。'"作者不顾孔子与颜渊对话的上下文（抑或是不理解上下文），仅仅看"克己复礼为仁"这一句话，在断章取义的基础上

---

① 杨国荣. 再思儒学——回归"仁"与"礼"的统一［EB/OL］. 大夏学术网，2015-08-03.

得出结论，认为孔子是以合乎"礼"界说"仁"。

事实上，《论语》中记载孔子弟子问"仁"于孔子的材料很多，孔子回答弟子，都是在教育他们怎样做到"仁"（跟人搞好关系），根本不是定义"仁"的含义。再如：

> 《论语·雍也》："樊迟问知。子曰：'务民之义，敬鬼神而远之。可谓知矣。'问仁，子曰：'仁者先难而后获，可谓仁矣。'"
>
> 《论语·颜渊》："仲弓问仁。子曰：'出门如见大宾，使民如承大祭。己所不欲，勿施于人。在邦无怨，在家无怨。'仲弓曰：'雍虽不敏，请事斯语矣。'"
>
> 《论语·颜渊》："司马牛问仁。子曰：'仁者其言也讱。'曰：'其言也讱，斯谓之仁已乎?'子曰：'为之难，言之得无讱乎?'"
>
> 《论语·子路》："樊迟问仁。子曰：'居处恭，执事敬，与人忠。虽之夷狄，不可弃也。'"
>
> 《论语·卫灵公》："子贡问为仁，子曰：'工欲善其事，必先利其器。居是邦也，事其大夫之贤者，友其士之仁者。'"
>
> 《论语·阳货》："子张问仁于孔子。孔子曰：'能行五者于天下，为仁矣。'请问之，曰：'恭、宽、信、敏、惠。恭则不侮，宽则得众，信则人任焉，敏则有功，惠则足以使人。'"

颜渊问仁。子曰："克己复礼为仁。一日克己复礼，天下归仁焉。为仁由己，而由人乎哉?"颜渊曰："请问其目。"子曰："非礼勿视，非礼勿听，非礼勿言，非礼勿动。"颜渊曰："回虽不敏，请事斯语矣。"

这段文字，正确的理解是：颜渊问孔子怎样才能跟人搞好关系，孔子说："你只要克制自己，一切都按照礼的要求做，就能跟人搞好关系了。哪一天你做到了，天下人就会把能够跟人搞好关系的评价送给你。

能不能跟人搞好关系，决定于自己，哪里是决定于别人呢。"颜渊接着问孔子："具体在哪些方面要按照礼的要求做呢?"孔子说："看东西，如果不合礼的要求，就不看；别人在说话，如果不合礼的要求，就不听；自己想说话，如果不合礼的要求，就不说；想要做什么，如果不合礼的要求，就不做。"颜渊说："我虽然愚笨，我就按照您的话去做。"孔子哪里是在用"克己复礼"定义"仁"呢。

《论语·先进》："子路问：'闻斯行诸?'子曰：'有父兄在，如之何其闻斯行之?'冉有问：'闻斯行诸?'子曰：'闻斯行之。'公西华曰：'由也问闻斯行诸，子曰"有父兄在"；求也问闻斯行诸，子曰"闻斯行之"。赤也惑，敢问。'子曰：'求也退，故进之；由也兼人，故退之。'"孔子善于因材施教，总是根据弟子的不同个人情况教育他们。我在上面所引的弟子问"仁"材料，其实都是孔子教育弟子们怎样处理好与他人的关系。

樊迟问孔子怎样才能跟人搞好关系，孔子告诉他："你想得到什么，就先付出努力，你做到这样就可以说跟人搞好关系了。① 一个人如果老是想着不劳而获，跟人的关系肯定搞不好。"

仲弓问孔子怎样才能跟人搞好关系，孔子说："你做事不要随便，比方说你出门做事情就像是接待重要宾客一样不要随便，你让老百姓做事情就像承办重要祭祀大典一样不要随便。你做人要能够将心比心，你自己不想要的，就不要强加于别人。你要做到在国内没有人恨你，在你自己家里也没有人恨你。"仲弓说："我虽然愚笨，我就按照您的话去做。"②

司马牛问孔子怎样才能跟人搞好关系，孔子说："跟人关系搞得好

---

① 《论语·雍也》："樊迟问知。子曰：'务民之义，敬鬼神而远之。可谓知矣。'问仁，子曰：'仁者先难而后获，可谓仁矣。'"

② 《论语·颜渊》："仲弓问仁。子曰：'出门如见大宾，使民如承大祭。己所不欲，勿施于人。在邦无怨，在家无怨。'仲弓曰：'雍虽不敏，请事斯语矣。'"

的人，他们说话都不急躁。"司马牛又问："说话不急躁，这样就能够算得上跟人搞好关系了吗？"孔子说："要做到跟人搞好关系很难，说话能不克制一些吗？"（《论语·颜渊》："司马牛问仁。子曰：'仁者其言也讱。'曰：'其言也讱，斯谓之仁已乎？'子曰：'为之难，言之得无讱乎？'"）

樊迟问孔子怎样才能跟人搞好关系，孔子说："你只要关爱别人就能跟人搞好关系了。"（《论语·颜渊》："樊迟问仁。子曰：'爱人。'"）樊迟又问孔子怎样才能跟人搞好关系，孔子说："平常为人要恭敬，做事情要严肃认真，与人交往要诚实。你做到这些，即使到夷狄国家里去，人家也不会抛弃你的。"（《论语·子路》："樊迟问仁。子曰：'居处恭，执事敬，与人忠。虽之夷狄，不可弃也。'"）

子贡问孔子怎样才能做到跟人关系搞得好，孔子说："工匠想要把事情做好，一定要先把工具磨锋利。你在国家供职，你就结交那些有才能的大夫，跟那些与人关系搞得好的士人交朋友。"（《论语·卫灵公》："子贡问为仁，子曰：'工欲善其事，必先利其器。居是邦也，事其大夫之贤者，友其士之仁者。'"）

子张问孔子怎样才能跟人搞好关系，孔子说："能够处处按照五个方面的要求去做，就是跟人关系搞得好的人了。"子张问是哪五个方面。孔子说："恭敬、宽厚、诚实、勤敏、慈惠。为人恭敬就不会受到侮辱，待人宽厚就会受到大众拥护，做人诚实别人就会任用你，做事勤敏就容易有功，对人慈惠别人就愿意被你使唤。"（《论语·阳货》："子张问仁于孔子。孔子曰：'能行五者于天下，为仁矣。'请问之，曰：'恭、宽、信、敏、惠。恭则不侮，宽则得众，信则人任焉，敏则有功，惠则足以使人。'"）

我们正确理解了《论语》中记载的孔子弟子问"仁"的材料，就会发现这位学者，在做学问时根本不去读《论语》上下文（抑或是读不懂），单单抽出"克己复礼为仁"一句话，就认为孔子既以"爱人"

解释"仁",又以合乎"礼"界说"仁",进而推导出所谓"礼"需要得到"仁"的引导,"仁"本身也需要通过"礼"得到落实之类的仁与礼的关系。

我们再看看《孔子研究》中发表的《孔子之"仁"探源》这篇文章,文中也出现了类似的问题。

作者讨论孔子之"仁"的逻辑结构,认为孔子的"仁"首先是孝悌为始,仁体义动。作者论证孔子的"仁"首先是孝悌为始,所引用的第一个材料是:"其为人也孝弟,而好犯上者,鲜矣;不好犯上,而好作乱,未之闻也。君子务本,本立而道生。孝悌也者,其为仁之本欤!"(《论语·学而》)

《论语·学而》:"有子曰:'其为人也孝弟,而好犯上者,鲜矣;不好犯上,而好作乱者,未之有也。君子务本,本立而道生。孝弟也者,其为仁之本欤!'"对照《论语·学而》的原文,我们看看《孔子之"仁"探源》这篇文章的作者有什么问题。

1. 错误使用论证材料。作者讨论孔子"仁"的逻辑结构,引用的最重要的材料却不是孔子说的话而是有子说的话,怎么能够像这样从别人的话语中去提炼孔子的思想呢。

2. 作者引用《论语》有漏字:把"而好作乱者"的"者"字丢了。有改字:把"孝弟也者,其为仁之本欤"的"弟"改成了"悌"。还有篡改:把"未之有也"篡改成了"未之闻也"。

断章取义、篡改古书,这些问题为什么在思想史研究中就成了普遍现象呢?我想可能是有其客观原因的。

客观原因就是从事思想史研究的学者,普遍存在读古书比较困难的问题。裘锡圭先生说过:"搞古代思想史的人,往往古汉语并不怎么通。"① 也有其他先生说过类似的话。总之，从事思想史研究的学者往往读不懂古书，很多学者干脆就不系统地读古书了，反正读也读不懂。读不懂古书，怎么去研究古代思想家的思想呢？他们在做学问时就从古书里面摘几段话来证明自己的观点就可以了，有时候连上下文都不看，断章取义，篡改古书都成了他们的家常便饭。

第四，为什么思想史名词常常被误解，古代思想家思想常常被曲解？

思想史名词是思想史发展过程中形成的高度抽象的名词，这些名词在古代文献中常常是以专有名词的形式出现的，人们无法像探求一般古汉语词语意义那样通过搜罗比较多的用例推求出思想史名词的意义来。如：

> 《左传·僖公三十年》："因人之力而敝之，不仁；失其所与，不知；以乱易整，不武。"

王力先生主编《古代汉语》于"以乱易整，不武"下加注释说："这里的'武'和上文的'仁'，都是上古时的抽象的道德观念。"② 可见，像"仁""武"这样的名词，王力先生就解释得比较含糊。

> 《论语·学而》："有子曰：'其为人也孝弟，而好犯上者鲜矣。不好犯上，而好作乱者，未之有也。君子务本。本立而道生。孝弟也者，其为仁之本与？'"

这句话是"仁"在《论语》中首次出现的地方，杨伯峻先生《论语译注》对"仁"的注释是："'仁'是孔子的一种最高道德名称。""孝弟也者，其为仁之本与？"杨伯峻先生翻译为："孝顺爹娘，敬爱兄

---

① 见裘锡圭先生 2004 年 11 月在复旦大学讲演的整理稿《谈谈进行古代语文的学习和研究的一些经验教训——基础要扎实些，考虑要全面些》，刊发于复旦大学出土文献与古文字研究中心网站。

② 王力. 古代汉语（第一册）［M］. 北京：中华书局，1999：22.

长，这就是'仁'的基础吧！"可见，"仁"的含义到底是什么，杨伯峻先生没有充分解释清楚。

连王力先生、杨伯峻先生这样的古汉语大师都有一些不能理解的思想史名词，我们实在不该强求从事思想史研究的学者一定要能够理解正确。可以说，思想史名词常常被误解，古代思想家思想常常被曲解是过去的学术研究还没有进步到足以解决人们误解思想史名词含义、曲解古代思想家思想的水平，不是思想史研究一个领域的问题。只不过，因为思想史研究者本身古汉语基础更加薄弱一些，这些问题在思想史研究领域更加突出一些罢了。

第三节   中国思想史研究的出路

思想史研究中误解思想史名词含义，曲解古代思想家思想的问题怎么解决呢？中国思想史研究的出路在哪里？

清代著名学者戴震说："经之至者道也，所以明道者其词也，所以成词者字也。由字以通其词，由词以通其道。"① 戴震又说："由文字以通乎语言，由语言以通乎古圣贤之心志，譬之适堂坛之必循其阶而不可以躐等。"② 可见，理解先贤经典著作中的字词是把握先贤思想的基础。中国思想史研究的出路，就是要由古书中的字词出发，把古人的语言理解正确，尤其是把思想史关键词的含义理解正确，在正确理解古代思想家语言的基础上，去总结古代思想家的思想。因此，考释人们难以理解的思想史名词含义，在此基础上总结重要思想家的相关思想，为思想史

---

① 戴震 . 与是仲明论学书［M］//载戴 . 戴震全书：第陆册［M］. 合肥：黄山书社，2010：368.

② 戴震 . 古经解钩沉序［M］//载戴 . 全书：第陆册［M］. 合肥：黄山书社，2010：375.

研究者扫清理解古书的语言障碍，就成为了当务之急。

根据我的研究体会，要正确解释古代文献中疑难词的含义，研究者必须具备汉字表意理论知识，能够结合相关古文字形体表意分析，正确把握古代文献中的疑难词所使用的汉字最初的本义，并结合汉字字义发展规律推求出字可能会具有的引申义，再结合训诂学考求词义的方法，就有可能明白一个词在古代文献中使用的具体意义，从而正确解释古代文献中疑难词的含义。

如"仁"的意义，历代学者都说不清楚。研究过古文字形体表意，我们知道，古文字结构是一模一样的两个部件组合，所表示的意义有时候是部件所代表的事物两者之间的关系。仁，甲骨文作 🄀，"二"为重文符号，如周代铜器铭文"子子孙孙"往往作"子二孙二"。故"仁"实从二"人"。"仁"之所以要使用重文符号，应该是为了不使字的形体与"从""比"混淆。"仁"从二"人"，其本义会不会是"人与人之间的关系"呢？因为目前关于"仁"的甲骨卜辞材料极其有限，我们没法知道"仁"在卜辞中的意义。我们试着用这样的理解去读《论语》，发现《论语》中使用"仁"的句子全部都能够解释通顺。说明"仁"的本义很可能就是"人与人之间的关系"，做动词用就表示"处理好人与人之间的关系"。

我们按照这样的理解去读一读《论语》和其他著作看看。

《论语·学而》："有子曰：'其为人也孝弟，而好犯上者鲜矣。不好犯上，而好作乱者，未之有也。君子务本。本立而道生。孝弟也者，其为仁之本与！'""孝弟也者，其为仁之本与"就是说孝顺爹娘，敬爱兄长，这就是处理好人与人之间关系的基础吧。一个人如果与父母兄弟都处理不好关系，他怎么可能处理好与其他人的关系？所以说处理好与父母兄弟的关系是处理好人与人之间关系的基础。

《论语·学而》："子曰：'巧言令色，鲜矣仁。'"夸夸其谈的人，人们一般都不怎么喜欢，所以，一个人巧言令色，就很少能够与人搞好关系了。

《论语·雍也》："樊迟问知。子曰：'务民之义，敬鬼神而远之。可谓知矣。'问仁，子曰：'仁者先难而后获，可谓仁矣。'"樊迟问孔子怎样才能跟人搞好关系，孔子告诉他："你想得到什么，就先付出努力，你做到这样就可以说跟人搞好关系了。"《论语·颜渊》："樊迟问仁。子曰：'爱人。'"樊迟过一段时间再问孔子怎样才能跟人搞好关系，孔子说："你只要关爱别人就能跟人搞好关系了。"《论语·子路》："樊迟问仁。子曰：'居处恭，执事敬，与人忠。虽之夷狄，不可弃也。'"樊迟又问孔子怎样才能跟人搞好关系，孔子说："平常为人要恭敬，做事情要严肃认真，与人交往要诚实。你做到这些，即使到夷狄国家里去，人家也不会抛弃你的（意思是都跟你关系很好）。"孔子擅长因材施教，他常常根据学生的不同情况告知学生怎样跟人搞好关系。

《论语·里仁》："子曰：'里仁为美，择不处仁，焉得知？'""里仁"就是乡里人与人关系处理得好，这就相当于我们现在说的"邻里和睦"，所以孔子说"里仁为美"。我们挑选居住地，谁不想找一个人与人关系融洽的居民区啊？

我们再去解释其他文献，发现同样能够解释通顺。如《左传·宣公十二年》："伍参言于王曰：'晋之从政者新，未能行令。其佐先縠刚愎不仁，未肯用命，其三帅者专行不获，听而无上。众谁适从？此行也，晋师必败。'""刚愎""不仁"同义词连用，说明"不仁"就是指刚愎自用，一个人如果刚愎自用，就跟人搞不好关系，所以不仁。《左传·僖公三十年》："子犯请击之（指盟国秦国），公曰，不可。微夫人之力不及此。因人之力而敝之，不仁；失其所与，不武。"晋文公和秦穆公一起围困郑国，郑国派使者说服秦穆公撤军，秦穆公果然撤军。子犯向晋文公请求攻击不讲信用的秦穆公，晋文公说："当年我是凭借秦穆公的力量做了晋国国君的，现在我反过来攻打秦国，不仁。"

凭借秦穆公的力量做了国君又反过来攻打秦国，不可能处理好与秦国与秦穆公的关系，故曰"不仁"。《孟子·滕文公上》："为天下得人谓之仁。"治理天下深得民心，这样的人肯定是会处理人际关系的人，所以孟子说：治理天下深得民心，就能称得上是会处理人与人关系的人。

汉代大儒董仲舒《春秋繁露·仁义法》曰："仁之法在爱人，不在爱我。"人们过去把"仁"的含义错误理解成"爱"或者"爱人"，按这样的意思去理解董仲舒的话，就不好理解了。我们现在理解起来就很容易：处理好与别人关系的方法在于爱别人而不在于爱我自己。一个人处处能够为别人考虑，还有谁不想和你搞好关系啊？

可见，按照我对"仁"的考证，古书中的句子可以解释得非常通畅，这就证明我的考证是正确的。"仁"的本义确实是"人与人之间的关系"，做动词用就表示"处理好人与人之间的关系"。

再如"礼"，古文字作𧯆，从二𡆥、𠀎，𠀎是鼓，鼓是祭祀使用的物品。《说文·豊部》："豊，行礼之器也。""豊"的本义不是"行礼之器"，而是使用鼓、玉等行礼之器表达"祭祀"的概念。① 《合集》27459："壬戌卜；狄贞：王父甲……其豊，王受有佑。大吉。""其"的后面应该是个动词，所以这里的"豊"就是祭祀的意思。"豊"后来孳乳出"禮"，《说文·示部》："礼，履也。所以事神致福也。"

礼的本义是祭祀，祭祀有一定的规程、秩序、规范，所以，"礼"引申出规程、秩序、规范这样的意义，人们把规程、秩序、规范统称为"礼"。《礼记·丧服四制》："凡礼之大体，体天地，法四时，则阴阳，顺人情，故谓之礼。"《左传·昭公二十五年》："礼，天之经也，地之义也，民之行也。"《礼记·乐记》："礼者，天地之序也。"《白虎通

---

① 从字形上看，似乎玉是放在鼓上面的，所以有人认为是鼓上饰玉。鼓在使用时是要有力击打的，震动非常厉害，鼓上饰玉，很快就会掉落下来。因此，古人是不会在鼓上饰玉的。古文字上下结构往往表示前后位置关系，豊字的上下结构，其实表示鼓和玉摆放在一起，不是把玉放在鼓上，也不是在鼓上饰玉。

义·礼乐》："礼之为言履也，可履践而行。"《论语·雍也》："约之以礼。"刘宝楠《论语正义》："礼也者，履也，言人所可履行之也。"《大戴礼记·曾子大孝》："礼者，体此者也。"孔广森补注："分布于事各有条理谓之礼。"这些"礼"都是指"规程""秩序"。

《荀子·大略》："礼也者，贵者敬焉，老者孝焉，长者弟焉，幼者慈焉，贱者惠焉。"《礼记·王制》："冬夏教以诗书。"郑玄注："书者言事之经，礼者行事之法。"扬雄《法言·寡见》："说体者莫变乎礼。"李轨注："礼，正百事之体也。"《春秋繁露·奉本》："礼者，继天地，体阴阳，而慎主客，序尊卑、贵贱、大小之位，而差内外、远近、新旧之级者也。"《春秋繁露·天道施》："礼，体情而防乱者也。"这个"礼"就是"规范"的意思。

祭祀必有物品，所以"礼"又引申指物品。《仪礼·聘礼》："礼，玉束帛乘皮。"《礼记·表记》："无礼不相见也。"郑玄注："礼，谓挚也。"孔颖达疏："礼谓赞币也。"《国语·齐语》："故使轻其币而重其礼。"韦昭注："礼，酬宾之礼也。"

又如我们通过对"为"的古文字形体表意分析，知道"为"的本义是"役使"。再结合《老子》中的相关论述，我们就能够确定老子所谓的"无为"，就是指不要役使别人做什么。

学术研究总是不断进步的，古书中的许多问题，古人解决不了，在王力先生他们那个时代也无法解决的。因为王力先生他们那个时代有两个很关键的局限。第一，那个时代还没有人总结考求词义的训诂方法，第一个总结考求词义训诂方法的是著名训诂学家先师郭在贻先生，此成果出版于 1986 年①，没有考求词义的训诂方法，就不怎么会做考求古书中词义的事情，对付古书中的疑难字词问题，就更是无能为力了。第二，王力先生他们那个时代古文字学研究的成果还很有限，特别是古文

---

① 郭在贻. 训诂学 [M]. 长沙：湖南人民出版社，1986.

字表意分析的理论与方法，在那个时代还没有。古文字表意分析的理论
与方法，是我潜心研究几十年的成果，最早见于我的《汉字学的新方
向》。① 王力先生他们那个时代没有考求词义的训诂方法，没有古文字
表意分析的理论与方法，那个时代的学者对付古书中的疑难问题，常常
只能是望洋兴叹了！

　　因此，思想史名词含义不是不可理解，只要研究者掌握汉字表意理
论，掌握比较多的训诂方法，正确考求出思想史名词含义是有可能的。

　　综上所述，我大胆提出中国思想史研究的出路。

　　第一，与语言研究者合作，结合汉字表意理论努力解释清楚思想史
关键词含义。从事哲学思想史研究的学者，应该主动与语言研究者合
作，运用汉字表意理论成果，探明相关古文字造字时的本义，继而熟悉
其引申义，然后与文献中这个字的用法一一对应，这样就能够知晓这个
字在文献中的具体意义。

　　中国古代思想史上形成的中华思想文化关键词含义之所以难以解
释，是因为这些词通常都是以专有名词的形式出现在古书中，这样，无
论我们从古书中搜罗多少例子，都无法推断出这些中华思想文化关键词
的含义。但是，无论一个词是以专有名词的形式还是以普通词的形式存
在于古书中，这个词都必须用一个汉字来表示。掌握了汉字表意理论，
就可以更加准确地把握古文字形体所表达的本义。我们通过研究记录这
些中华思想文化关键词的汉字的本义，并且结合汉字字义引申的一般规
律，就可以掌握记录这些中华思想文化关键词的汉字的本义和可能有的
引申义。某个中华思想文化关键词的含义，如果不是记录这个中华思想
文化关键词的汉字的本义，就一定是这个汉字的某一个引申义。我们只
要把这个汉字的本义和可能有的引申义放入古书的相关句子中，看看用
哪一个意义可以把古书中的相关句子解释通顺，那么，这个意义就是这

---

　　① 陆忠发. 汉字学的新方向 [M]. 杭州：浙江大学出版社，2009.

个中华思想文化关键词的含义。这样，我们就可以把中华思想文化关键词的含义解释清楚了。

第二，从读古书的能力方面说，从事思想史研究的学者普遍缺少这方面的能力培养，这样一代又一代的从事思想史研究的学者就都难以胜任思想史研究工作。因此必须在大学里的相关专业开设《古代汉语》或者《中国思想史文选》之类的课程，相关教材的编者应该具备非常好的古代汉语基础，具备结合汉字表意理论研究古书疑难字词的能力。

第三，在正确把握思想史名词含义基础上，用通俗易懂的语言总结古代思想家的思想，把跨越时空的思想理念、价值标准、审美风范转化为人们的精神追求和行为习惯，从而形成向上向善的社会风尚，"让中华文化展现出永久魅力和时代风采"。

第六章

汉字表意理论与文物考古学研究

文物考古学与古文字和古代语言学关系十分密切，考古获得的文物都是古代社会生活的一部分，这些古代社会生活中的事物与当时的语言存在对应关系，考古工作者需要找到这种对应关系，才能正确判断文物的性质。所以，研究文物考古学就不能不研究古文字学和古代语言学。因此，汉字表意理论对于文物考古学具有重要价值。

第一节　正确确定考古获得的实物与
语言中具体字词的对应关系

对于文物考古工作者来说，由于缺乏必要的汉字表意知识，他们就把握不了考古获得的实物与语言中具体字词的对应关系，导致考古挖出来的东西是什么，他们并不知道。如中国夏商周考古发现了很多建筑群，考古学界的称名不一致，有的叫"宫室"（如二里头宫室），有的叫宗庙（如凤雏西周宗庙、马家庄秦公宗庙），有的叫"朝寝"（如马家庄秦公朝寝），更多的是称为"宫殿"，等等；如果建筑群外面有围墙，就称为"宫城"（如洹北商城的"宫城"）。称名的不统一，实际上是考古学界对于这些建筑的性质认定不清楚的表现。

我们上面提到的这些建筑群，"二里头宫室""凤雏西周宗庙"和

"马家庄秦公朝寝"是宫城，"马家庄秦公宗庙"和洹北商城的"宫城"是军营。这两类建筑群都具有非常明显的特征，如果我们认识了这些特征，再与语言文字取得对应，这些建筑群的性质就很容易认定。下面我就谈一谈这些建筑群的认定，以方便考古学界正确确定建筑群的性质。

一、宫城的认定

我们首先需要定名。什么是"宫城"？不是说建筑群外面有围墙，就称为"宫城"。"宫城"是一个专有名词，它是帝王及其家人生活居住、帝王与大臣朝会处理政务的城中之城，相当于北京城中的紫禁城。

宫城在周代文献中有专门的名字，叫"国"或者"都"。《左传·隐公元年》："都城过百雉，国之害也。先王之制：大都不过参国之一；中五之一；小九之一。""都"是宫城，"大都不过参国之一"的"国"也是宫城。①

宫城雏形是"国"，甲骨文"国"作 ，字造字之初，其本义就是国王或者部族首领的居穴。②

国王或者部族首领的居所经历了一个不断发展的过程，先是比较大的居穴，如西安半坡"大房子"（F1），后来发展为地面建筑，到大地湾 F901 发展为有寝有廷有朝以及必要的附属建筑的房屋群；"寝"是居住的房屋，"廷"是君臣处理政务的大空间厅堂，"朝"是宫殿下面的广场。③ 夏商之交的二里头遗址，用附属建筑把寝、廷、朝合围起来形成一个城，使得国王居所变成真正的城——宫城，以后的历代国王居所就都是宫城了。

---

① 陆忠发. 都邑考［J］. 杭州师范学院学报，2005（2）. 周代国王的宫城对老百姓开放，这里常常聚集很多人，所以周代宫城又叫"都"。
② 陆忠发. 国字本义考［J］. 杭州师范大学学报，2012（6）.
③ 陆忠发. 朝廷本义考［J］. 语言研究，2005（4）.

因为寝、廷相连，当国王（或者部族首领）与臣僚办公时会影响国王（或者部族首领）家人的生活，到武汉盘龙城遗址，寝、廷出现了分离，最终到周王的凤雏宫城，寝、廷完全分离，各自独立，廷把朝分割为外朝和内朝，内朝的中间有一条连通廷和后面的寝的道路，把内朝一分为二，成为所谓的"治朝"和"燕朝"，合起来就是所谓的"天子三朝"（参考后面西周凤雏宫城图和对朝廷具体位置的解说）。① 中国宫城的四合院格局基本形成。

宫城有如下两个重要特征：

第一，宫城是小城，一般只有几千至数万平方米。

夏商两代宫城的大小文献无所考。二里头遗址，整个宫城坐落在一个东西长 108 米、南北长 100 米的夯土台基上，其宫城充其量只有10800 平方米；盘龙城宫城夯土台南北长 100 米、东西宽 60 米，其宫城充其量只有 6000 平方米。周代对各级诸侯的宫城大小有明确规定，我们前面引《左传·隐公元年》说"先王之制：大都不过参国之一；中五之一；小九之一"这个"先王之制"很可能就是周公制礼作乐时制定的规定。《礼记·坊记》："故制：国不过千乘，都城不过百雉，家富不过百乘。以此坊民，诸侯犹有畔者。"在周代，小的宫城的周长只有百雉，古城墙长一丈高一丈为一堵，三堵为一雉，百雉，周长三百丈的墙罢了。② 据闻人军先生考证，《考工记》中记载的尺度，是小尺系统的齐尺，1 尺相当于米制的 19.7 厘米。③ 如此，三百丈不足 591 米，也就是说，小诸侯的宫城（都）周长只有几百米，即使是周王的宫城（国）周长最多是小诸侯的宫城周长的 9 倍，即 5319 米罢了。这样，周

---

① 在周代，外朝是对老百姓开放的。

② 张世禄先生主编的《古代汉语教程》（复旦大学出版社 2005 年版）和徐正考、付亚庶先生主编的《古代汉语》（北京师范大学出版社 2011 年版）把"雉"注释成古代计算城墙面积的单位，是错误的。

③ 闻人军．《考工记》齐尺考辨 [J]．考古，1983（1）．

王的宫城大小最多只有 170 多万平方米，即 1.7 个平方公里多一点。

所以，宫城相对于几十个平方公里的都城而言①，是一座小城。它是都城中的城中城。

第二，宫城必有廷。

宫城是国王一家人居住的，不需要太大的地方，所以只是一座小城。宫城同时又是国王与大臣朝会处理政务的地方，所以宫城之中必须有一个大空间建筑——廷供君臣朝会使用。按照夏商周时期的建筑条件，这个大空间建筑除了四周有柱子支撑屋盖，其空间内部一般也有柱子支撑屋盖。相对于一般的面积只有十几个平方米的房屋来说，廷这个大空间建筑是宫城最典型的特征。

不过，上面我所说的这些，只是我的"一家之言"。我在前面说过，"朝"是宫殿下面的广场，"廷"是君臣处理政务的大空间厅堂。这是我 2005 年在《朝廷本义考》一文中考证得出的结论，这个结论与汉代以来所有学者的认识都是不同的。

汉代以来学者认为"朝""廷"没有区分，古代君臣处理政务是在露天的广场中进行，不是在大空间厅堂中进行。这种说法明明不可信，为什么历代学者都深信不疑呢？因为这种说法是有可靠的文献依据的。

《公羊传·宣公六年》："灵公为无道，使诸大夫皆内朝，然后处于台上，引弹而弹之，已趋而辟丸。"这事《左传·宣公二年》记曰："晋灵公不君……从台上弹人，而观其避丸也。"可见晋灵公确曾在朝前的高台上用弹弓弹人取乐。那么，这个朝的旁边一定有高台，古代夯土的高台之上，往往是木结构的宫殿建筑，如凤雏西周宫城就是这样。所以，晋灵公很可能是让大夫们都站在朝中，自己站在宫殿的高台上用弹弓弹人，而观他们奔跑避丸用以取乐的，这样看来，这个朝应该就在

---

① 东周洛阳王城，其城墙今仅北城城墙尚有一些保存，其东西长度约 2890 米；河南新郑的郑国和韩国故城遗址，东西约长 5000 米，南北宽 4500 米，该城大约 22.5 平方公里。

宫殿之下。《仪礼·公食大夫礼》："宾朝服拜赐于朝。"注："朝谓大门外。"这也表明朝就在宫室门外。

《左传·庄公二十五年》："日有食之，于是乎用币于社，伐鼓于朝。"伐鼓是祭天的行动，祭天均在空旷无遮挡、头上即天空的环境中进行，所以据此我们可以断定：朝就是宫室前的空地，上面没有任何建筑。

《左传·襄公二十五年》："郑子展、子产帅车七百乘以伐陈……子展命师无入公宫，与子产亲御诸门。陈侯使司马桓子赂以宗器，陈侯免拥社，使其众男女别而累以待于朝，子展执絷而见。"这朝中还能驾驶战车，说明"朝"一定是在宫殿的下面，否则马车如何上得了台阶？

就史料所载言之，"朝"有以下功用：

第一，祭天地山川之所。

《左传·庄公二十五年》："日有食之，于是乎用币于社，伐鼓于朝。"伐鼓乃是古人祭天方式的一种。

《礼记·曾子问》："孔子曰：'诸侯适天子，必告于祖，奠于祢；冕而出视朝，命祝史告于社稷、宗庙、山川。乃命国家五官而后行。道而出。……诸侯相见，必亲告于祢，朝服而出视朝，命祝史告于五庙所过山川。亦命国家五官，道而出。'"商周之时，祭天乃常事，然而考古并未见有类似北京天坛这样的祭天之所，我们现在才明白，原来祭天在朝中举行。

第二，举行大型活动的场所。

《礼记·月令》："是月也，以立春。先立春三日，太史谒之天子，曰：'某日立春，盛德在木。'天子乃齐。立春之日，天子亲帅三公九卿、诸侯、大夫以迎春于东郊。还反，赏公卿、诸侯、大夫于朝。命相布德和令，行庆施惠，下及兆民，庆赐遂行，毋有不当。乃命太史，守典奉法，司天日月星辰之行，宿离不贷，毋失经纪，以初为常。"这是天子在朝向公卿、诸侯、大夫发布命令。

《左传·成公十八年》："二月乙酉朔，晋悼公即位于朝。"这是诸侯在朝举行即位大典。

第三，布告大事之所。

《左传·桓公十七年》："冬十月朔，日有食之。不书，日官失之也。天子有日官，诸侯有日御。日官居卿以厎日，礼也。日御不失日，以授百官于朝。"杨伯峻《春秋左传注》曰："天子之日官定历以颁于诸侯，诸侯之日御奉之以授百官。"

《左传·宣公二年》："乙丑，赵穿攻灵公于桃园，宣子未出山而复。大史书曰：'赵盾弑其君。'以示于朝。宣子曰：'不然。'对曰：'子为正卿，亡不越竟，反不讨贼，非子而谁？'"国君被弑，亦国之大事。

第四，居民游玩之所。

王城之中，最为宏伟的建筑即王之宫城，这里当然是市民向往之所，估计帝王会开放一部分朝，让市民游玩观赏。《周礼·考工记·匠人》："匠人营国，方九里，旁三门。国中九经九纬，经涂九轨。左祖右社，面朝后市，市朝一夫。"郑玄注"左祖右社，面朝后市"曰："王宫所居也。"王的宫室前为朝，后为市，这样的设计可能是有目的的。《战国策·齐策》"邹忌修八尺有余"章曰："王曰：'善。'乃下令：'群臣、吏民能面刺寡人之过者，受上赏；上书谏寡人者，受中赏；能谤议于市朝，闻寡人之耳者，受下赏。'"

《周礼·秋官·小司寇》："小司寇之职，掌外朝之政，以致万民而询焉。一曰询国危，二曰询国迁，三曰询立君。其位：王南乡，三公及州长、百姓北面，群臣西面，群吏东面。……以五声听狱讼，求民情：一曰辞听，二曰色听，三曰气听，四曰耳听、五曰目听。以八辟丽邦法，附刑罚：一曰议亲之辟，二曰议故之辟，三曰议贤之辟，四曰议能之辟，五曰议功之辟，六曰议贵之辟，七曰议勤之辟，八曰议宾之辟。以三刺断庶民狱讼之中：一曰讯群臣，二曰讯群吏，三曰讯万民。听民之所刺宥，以施上服下服之刑。"

《周礼·秋官·朝士》："朝士掌建外朝之法，左九棘，孤、卿、大夫位焉，群士在其后；右九棘，公、侯、伯、子、男位焉，群吏在其后；面三槐，三公位焉，州长众庶在其后。左嘉石，平罢民焉；右肺石，达穷民焉。帅其属而以鞭呼趋且辟。禁慢朝、错立族谈者，凡得货贿、人民、六畜者，委于朝，告于士，旬而举之，大者公之，小者庶民私之。"

根据这些记载，我们可以知道，外朝是对外开放的，百姓可以在这里将他们的意见传达到国君那里，这里甚至还是王城中设立的"失物招领"之所，百姓若不能来去自由，这外朝便没有这些功能了，所以我们可以断定，外朝为开放之所。也正因为如此，齐王才有可能在市、朝听到百姓的谤议；国君向官民布告大事，很有可能也是在外朝。

由以上材料可推知"朝"是宫城内宫殿台阶下的露天大广场。

"朝"是露天大广场，"廷"又在哪里呢？东汉许慎《说文解字》："廷，朝中也。"《楚辞·九思·逢尤》："虎兕争兮于廷中。"东汉王逸注："廷，朝廷也。"可见，"廷"就在露天大广场的中央。

基于这样的认识，后人由此推导出来的古代朝会制度也是十分荒唐的——遇到下雨天，君臣就不朝会处理政务了。例如，明代张自烈《正字通·廴部》曰："廷，古者廷不屋，诸侯相朝，雨沾衣失容则废，后世始屋之，故加广，廷、庭实一字也。"清代段玉裁《说文解字注》"廷"下注释说："朝中者，中于朝也。古外朝、治朝、燕朝皆不屋。在廷，故雨沾服失容则废。"既然"朝"是宫殿下面的露天广场，处于"朝"之中的"廷"自然也不是屋，在露天当中。古代君臣在朝廷中处理政务，就是在一片空地的中央处理政务，遇到下雨天当然就停止处理政务了。

目前，在考古学界，凡是说到朝廷，学者们的认识都因为受到汉代以来学者的错误认识的影响而出现错误。

如陕西雍城考古队于 1983 年冬至 1984 年秋，在西距马家庄一号建筑群约 500 米处发现了三号建筑群，经过详细钻探，现已查明三号建筑群的地下遗存情况。遗址长 326.5 米，北端宽 86 米，南端宽 59.5 米，面积 21849 平方米。① 钻探图如下：

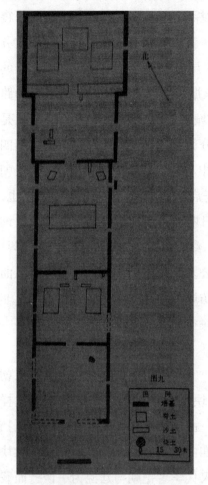 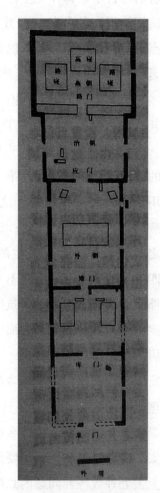

图6-1　秦都雍城三号建筑群钻探图②　　图6-2　韩伟先生对三号建筑群钻探图的考释图③

《秦都雍城钻探试掘简报》绘制的三号建筑群钻探图，其中有六大块夯土地基，还有一些小的夯土地基，凭借常识可知，这些夯土地基上面显然都是宫殿建筑。

① 陕西省雍城考古队. 秦都雍城钻探试掘简报［J］. 考古与文物，1985（2）.
② 图片取自陕西省雍城考古队. 秦都雍城钻探试掘简报［J］. 考古与文物，1985（2）.
③ 图片取自韩伟. 秦公朝寝钻探图考释［J］. 考古与文物，1985（2）.

　　著名考古学家韩伟先生作《秦公朝寝钻探图考释》，对《秦都雍城钻探试掘简报》绘制的三号建筑群钻探图进行考释，文中认定的朝寝就相当于我所说的宫城，既然是宫城，就必然会有一个供君臣处理政务的"廷"。但是，韩先生文章从头到尾都没有指出君臣处理政务的"廷"在哪一块夯土地基这里，而是依据焦循"凡朝皆廷也，其堂为路寝，其廷为燕朝"之说指出了这座宫城中最大的三块空地，说这就是三朝："第五曲城内，相当于中廷部分就是'燕朝'。治朝则是在第四曲城的中空部分；外朝则是第三曲城中心建筑以南的空地部分。"三朝的作用是什么呢？韩伟先生又依据任启运说，认为"内朝，路寝也，又谓燕朝，宗人嘉事行于此；治朝，日听政事所在；外朝，则有大政询万民之朝也"。按照韩伟先生的考释，秦公每日与大臣处理政务，都是在第四曲城的中空部分。我不知道秦公及其大臣们，为什么放着第三曲城中那么大的夯土地基上建筑的可以防风挡雨遮太阳的建筑物不用，非要跑到第四曲城的中空部分那个一大块空地上去处理政务。这明显是一个荒唐的结论。

　　所以，按照汉代以来学者的说法，宫城之中不需要有一个供君臣朝会处理政务的大空间厅堂，只要有几块空地就可以了。事实不是这样的，秦公及其大臣们，为什么放着第三曲城中那么大的一个可以防风挡雨遮太阳的建筑物不用，非要跑到第四曲城的中空部分，即那个一大块空地上去处理政务？问题的总根源是汉代学者把朝与廷混为一谈，而我们现代学者又不会分析"廷"的古文字形体表达的是什么建筑，于是就顺着汉代学者的错误得出古代君臣处理政务是在露天的空地上进行的荒唐透顶的结论来。

　　其实，如我所说，"朝"与"廷（亦作'庭'）"本来有严格的区分。但是，从汉代开始，语言中"朝""廷"不分，人们把"朝""廷"混为一谈。例如，《汉书·赵充国传》："朝庭每有四夷之议，常与参兵谋，问筹策焉。"王充《论衡·量知》："默坐朝庭，不能言事。"

这两个材料中的"朝庭"，实际上相当于上古文献中说的"廷"。《汉书·元后传》："内怀奸邪，欲筦朝政。"这里的"朝"也相当于上古文献中说的"廷"。凡此都说明汉人已经笼统地把古代君臣谋议政务的地方称为朝廷，不再区分"朝"与"廷"。汉代学者注释前代古籍中的"廷"也直接解释为"朝廷"，如《楚辞·九思·逢尤》"虎兕争兮于廷中"，王逸注："廷，朝廷也。"这说明汉代学者已经不知道上古"朝"与"廷"有什么区别。

从前面罗列的汉代以前文献使用情况看，上古的"朝"应该是一个空旷的露天广场。《说文解字》："廷，朝中也。"这个解释其实没有错，但是有缺点，许慎只是说了"廷"的位置，没有说明"廷"的内涵。① "朝"是一个空旷的露天广场。汉代以后的学者再结合《说文解字》对"廷"的解释，就得出了十分荒唐的结论来——古代君臣在露天广场中央朝会、处理政务，遇到下雨天，君臣就不朝会处理政务了。

古代君臣朝会到底是不是在露天的空地上？什么是"朝"？什么是"廷"？到底是我的"一家之言"正确，还是汉代以来学者们共同的认识正确？孰是孰非，有没有办法验证呢？有。

出土青铜器铭文是我们最可靠的证据，出土青铜器铭文表明古代君臣朝会是在大室之内，不在露天当中进行。下面我从张亚初先生《殷周金文集成引得》中节录部分铭文如下：

5.2783："惟七年十月既生霸，王在周般宫，旦，王各大室，井伯入右（佑）趞曹，立中廷，北乡。赐趞曹……"

5.2804："惟王九月丁亥，王客于般宫，井伯内（入）右（佑）利，立中廷，北乡。王乎乍（作）命内史册命利，曰……"

5.2805："惟王五月，初吉甲寅，王在康庙，武公有（佑）南宫

---

① 从宫城建筑的发展历史看，廷本与寝连在一起，二者同处在朝之包围之中，夏末商初的偃师二里头宫城就是这样。所以，许慎这样解释"廷"，也不能算错，我们也不能苛求什么。

柳，即立中廷，北乡。王乎乍（作）册尹册命柳……"

5.2839："惟八月既望，辰在甲申，昧丧（爽），三左三右多君入服酉（酒），明，王各周庙，□□□邦宾，延（延）邦宾尊其旅服，东乡。盂以多旂佩，鬼方子□□入三门。① 告曰：'王令盂以□□伐鬼方，□□□职□，执兽（酋）三人，获职四千八百又二职，俘人万三千八十一人，俘马□□匹，俘车卅两（辆），俘牛三百五十五牛，羊卅八羊……'王若曰：'□，盂拜稽首，以兽（酋）进，即大廷。'王令……折兽（酋）于□，王乎 伯令盂以人职入门，献西旅，□□入燎周庙，盂以□入三门，即立中廷，北乡。盂告 伯即立（位）， 伯……"

……

8.4291："惟王正月，王在吴（虞），各吴大庙，公族入右（佑）师酉，立中廷。王乎史牆册命师酉：……"

……

15.9731："惟三年五月，既死霸甲戌，王在周康昭宫，旦，王各大室，即立（位），宰引右（佑）颂，入门，立中廷，尹氏受（授）王令（命）书，王乎史虢生（甥）册令（命）颂，王曰……"

……

16.9898："惟二月初吉丁亥，王在成周大室，旦，王各庙，宰胐右（佑）乍册吴，入门，立中廷，北乡，王乎史戊册令吴……"

16.9899："惟八月初吉，王各于周庙，穆公又（佑）盎，立于中廷，北乡。王册令尹，赐盎……"

16.10170："惟二十年正月既望甲戌，王在周康宫。旦，王各大室，即立（位），益公右（佑）走马休，入门，立中廷，北乡，王乎乍册尹册赐休……"

---

① 商王姓子，在商代，"子"为贵族。参考陆忠发. 古代特定称名考意［J］. 江西社会科学，2006（1）. 这里说的"鬼方子"是鬼方的贵族，应该就是下面说的酋。

……

可见，王颁布册命的地点都是在"大室""大庙""周庙"和"康宫"等宫殿中，显然都是在大屋子里面。那么，我们想一想，既然有这么一个大屋子，君臣处理政务、商讨国事为什么还要在露天之中，以至于遇到下雨天君臣就不处理国事了呢？尤其是 5.2839 小盂鼎铭文明确记载周王来到周庙接受盂献俘。鬼方的贵族入三门等候，后来周王命令盂"以兽（酋）进，即大廷"，说明周王今天接受献俘，是在周庙的大廷。后来在周庙燎祭，盂也是率领相关人员入三门，立于中廷，北乡。

上面说了这么多，只是说了一个道理，即古代君臣处理政务在宫殿之中，具体说是在"廷"上，不像古今学者们所说的是在露天当中，一遇到下雨天，君臣就取消朝会了。

当然，从逻辑上说应该还存在下面情况的可能，即君在大室里，臣在露天之中。不过，因为古代的宫殿建筑都是建筑在一两米高的夯土地基之上的，如果君在大室里，臣在露天之中，君臣之间的距离就会比较远，君臣处理政务、商讨国事，就不得不高声叫嚷。这样的叫嚷，谁能受得了呢？如果国君和有些臣子年事已高，没有足够的气力高声叫嚷，那么，君臣的朝会又怎么进行呢？可见，君在大室，臣在露天之中这样的情况是不可能存在的。

因此，联系商周出土青铜器铭文的材料，我们断定古代君臣处理政务的地点是在大室之内的廷上。大室、庙是对"廷"所在的建筑物的总称，包括廷和廷周边的回廊；"廷"是大室之内的供君臣处理政务、商讨国事的大空间厅堂。可见，我在《朝廷本义考》中得出的"朝是宫殿下面的广场，廷是君臣处理政务的大空间厅堂"的结论是完全正确的。

得出这样的结论之后，我们反过来想一想，"大室""大庙"……这些大的屋子，如何成其大？按照古代的建筑条件，要想使屋子的空间大，除了屋子周边的柱子之外，屋子里面也要使用柱子支撑，所以这个大屋子的室内就会有一排排柱子，往这个大屋子室内的地面看，就会有一排排柱基。① 人处在这个大屋子里面，人的身边都是一排排柱子，人的脚下都是一排排柱基。金文"廷"的结构描画的不就是这样的屋子吗？②

廷，周代金文始见，字多作囗或囗，偶尔也作囗、囗。"廷"字的结构正是这座大空间建筑的写照：乚表示未完全合围的墙，古文字中，凡四周合围的墙则以"门"表示，如门，其上为屋盖，"门"即表示四周合围的墙。乚用"丨"表示此建筑四周的墙未合围。ㅗ则表示一排排的柱基，丄则表示柱基和立柱，丰乃丄之讹，即唐兰先生所谓凡垂直之竖往往加一点所致。ㄔ是人，丰表示人立在地上，人身上的一横也是垂直之竖加上一点所致。所以"廷"字的正体必作囗或囗，后讹变出囗、囗诸形，这就是金文中"廷"字多作囗或囗，偶尔作囗、囗的原因。"廷"字利用人与墙、立柱（或柱基）之间的空间关系表达了"廷"的概念。因为人处在这个建筑之中，其周围都是一个个立柱，其所在的地下则是一个个整齐排列的柱基，造字者正是抓住了廷这种建筑结构的特点造出了"廷"字。

---

① 大地湾 F901 供朝会使用的最大的空间是 131 平方米，其中只有两根 0.5 米粗的顶梁柱，这样的支撑结构很可能不是非常牢固的。虽然大地湾 F901 的防火措施非常到位，室内所有的柱子全部都用草泥包裹，但是 F901 最终还是毁于大火。我猜想是F901 坍塌接触火塘引发了大火。二里头宫城的"廷"，考古没有说明中间有没有柱子，杨鸿勋先生在复原时添加了十多根支撑的柱子，杜金鹏先生说是没有分间的殿堂（杜金鹏. 二里头遗址宫殿建筑基址初步研究. 考古学集刊［J］. 2006（10）：178-263.）。这种既没有柱子支撑，又没有隔墙支撑的大空间建筑，进入周代以来，再也没有发现，可能是因为建筑结构不牢固、不合理的缘故。

② 这种大空间建筑，现在还能看到，我去过塔尔寺，塔尔寺有一个几百平方米的大室，其内部就是用几排大柱子支撑的。所不同的是，古代的廷南面没有墙壁，非常亮堂；塔尔寺的这个大室四周都有墙壁，内部需要照明。其他大的寺庙，估计也会有这样的建筑。

其实，甲骨文"廷"的结构就表明"廷"是在室内的，甲骨文"廷"作⌂，从冂，从口、耳会意，用"口、耳交流的屋子"表达古代君臣处理政务的处所——"廷"的概念。甲骨文造字抓住这个屋子是人们口耳交流的屋子，表示这是君臣谋议政务的屋子。但是这样表意容易使人产生歧解，因为屋子里只要有两个人，一般总会有语言交流，仅仅从这个屋子里面的人们会进行语言交流这一点来表达"廷"的概念，就容易使人产生歧解。所以金文表达"廷"的概念就重新造字，抓住廷这个大屋子内部结构的特点造字，这样就有唯一性，就不会引起人们歧解了。

上古文献中"朝""廷"是有严格区分的，"廷"是君臣处理政务的大空间厅堂，"朝"是宫殿下面的广场。《公羊传·宣公六年》："赵盾已朝而出，与诸大夫立于朝。"知道"朝""廷"的不同，"赵盾已朝而出，与诸大夫立于朝"就很好理解了，即赵盾在廷上参加朝会，结束朝会后走出廷，与诸大夫立于廷下的朝中。

通过上面的说理，我们终于明白："廷"是宫城必须有的建筑。而"廷"这个内部有很多柱子支撑的大空间建筑则是宫城最典型的特征。①一般的房屋大小只有几个到十几个平方米，室内没有支撑的柱子，唯独廷因为供君臣处理政务、商讨国事使用，需要容纳很多人，所以其内部需要使用一排排柱子支撑屋盖。

---

① 杜金鹏先生复原二里头的"廷"，180 平方米的空间内既没有墙壁支撑，又没有柱子支撑，我对这样的复原是存疑的。我们必须从建筑学上说清楚其屋盖的支撑问题，才能取信于读者。

依据这个最典型的特征，我们判断二里头①、盘龙城、凤雏和马家庄"秦公朝寝"② 等都是宫城。这些城都同时具有我们上面提到的两个特征。相反，洹北商城之内的所谓"宫城"，因为不具备宫城的必备要素，所以它不是宫城，再结合军营的基本特征，我认定它是一座军营。

二、宫城及其内部相关主要建筑的名称

（一）宫城的称名

由上文所引青铜器铭文看，宫城的名称叫法不一，有"大室""大庙""周庙"和"某某宫"等叫法。这些青铜器为不同的人所铸造，铭文为不同人所作，称名不统一，可能有个人习惯的因素在，这些都是对宫城不规范的称呼。

传世文献（如《左传》）中称宫城为"国"为"都"。我们在前面说过，"国"本义是国王或者部族首领的居穴，后来国王的居所发展为宫城，这个宫城自然也就相沿叫作"国"了，所以"国"应该是宫城最规范的称呼。因为周代国王的宫城中，其外朝对老百姓开放③，所

---

① 偃师二里头发现的所谓商初"宫殿"为什么也是"宫城"？因为其内部同样有朝、廷、寝等建筑，所不同的是，西周的宫城是四合院建筑，这与周王朝的礼制规定和治国方针有着极为密切的关系。我有另文详之。周王朝亲民，国王的宫城对民众开放外朝，为了解决民众参观和国王、大臣朝会以及王室成员需要安静的生活空间的矛盾，用廷把朝分割成南北两个区块，这样，参观的民众就影响不了王室成员安静的生活。这种宫城格局一直到明清的紫禁城都是如此。商王朝的宫城估计不对民众开放，因为它的朝没有分割，一旦开放，民众将遍布宫城的每一个角落。

② 马家庄秦公宫城的考古报告我一直没有找到，韩伟先生《秦公朝寝钻探图考释》以汉代以来学者对朝廷的错误认识为依据，说错了马家庄秦公宫城的许多东西，如果有具体的考古材料，我准备就此专门谈一谈。

③ 根据《周礼·秋官·小司寇》和《周礼·秋官·朝士》记载，我们可以知道，外朝是对外开放的，百姓可以在这里将他们的意见传达到国君那里，这里甚至还是王城中设立的"失物招领"之所，百姓若不能来去自由，这外朝便没有这些功能了。所以我们可以断定，外朝为开放的市民游玩之所。

以宫城内总是有很多人聚集在这里①，于是人们又把国王的宫城叫
"都"。《穀梁传·僖公十六年》："民所聚曰都。"《穀梁传·僖公十六
年》很好地解释了国王的宫城，为什么在周代又叫"都"。因此，"国"
和"都"都是宫城规范的称呼。

　　但是，"国"和"都"后来又引申表示一般的都城或者城市②，这
样，我们现代人读传世文献，要区分传世文献中"国"和"都"到底
是表示"宫城"、都城或者一般的城市等义项已经比较困难。例如，
《左传·隐公元年》："都城过百雉，国之害也。先王之制：大都不过参
国之一；中五之一；小九之一。"目前出版的《古代汉语》教材，编者
们一般都把周长只有百雉（591 米）的"都"注释为"都城"③；王宁
先生主编的《古代汉语》则把"大都不过参国之一"的"国"注释成
"国家的首都"。④ 当然，这些注释都是有古训依据的，不是想当然地说
出来的。一座只有几千平方米的小城，如何做得了国家的首都？可见，
"国"和"都"的意义，古代学者说不清，现代专门研究古汉语的著名
专家们也都分不清"国"和"都"在传世文献中的意义是什么，一般
人可能更加难以把握"国"和"都"在传世文献中的意义。所以我们
不建议考古发现的宫城使用"国"和"都"这样的规范的称呼。上面
提到的"大室""大庙""周庙"和"某某宫"等不规范的称呼，我们
也不建议使用。我认为统一使用"宫城"这个名称比较好。

　　当然，我们需要再一次明确，所谓的"宫城"是指国王及其家人
居住的小城，并不是只要是在宫殿的外面有围墙，这个围起来的城就是

---

① 据《周礼·秋官·朝士》的记载，我们知道，外朝虽然有很多老百姓聚集，但是秩
　序井然，不会影响国王与大臣们商讨国事。

② 陆忠发. 都邑考 [J]. 杭州师范学院学报，2005（2）.；又陆忠发. 国字本义考
　[J]. 杭州师范大学学报，2012（6）.

③ 复旦大学张世禄，严修先生主编的《古代汉语》中第二版注释为"大都会"，第三
　版改注释为"都城"。

④ 王宁. 古代汉语 [M]. 北京：高等教育出版社，2012：389.

"宫城"。事实上，真正的宫城，一般都没有城墙，它只是利用厢房和南面的塾与北面的寝围合成一个小城而已。

（二）"廷"与相关建筑的称名

"廷"是宫城中最典型、最大、最主要的建筑物，是君臣处理政务、商讨国事的大空间建筑。周代的"廷"已经完全与寝分开，成为相对独立的建筑，前面已经说了，依据青铜器铭文的材料，"廷"所在的建筑，也没有统一的名称，或叫"大室"，或叫"大庙"。大室、大庙是对"廷"所在的建筑物的总称，包括廷和廷周边的回廊；"廷"是大室之内的供君臣处理政务、商讨国事的大空间厅堂。

在传世文献中一般把供君臣处理政务、商讨国事的大空间厅堂叫"廷"，因为"廷"朝南的一面没有墙壁，整个廷的内部非常亮堂，所以又称为"明堂"①，也有简称为"堂"的②。"廷"等建筑物下面的广场称为"朝"。③

西周凤雏宫城的结构非常合理，其建筑物空间很多，君臣处理政务与王室成员生活区域分开，互不干扰，所以西周凤雏宫城的结构成为中国封建社会帝王宫城的主要样式，即使是明清的故宫，其主体建筑结构也是这个样子的。下面，我就以西周凤雏宫城为例说说"朝""廷"的具体位置。

---

① 陆忠发. 古代祭祀十讲［M］. 北京：华文出版社，2011：113-136.
② 如《穀梁传·桓公三年》中"礼，送女，父不下堂"的"堂"就是"廷"。
③ 陆忠发. 朝廷本义考［J］. 语言研究，2005（4）.

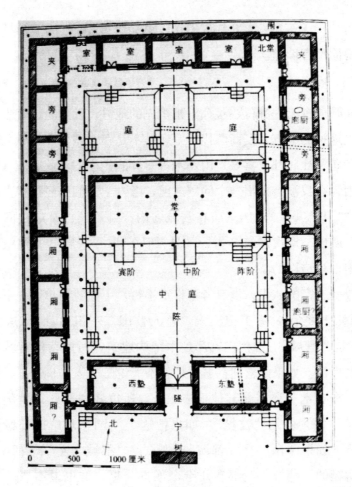

6-3　西周凤雏宫城①

　　此图是考古学界所说的"西周岐邑"建筑图，这其实是周王的宫城。所以我在我的论文和著作中一直都称之为宫城。图中标为"庭"和"中庭"的地方应该标为"朝"，"中庭"就是《周礼》所谓的"外朝"，后面的两个小"庭"，就是所谓的"治朝"和"燕朝"，合起来

---

①　此图取自杨鸿勋. 杨鸿勋建筑考古学论文集 [M]. 北京：清华大学出版社，2005：144.

就是所谓"天子三朝"。图中的"堂"就是"廷",廷用三排柱子支撑屋盖,南面没有墙壁。

(三) 宗庙和社庙

宗庙是放置祖先牌位、子孙祭祀祖先的地方,社庙是放置土地神牌位祭祀土地神的地方。夏商两代的宗庙是不是在宫城里,文献无考,而周代的宗庙和社庙都在宫城之内。考古学界的先生们对此应该有明确的认识,因为在我没有提出这个问题之前,考古学家们已经把很多建筑群都称为"宗庙"了。既然宗庙在宫城之内,哪里还会有单独的宗庙建筑群呢? 所以,周代建筑考古,凡是被认定为"宗庙"的建筑群,这样的认定都是错误的。

要改变大家的认识,没有考证肯定不行。下面我简单做一下考证。

《周礼·冬官·考工记》:"匠人营国,左祖右社。"这里说的"国"就是"宫城"。古代建筑都是木结构建筑,所以营建宫城其实就是木匠的事情。如果是营建都城,那就不能说是匠人的事情了,因为营建都城,需要木工还需要其他很多工人,所以我说"匠人营国,左祖右社"的"国"就是"宫城"。如果把这个"国"理解成都城行不行呢? 不行。如果"国"是"都城",那么,"都城之左""都城之右"是十分含糊的,都城一般都有几十个平方公里,谁也说不清"都城之左""都城之右"具体在什么地方,应该说"都城之东""都城之西"才比较合理。所以,"匠人营国"的"国"是宫城,不能理解成"都城"。宫城之左、宫城之右就是宫城中东西两边的厢房,据此我们确定,周代的时候,国之宗庙和社庙都在宫城里的东西厢房中。

除了《考工记》的材料,下面的材料同样证明国之宗庙和社庙都在宫城里。

1. 凤雏西周宫城由外朝上西厢有两个台阶,靠近廷的台阶上去的那个房间,考古在那里发现了著名的西周甲骨和祭祀遗迹,可见这个房屋就是宗庙。杨鸿勋、徐锡台、杜金鹏先生等著名考古学家都是这样认为的。①

2.《仪礼·士昏礼》记载婚姻过程中的纳采时，女方的家主要告祭祖先，"主人筵于户西，西上右几。"注："主人，女父也。筵，为神而席也。尊处，将以先祖之遗体许人，故受其礼于祢庙也。"宫殿建筑中"门"在台阶的下面，这里有宫卫把守，形成一个"门"。《左传·昭公二十七年》："夏四月，光伏甲于堀室以享王。王使甲坐于道及其门，门、阶、户、席，皆王亲也，夹之以铍，羞者献体改服于门外。执羞者坐行而入。"古代大夫的居所一般都是四合院，塾之内是一个大的庭院，进入塾之后，有道路直达后面的堂和主室。吴公子光在自己的宅院宴享吴王，吴王的卫士沿着从塾通向堂和室的道路两旁坐着，门、台阶、户和室内的席子上都是吴王的亲信。由这个材料可见，所谓的门，就在庭院的道的尽头，在台阶的下面。《韩诗外传》卷九："孟子妻独居，踞。孟子入户视之，白其母曰：'妇无礼，去之。'母曰：'何也?'曰：'踞。'其母曰：'何知之?'孟子曰：'我亲见之。'母曰：'乃汝无礼也。非妇无礼。《礼》不云乎："将入门，问孰存""将上堂，声必扬""将入户，视必下"，不掩人不备也。今汝往燕私之处，入户不有声，令人踞而视之，是汝无礼也，非妇无礼也。'于是，孟子自责，不敢去妇。"《礼记·曲礼上》有"将入门，问孰存""将上堂，声必扬""将入户，视必下"的记载，② 可见，入门之后才能上堂，继而入户（室门）。《说文解字》："门，闻也。从二户，象形。""门，闻也"是声训，是说明"门"与"闻"这两个概念的关系的。显然，"门"与"闻"这两个概念的关系，就是来人将要入门的时候要问主人在家吗，以提醒主人有客人来访。这样说来，"将入门，问孰存"的"门"不是

---

① 参考杜金鹏. 周原宫殿建筑类型及相关问题探讨［J］. 考古学报, 2009（4）.
② "将上堂，声必扬""将入户，视必下"见于《礼记·曲礼上》，"将入门，问孰存"，传世三《礼》中皆不见，孟母所见《礼》中实有此语，当属可信。

两塾所夹的门，而是堂的台阶下面的门，因为在塾那里就喊主人，主人恐怕也是听不到的。而在堂的台阶下面喊主人，主人就应该能够听到了。所以，《礼记·曲礼上》"将入门，问孰存"的"门"也是指建筑物台阶的下面。宫殿建筑中"门"在台阶的下面，建筑物的一个个房屋的门就叫"户"了。户西者，古代室内尊处各有不同，人坐在室内，最具有安全感的位置就是最尊贵的位置，所以门朝南开，则北为尊；门朝东开，则西为尊；门朝西开，则东为尊。①

《仪礼·士昏礼》的这个材料说明了两个问题：第一，宗庙不是独立的建筑群。如果是独立的建筑群，其门应该朝南开，以北为尊。因此，我们可以判断宗庙在宫城之内。第二，《仪礼·士昏礼》记载户西为尊处，说明宗庙户朝东开，则宗庙在宫城的西厢。所以《仪礼·士昏礼》记载的宗庙与考古发现的凤雏西周宫城内的宗庙位置完全一致。

3. 社庙也在宫城内。《左传·襄公二十五年》："郑子展、子产帅车七百乘以伐陈……子展命师无入公宫，与子产亲御诸门。陈侯使司马桓子赂以宗器，陈侯免拥社，使其众男女别而累以待于朝，子展执絷而见。"子展、子产率军攻进了陈侯的宫城，子展、子产亲自把守着宫城的大门，陈侯让他的男男女女都自我捆绑起来，在外朝中等候处理，陈侯自己跑到社庙里面去了。② 陈侯不可能从子展、子产的眼皮底下溜出去跑到宫城外面的社庙里，所以，社庙必在宫城之内。③

那么，社庙的具体位置在哪儿呢？根据《考工记》"左祖右社"的

---

① 陆忠发. 当代训诂学［M］. 杭州：浙江大学出版社，2018：95-201.

② 杜预理解"免"是丧服，说陈侯穿着丧服抱着社主，表示自己降服于郑国。即使杜预的理解是正确的，陈侯也不可能在宫城没有被攻破之前就跑到宫城外面的社庙中去，宫城已经被攻破了，陈侯就更加不可能跑到宫城外面的社庙中去。所以，社庙必定在宫城之中。

③ 土地神很多，所以王室有象征国家的土地神，民间也有关乎一方的土地神。《说文解字》"社"字下许慎引《周礼》："二十五家为社，各树其土所宜之木。"

记载和宫城讲究对称的习惯，我们推测社庙在宫城的东厢、与宗庙相对的房屋里。西周凤雏宫城图中与宗庙相对的这间房屋，标为"庖厨?"。为什么要打上问号呢?《陕西岐山凤雏村西周建筑基址发掘简报》称此室西南角有长方形火烧坑一个，底部和四壁被火烧红，并有人为的壁面。① 东厢房的第七间也有火烧坑，已经认定为庖厨，所以这一间就标为"庖厨?"了。因为如果不是庖厨，为什么也有火烧坑呢，如果是庖厨，为什么又有两个庖厨呢。所以考古学家们迷惑了，于是就把东厢的第三间房屋标为"庖厨?"，打了个问号，表示对东厢的第三间房屋性质的认定有疑惑。其实东厢的第三间房屋是社庙，火烧坑是祭祀时焚烧牺牲的地方。

《说文解字》："社，地主也。从示、土。""主"是牌位②，"地主"就是土地神的牌位。既然是象征土地的牌位，必然是用土做的，垒土做一个土地神的牌位，考古是很难发现的，这就是这间房屋的性质考古学界无法确定，只能标为"庖厨?"的原因。

既然周代王室的宗庙在宫城之内，那么，周代考古发现的建筑群，凡是被称为"宗庙"的，这样的认定都是错误的。如马家庄一号建筑群，考古学界说是秦公宗庙，这样的认定就是错误的。

当然，我说马家庄一号建筑群是军营，考古学界估计没有人会相信我的说法，所以我要进行详细论证。

三、凤翔马家庄一号建筑群的性质

凤翔马家庄一号建筑群的性质，陕西省雍城考古队《凤翔马家庄一号建筑群遗址发掘简报》（下面简称《发掘简报》）认定为秦公宗

---

① 陕西周原考古队 . 陕西岐山凤雏村西周建筑基址发掘简报［J］. 文物，1979
（10）.

② 陆忠发 . 现代训诂学探论［M］. 杭州：浙江大学出版社，2008：76-77.

庙。① 我认为《发掘简报》对马家庄一号建筑群性质的认定是错误的，马家庄一号建筑群其实是一座军营。

图6-4的建筑群为什么是军营，我试说如下：

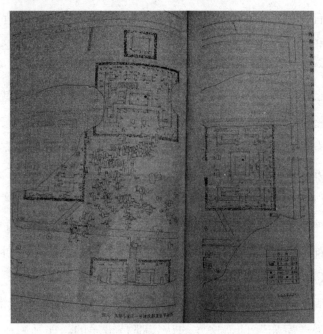

图6-4 凤翔马家庄一号建筑群②

1. 凤翔马家庄一号建筑群不是秦公宫城

《发掘简报》中所说的"宗庙"，相当于我前面所说的"宫城"，即国王一家人居住的城中城。如《发掘简报》想方设法论证所谓的"大门""中庭""朝寝"等建筑，其实就是在论证马家庄一号建筑群是宫城，因为只有宫城才会有所谓的"朝寝"，如果是宗庙，宗庙里面是不需要有"朝寝"的。《发掘简报》套用宫城内部的建筑和场地名称

---

① 陕西省雍城考古队. 凤翔马家庄一号建筑群遗址发掘简报 [J]. 文物, 1985 (2).
② 图片取自陕西省雍城考古队. 凤翔马家庄一号建筑群遗址发掘简报 [J]. 文物, 1985 (2).

来论证马家庄一号建筑群，显然是把这个马家庄一号建筑群当成了宫城。然而，这样的认识是错误的，马家庄一号建筑群不是秦公宫城，我有如下理由：

（1）《发掘简报》论证的所谓的"朝寝建筑"，是不存在的

马家庄一号建筑群的主要建筑是三个结构基本相似的建筑群，每一个建筑群的主体是中间一个大屋子加上周围若干墙壁。《发掘简报》说："北三室在前朝、后寝及东西夹室的北部，有三门。中室与东西室亦应隔开，但未见夯墙及柱洞，推测可能由后寝北墙东西两端向北扎隔墙直抵北三室北墙。"既然是宗庙（宫城），其室的墙壁仅仅是用篱笆扎起来充当，是令人难以置信的。韩伟先生《马家庄秦宗庙建筑制度研究》通过添加许多"辅助线"的方法，把本来没有的"堂""室""房"这些"朝寝建筑"分割出堂、室、东房、西房、北堂、东堂、西堂、东夹室、西夹室来。[①]

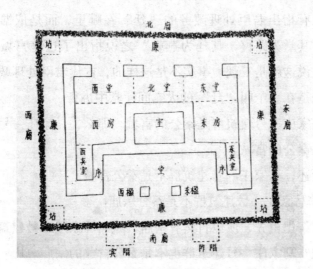

图6-5　韩伟先生的马家庄一号建筑群建筑结构推测图[②]

---

① 韩伟. 马家庄秦宗庙建筑制度研究 [J]. 文物，1985（2）.

② 图片取自韩伟. 马家庄秦宗庙建筑制度研究 [J]. 文物，1985（2）.

韩伟先生添加了"辅助线"的地方，应该就是《发掘简报》所想象的"扎隔墙"。这种用添加辅助线的方法划分古代建筑内部空间的做法显然是不能接受的，而且马家庄一号建筑群中的所谓各种"堂""室""房"，其墙壁要么夯筑得很厚（一般都在1.2米左右），要么干脆用篱笆扎起来充当，这种超乎寻常的营建房屋的做法，实在没有办法进行合理的解释。所以，我们难以接受马家庄一号建筑群中有所谓的堂、室、东房、西房、北堂、东堂、西堂、东夹室、西夹室等"朝寝建筑"的存在。

（2）秦公的宫城是马家庄三号建筑群

马家庄三号建筑群是秦公的宫城。韩伟先生《秦公朝寝钻探图考释》一文所说的"朝寝"其实就是宫城，所以，韩伟先生对马家庄三号建筑群性质的认定是正确的①，只不过韩伟先生对马家庄三号建筑群内部空间和建筑的认定却都是错误的。我在前面已经指出韩先生文章从头到尾都没有指出君臣处理政务的"廷"在哪里，而是依据焦循"凡朝皆廷也，其堂为路寝，其廷为燕朝"之说指出了这座宫城中最大的三块空地，说这就是三朝。事实不是这样的，古代君臣处理政务是在室内，具体说是在一个叫"廷"的大空间厅堂中进行。

既然马家庄三号建筑群是秦公的宫城，那么，马家庄一号建筑群就不可能也是秦公的宫城。

综上所述，马家庄一号建筑群不是秦公宫城。

2. 凤翔马家庄一号建筑群不是秦公宗庙

秦公要祭祀祖先，所以自然有宗庙。凤翔马家庄一号建筑群是不是秦公宗庙呢？马家庄一号建筑群也不是秦公营建的宗庙。

凤翔马家庄一号建筑群是一个独立的建筑群，而周代没有独立的宗庙建筑群。周代的宗庙在国王的宫城里面，所以国王不会再有独立的宗

---

① 韩伟. 秦公朝寝钻探图考释［J］. 考古与文物，1985（2）.

庙建筑群。凤雏西周宫城考古证明了国王的宗庙在宫城里面，而且宗庙并不大，只是一间屋子而已。①

可见，贵族阶级营建的宗庙都是在宫城（或者士大夫住处）里面，一般是西厢房中的某一间房屋，此外不再有独立的宗庙建筑群。因此，凡是考古学界认定的周代独立的建筑群之称为"宗庙"的，这样的认定都是错误的。

3. 凤翔马家庄一号建筑群是一座军营

我之所以认定马家庄一号建筑群是一座军营，是因为这个建筑群的建筑都为军营的独特需求而设计，在这个建筑群中举行的祭祀，具有明显的军中祭祀的特点。下面我一一分析给大家看。

（1）凤翔马家庄一号建筑群特别注重墙壁

凤翔马家庄一号建筑群不是秦公宗庙，不是秦公宫城，它是一座军营。我在第七章论证洹北商城的"宫城"为军营，指出古代的军营有一个非常重要的特征就是特别需要墙壁。古代的兵器除了弓箭外，以

---

① 考古学界认定凤雏西周宫城是宗庙，黄有汉先生《中国古代宗庙制度探源》一文也这样认为，黄先生说："陕西岐山凤雏村发掘出一大型的西周宫室建筑基址，这是一个由许多单体建筑组成的建筑群。研究者认为，这座建筑群是周武王灭商前的西周宗庙，它的使用下限可能已到西周晚期。这个建筑群坐北面南，正门居中，正门两旁有对称的东西门房，门房之前有一道影壁。门房之北是一个大的中院。院正北是前堂。前堂是建筑群的主体和中心，坐北朝南。其台基高出地面 0.3～0.4 米。这是一座面宽 6 间，通长 17.2 米，进深 3 间，宽约 6.1 米的厅堂建筑。柱洞排列整齐，南北四行，东西七列，柱础石为自然石块。石块较大，面较平。厅堂左右有东西厢房，各 8 间，左右对称，南北排列。厅堂、厢房之前檐皆有走廊，有台阶。前堂之后，一个过廊隔开，有左右对称的东西两个小院。两小院之北是后室，共 5 间，面朝南。这是建筑群最后、最北的建筑。东门房的台基下有陶质排水管道。遗址内出土有卜甲和卜骨，约 17000 余片，有字的卜甲 190 多片。凤雏村西周建筑群反映的是周宗庙的形制和规模。"这样的认识有一个明显的漏洞：既然这是一座宗庙，为什么北边的 5 间主室和这个建筑群中间的"台基高出地面 0.3～0.4 米""面宽 6 间，通长 17.2 米，进深 3 间，宽约 6.1 米"的主体建筑都不是祭祀祖先的地方，祭祀的地方仅仅在西厢房中的一间屋子？如果是宗庙，岂不是应该拿最重要的屋子来安放祖先神主，人们在这里祭祀祖先？可见考古学界把凤雏西周宫城认定是宗庙，显然是讲不通的。

戈、矛之类的长柄兵器为主，这些兵器的存放不可能是堆在一起，应该一字排开。怎样才能把这些兵器一字排开呢？最好的办法就是把这些兵器一字排开靠在墙壁上。人们把一把把戈、矛等兵器靠在墙壁上，一字排开，这样，存放和取用兵器都是最方便的。所以，只要是军营，就特别需要有长长的墙壁。

安阳洹北商城中的军营，分两个士兵营，其中大的营东西长约 173 米、南北宽 85~91.5 米，然而这个 16000 多平方米的长方形大院中没有一般四合院都有的厢房，只有北面有 10 间 40 平方米左右的房屋，其余都是墙壁和空地；小营东西宽 92 米、南北跨度 61.4~68.5 米，小营内居住空间只有 4 间 40 平方米左右的房屋，其余都是墙壁和空地。这两个军营把一般四合院营建厢房的地方夯筑成长长的墙壁，两个营都还想方设法增加墙壁的长度，这样做显然都是为了士兵摆放兵器有足够的地方。周代士兵使用的兵器与商代没有本质上的不同，所以，周代军营同样特别需要墙壁。知道这个道理，我们看看马家庄一号建筑群，就会恍然大悟，马家庄一号建筑群同样注重墙壁的夯筑，同样想方设法增加墙壁的长度，确实是一座军营。

马家庄一号建筑群的主体是东、西、北三个结构基本上一致的相对独立的建筑，这个建筑中间是一个大约 18 个平方米的长方形的房屋，其余都是墙壁。为了有效增加墙壁的长度，还特意把有些墙壁夯筑成"U"形，可见，凤翔马家庄一号建筑群特别注重墙壁，具有军营的典型特征。

当然，凤翔马家庄一号建筑群的墙壁往往又有不少缺口，这是为了方便士兵快速存放、取用兵器和采光需要特意设置的。如果没有这些缺口，墙壁长度是增加了，但是士兵存放、取用兵器时就可能会造成拥堵，光线也无法照进来。

（2）在该使用柱子的地方尽可能避免使用柱子

中国古建筑的墙壁一般都是采用柱子支撑屋盖，但是马家庄一号建筑群中的房屋墙壁都是采用夯土墙壁，不使用柱子，这样，房屋四周的墙壁就也可以摆放兵器了。如果使用柱子，士兵们在取用兵器的时候，兵器难免会与柱子磕磕碰碰。为了避免这种情况的出现，其房屋一律不使用柱子。可见马家庄一号建筑群中的房屋建筑，也充分照顾了摆放兵器的需要，这种情况与安阳洹北商城中的军营设计是一样的。洹北商城军营用长长的围墙围合成一座军营，围墙上面的屋盖全部不使用廊柱支撑，目的就是防止士兵取用兵器时，兵器与廊柱磕碰。所以，马家庄一号建筑群中房屋建筑独特的墙壁设计，也表明这个建筑群是一座军营。

（3）马家庄一号建筑群众多的祭祀坑也表明这个建筑群是军营

在宗庙中要举行祭祀活动，这个好理解。但是，祭祀祖先时，献牺牲的方式一般都是陈列，即把牺牲摆放在祖先牌位跟前。国王的祖先在天上，所以有时候也用焚烧的方式献牺牲给祖先，这也就是为什么凤雏西周宫城内的宗庙内有火烧坑的原因。

人们在祭祀自然神的时候，往往会采用自然神容易接受牺牲的方式向自然神敬献牺牲。古代的祭祀常常都是根据祭祀对象的不同选择不同的献牲方式。《礼记·祭法》："燔柴于泰坛，祭天也。"《说文解字》："柴，烧柴，焚燎以祭天神。"《礼记·王制》："岁二月，东巡守至于岱宗，柴而望祀山川。"郑玄注："柴，祭天告至也。"《尔雅·释天》："祭山曰庪、悬。"郭璞注："或庪或悬，置之于山。《山海经》曰：'悬以吉玉'是也。"庪是埋藏之义，盖将祭品埋于山中叫庪，悬于山上叫悬。《周礼·春官·大宗伯》："以貍（埋）沈祭山林川泽。"郑玄注："祭山林曰埋，川泽曰沈。"《尔雅·释天》："祭川曰浮、沈。"郭璞注："投祭水中，或浮或沈。"可见，祭祀天神用焚燎的方法献牺牲；祭祀山神用埋或者悬挂的方法献牺牲；祭祀水神用浮或沈的方法献牺牲。

马家庄一号建筑群内部发现有 181 个祭祀坑，献牺牲的方式都是埋。其中埋入牛的坑 86 个、埋入羊的坑 55 个、埋入人的坑 8 个，同时埋入人和羊的坑 1 个，同时埋入牛和羊的坑 1 个，埋入车的坑两个；另外还有 28 个"空坑"。《发掘报告》称："这些空坑肉骨全朽，不知牺牲为何物，估计可能是食肉祭祀坑。"也就是说，所谓的"空坑"其实本不空，只是里面的牺牲都已经腐朽而已。这种单一采用埋的方式献牺牲的祭祀是典型的祭祀土地神的祭祀。

古代军中多祭祀。《礼记·王制》："天子将出征，类于上帝。""类"又作"禷"，《尔雅·释天》："禷，师祭也。"《说文解字》："𩨳，出将有事于道，必先告其神。"祭祀土地之神当然只能用埋的方法献牺牲。军营中的士兵日常操练，难免要惊扰土地之神，于是军中就经常举行祭祀，人们把牺牲挖坑埋入土地之中，献给土地之神，以求得土地之神的谅解。马家庄一号建筑群中的祭祀单一采用埋的方式献牺牲，同样表明这里是一座军营。

我指出洹北商城所谓的"宫城"，其实是一座军营，洹北商城中真正的宫城在机场跑道中间的夯土地基群中最大的地基上。如果我的判断不误，那么，洹北商城中宫城与军营的距离大约 800 米，显然军营是专门为守卫宫城营建的。马家庄一号建筑群这座军营距离马家庄三号这个秦公宫城 500 米，这个军营也是为守卫秦公宫城营建的。

马家庄一号建筑群这座军营中间的空地是士兵操练的场所，东西北三个大屋子是士兵们的宿舍，宿舍四周及其旁边夯筑的墙壁是士兵们摆放兵器的地方。

四、朝中的附属设施

考古工作者不知道古代的"朝""廷"是什么，对于"朝"中的一些附属设施也很难明白其用途，如大地湾 F901 门前排列六组大石块，其中右起第三块石块所在的位置被 F901 上面叠压的房屋的灰坑打破，呈下图所见的样子：

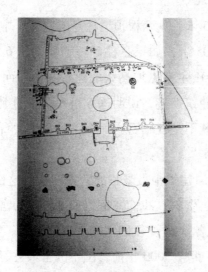

图 6-6　大地湾 F901 平面图

　　大地湾 F901 平面图取自甘肃省文物考古研究所《秦安大地湾——
新石器时代遗址发掘报告》（下简称《报告》）416 页。《报告》424
页对 F901 门前排列的六组大石块进行了如下的描述："青石块现有 5
处，但中间两处间距过大，约为其他石块间距的 1 倍，而这里恰好被灰
坑 H903 打破，因此可以推断这里原有的青石块被破坏，据此原有青石
块应为 6 处。自西向东依次编为第 1 处至第 5 处，每处由 1~3 块同主室
柱础石相同石质的青石组成，外径为 0.5~1.05 米，间距 3 米上下，距
前墙的垂直距离为 7~7.3 米之间，大致排列在一条与前墙平行的直线
上，两端青石块正对主室前墙两端，第 1 处与第 5 处中心点相距亦为
16.7 米，与主室长度相等。这些有趣的巧合现象无疑说明青石块是
F901 门前重要的建筑物，它们或许是门前棚式附属建筑的柱础石，或
许是具有特殊意义的其他设施。"

　　报告称这些石块可能是柱子的柱础石，这个说法明显是有问题的。
第一，《报告》417~418 页介绍 F901 顶梁柱和室外柱时都说柱础石是
安放在柱洞里面的，而这 6 组石块下面没有柱洞；第二，417 页介绍顶

梁柱的柱础石是 0.5 米，这两根顶梁柱是所有柱子中最大的，而这 6 组大石块达 0.5 至 1.05 米，如果是柱础石，那么这 6 根大柱子支撑的是什么？应该是比 F901 主室更加高大的建筑物，然而这 6 组大石块的周边显然没有这样的建筑遗迹，说明这 6 组大石块的上面没有建筑物，所以，这 6 组大石块就不是柱础石。那么，这六组大石块到底是做什么用的呢？

F901 是同期房屋建筑中最豪华的宫殿建筑，这已经是人们的共识。根据已经掌握的考古资料，我们知道，中国古代的宫城，其雏形是带有议事大厅的国王或者部族首领的居穴，叫"国"，如西安半坡"大房子"（F1）就是。① 距今 5000 年前，国王的宫殿已经发展为地面上建筑群，大地湾 F901 就是，夏商之交的二里头宫城已经发展为用建设在夯土地基上的房屋围合成的一个方城，真正成为一个宫城②，再到周文王的周原凤雏宫城，中国古代宫城的四合院建筑形式已经形成。③

宫城必有朝廷。"朝"是宫殿下面的广场，"廷"是君臣处理政务的大空间厅堂。夏商之交二里头宫城的"廷"与"寝"相连，是整个宫城的主体建筑，其下面包围着这个主体建筑的大广场就是"朝"，主体建筑南面的广场部分最大。《说文解字》中"廷，朝中也"就是这样的"朝"与"廷"的位置关系。到了商周之际的凤雏宫城发展为内朝和外朝，区分为"治朝""燕朝""外朝"三朝。从周代的文献中看，"廷"南面的外朝是对民众开放的。在国王的居所还没有形成一个城之前，国王的居所相当于二里头宫城的"廷"与"寝"所在的主体建筑之南面应该也会有供民众集会的相当于"外朝"的广场。

---

① 杨鸿勋. 从盘龙城商代宫殿遗址谈中国宫廷建筑发展的几个问题［M］//杨鸿勋建筑考古学论文集. 北京：清华大学出版社，2005.

② 杨鸿勋. 初论二里头宫室的复原问题［J］//杨鸿勋建筑考古学论文集. 北京：清华大学出版社，2005.

③ 杨鸿勋. 西周岐邑建筑遗址初步考察［J］//杨鸿勋建筑考古学论文集. 北京：清华大学出版社，2005.

　　清楚了宫城建筑及其发展情况，我们可以很明确判断 F901 门前列石所在位置及其作用。

　　F901 的大室相当于"廷"，大室后面的居室相当于与"廷"相连的"寝"（就如同二里头宫城"廷"与"寝"相连），六组大石块所在的地方其实就相当于外朝。严文明先生在《秦安大地湾——新石器时代遗址发掘报告》的《序言》中说："我们首先参观 901 号房址。它由前堂、后室和左右两个厢房组成，前面还有一个广场。"这一切都说明 F901 前面就是外朝。

　　明确了 F901 前面的广场就相当于外朝，则 F901 前面广场中的 6 组大石块的作用就很容易判定了。根据《左传》《周礼》等相关文献记载，周代外朝对老百姓开放，这里是国王祭祀天地、举行大典、布告大事、询访民情的地方，也是老百姓游玩的场所。所以，外朝其实就是一个公共大广场。在 F901 建筑的时代可能还没有进入阶级社会，F901 前面的广场显然就是族民的公共大广场。

　　那么，这个公共大广场中排列这 6 组大石块干什么？因为外朝是国王祭祀天地、举行大典、布告大事、询访民情的地方，也是老百姓游玩的场所。所以，国王祭祀天地、举行大典的时候，自然有很多人参加，甚至连老百姓也会参加。这样，什么人站在什么位置，就有必要进行一下规定。《周礼·秋官·朝士》："朝士掌建外朝之法，左九棘，孤、卿、大夫位焉，群士在其后；右九棘，公、侯、伯、子、男位焉，群吏在其后；面三槐，三公位焉，州长众庶在其后。左嘉石，平罢民焉；右肺石，达穷民焉。"可见，周代是用树木和石头作为标记，规定不同的人站立的具体位置。F901 在公共大广场中排列的 6 组大石块，我认为正是作为规定不同的人站立的具体位置的标记。

　　如果 6 组大石块所在的大广场是祭祀天地、举行大典的地方，那么，这样的仪式在哪里举行呢？《报告》425 页称："在青石块与前墙之间均匀地分布有两排柱洞，因东侧路土之上的黄绵土未清理，所以只在西半部发现 8 个柱洞，其中 7 个有规律地在青石块同前墙之间列为两排，第 1 排由西往东编为 1~3 号，第 1 排与石块之间的第 2 排为 4~7 号，第 8 号柱洞位于第 3 处青石块东侧。东部柱洞虽未清理暴露，但经探测确实存在，并有规律地等间距地分布。每排柱洞应为 6 个。柱洞呈圆形，内填黄绵土，底部是黄色硬土，洞深 0.2~0.32 米、洞直径 0.26~1 米，横向间距为 2.84~3.96 米。第 1 排距前墙 3.46~3.86 米、距第 2 排 1.3~1.9 米，第 2 排距青石块 1.7~2 米。第 4 号柱洞之上是一堆 0.2 米厚的红烧土块，洞内也有红烧土块。上述现象说明 F901 门前有前轩式建筑。"《杨鸿勋建筑考古学论文集》73 页有复原图：

图 6-7　大地湾 F901 复原图

我认为这个轩正是祭祀天地、举行大典的场所。因为古人的祭祀活动不会因为天气的原因而改变，这个轩就是保证仪式的举行不受天气影响的重要设施，而青石块的后面就是参加仪式的人列队站立的地方。

面对上面四个方面的问题，我解决问题最关键的材料就是对相关古文字形体表意的正确分析，进而正确地找到了考古与语言的对应关系。

第二节　正确还原古代社会生活

考古发现的古代器物，都是古代社会生活中使用的物品，文物考古学研究需要还原这些器物在古代社会生活中的使用情况，有时候会分析相关古文字形体表意，对我们还原古代社会生活有很大帮助。

在中国新石器以来的考古遗迹中，有些地方有纺轮出土。浙江杭州萧山跨湖桥文化（8000 年前）、杭州良渚文化（5000 年前）发现的石制纺轮，是现在发现较早的纺轮。纺轮的功用是纺线，"新石器时代先民们发明了一种由陶或石质制成的纺轮，利用纺轮旋转力将纤维加捻成纱。"[①] 纺轮纺线的原理是：用织物纤维将纺轮吊在空中，用手的力量使纺轮转动起来（右手操作纺织一般都是顺时针旋转），快速转动的纺轮带动织物快速旋转进而纠结为线，几乎同时，纺线者右手捏住线的最上端，左手再快速地顺着织物往后退，放出一段织物，这时松开右手，右手捏住的下端由于纺轮的旋转积聚了能量，又迅速地使放出的织物纠结成线。2008 年 10 月开放迎客的"良渚博物院"用雕塑再现了五千年前良渚古人是怎样用纺轮纺线的，此雕塑是一人转动纺轮，另一人在此人身后续麻线。

但是古人纺线的实际情况并非如此。原因是按良渚博物院的展示，纺轮纺线需要许多人同时协作，这在实际纺线工作中是不可能的。按照此法，要纺出长 10 米的线，至少要有七八个人同时操作：1 号转动纺轮，2 号及以后的人相继接续织物，并注意用手指顺势转动已经纠结成线的线段，使纺轮产生的能量传送到线不断延伸的末端，最终纺出 10 米长的线。

---

① 卢嘉锡，赵承泽. 中国科学技术史·纺织卷［M］. 北京：科学出版社，2002：4.

　　这种纺线方法的缺陷有四：第一，使用的人力多；第二，纺线的长度有限，为了纺一根线，不可能无限地用人接续下去；第三，纺出的线容易纠结成结，由于人手的层层阻隔会影响纺轮能量的传送。纺轮转动速度很快，如果产生的能量不能快速传递到后面，能量积聚过大，就会使线纠结成结，一旦线纠结成结，纺轮产生的能量便更加不容易向后传送，于是，结会越结越多，最终导致断线。第四，纺出的线的紧密程度容易不一致，人手的层层阻隔影响纺轮能量的传送，越近纺轮的线段越紧密，越远纺轮的线段越松散。

　　雕塑展示两年之后，我又一次去良渚博物院，发现雕塑做了修改。修改之后的雕塑是一个人操作，只见这个人手上提着一根细麻绳，麻绳的下面拴着一个纺轮。这次的修改有较大进步，不过仍然是错误的。按照这样去纺线，如何把纺好的线按次序绕起来形成一个线锭呢？纺线而不能形成线锭，肯定是不行的，可见这个雕塑还是错误的。

　　中国考古学文献和纺织科技史文献中都没有对纺轮使用方法的详细说明，良渚博物院的展品是错误的，修改之后仍然是错误的。这说明中国考古学尤其是浙江的考古学家们至今都没有搞明白古人是如何使用纺轮的。

　　要利用纺轮快速纺出足够长（如 100 米、500 米）而且紧密程度基本一致的线，就肯定不能用良渚博物院展示的方法。上述方法存在的最根本的问题是已经纺好的线段没办法绕起来，然后继续纺线，如此反复，最终纺不出足够长又紧密度基本一致的线。因此，我们断定：古代纺轮纺线不可能是良渚博物院展现的那样。古代纺轮纺线技法的真相我们要再研究使之复原。

　　利用古文字材料，可以为我们的复原研究提供线索。甲骨文"叀"作 ，下 △ 是纺轮（参考仰韶纺砖剖面图），ψ 乃竹、木之枝也，⊗ 是圆圆的线锭。叀取象于纺专，本义盖指纺专，引申为转动、传动等义。后孳乳出"专（專）"，专门表示"转动"义。"专（專）"从叀从

202

寸，寸与手同意，此手转动纺专，本义为转。

根据对古文字形体的正确理解，我们知道古人使用纺轮纺线是少不了竹、木之枝的，有了竹、木之枝，纺轮纺线技法就可以正确复原了。复原的原则是：1. 利用纺轮纺线原理；2. 一人操作；3. 纺好的线段可以绕起来，然后继续纺线；4. 使用的技术、条件在良渚人生活的年代是可行的。要符合上述四个原则，有两个关键问题：一是要有一根与纺轮连接在一起的棍子可以供绕线用，绕好线后这个棍子又非常容易与纺轮分开，纺轮的正中间有一个圆孔，这个圆孔必然是插入这根棍子用的。我们的做法是：用一根圆的竹节或者树枝（如细柳枝，这两种材料应该非常易得）插入纺轮圆孔中。为了将竹节或树枝与纺轮固定在一起，我们将一根线（或者茅草）中间位置在纺轮上下的竹节或者树枝上分别绕一圈，然后将线头打结，这样纺轮就与竹节、树枝固定在一起，可以同时转动了。

其次，要解决织物与竹节（树枝）的连接问题。我们的做法是，在采取竹节（树枝）时，保留一个自然的节或枝权，将无节或枝权的一端插入纺轮圆孔捆扎好，其有节或枝权的一端向上，然后将织物纤维捆在竹节或枝权处，这样就可以纺线了。左手执织物纤维并同时使纺轮和棍子悬空，右手转动纺轮，轮、棍同时旋转并将连接的织物纤维纠结成线，纺线者不断续丝，线越纺越长，当长到一定程度时，则可将纺好的线绕在棍子上，然后将线的末端在竹节或枝权处绕一下，将线的末端与棍子固定在一起，然后继续纺线，如此反复，直至纺出足够长的线为止。

线纺完后，取出线绽的方法是：将固定竹节（树枝）与纺轮的线结解开，缠绕竹节（树枝）的线条自动松散脱落，然后一手拿着纺轮，一手执线绽，轻轻用力即可拔出，接下去再装上竹节（树枝），纺下一个线绽。此法简单方便，材料易得，也没有高难度的技术问题，因此，我断定古人纺轮纺线很可能用此法。纺轮纺的是什么线？是麻线，还是丝线？这个需要通过对纺轮进行动能测试才能做出正确判断，拟后续再做进一步研究。我建议对良渚博物院的展品按照我的复原做出修改。

现代藏民纺线方法，也可与我的复原相参照。

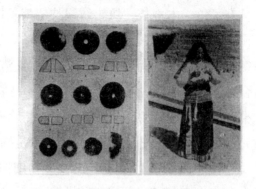

图 6-8　纺轮与藏民纺线图①

在美丽的杭州湘湖边，有一座建造别致的博物馆，就是杭州跨湖桥博物馆。馆中保存有 8000 年前跨湖桥人使用的独木舟，有碳化的水稻种子，有煮茶的陶罐……我们可以想见 8000 年前的跨湖桥是河网密布、稻禾青青的江南水乡生活情景。

在跨湖桥考古中，发现了一种样子类似我们现在一元钱硬币的圆轮形陶器，该陶器直径、厚度均与一元钱硬币相当，中间的厚度比周边略薄，边缘向内微微弧凹，似加工时专门用比较细的麻线沿着圆轮刻出一圈线槽来。如图 6-9、6-10 所示。

图 6-9　跨湖桥博物馆"线轮"

---

① 图片取自陈维稷．中国纺织科学技术史（古代部分）［M］．北京：科学出版社，1984：18-19.

图 6-10　捞网捕鱼示意图①

　　这个东西是干什么用的？跨湖桥博物馆的展品说明认为可能是纺织器械上使用的东西，称为"线轮"。可是这东西用在什么纺织器械里、作用是什么，目前还说不清楚。可见，说这东西是纺织器械上使用的线轮，只是一种猜测而已。不过，出土时有的"线轮"上缠有线，说明它确实是与线有关。

　　我认为这个东西不是绕线的工具，因为它很小，也绕不了多少线。古代有一种捞网，其制作方法是：先取两根木条或者竹竿，用一根长的绳索作为总绳将其捆扎成"十"字状，再取一根比较粗一点的竹竿或者木棍，将其一端剖开，装上滑轮，将绳索通过滑轮与竹竿或者木棍贴在一起，大约在竹竿或者木棍的中间处，把总绳的另一端系在竹竿或者木棍上；然后再用四小断绳索将"十"字状竹木条的四端与渔网捆扎在一起，这样捞网就制作完成了（参看图 6-10）。捕鱼的时候，先把木棍或者竹竿支起来，然后解开总绳，把渔网放入水中，最后再把总绳打

----

① 图片引自黄金贵．古代文化词义集类辨考［M］．北京：商务印书馆，2016：309．，但是黄先生说是鱼罩，就错了。另外，根据我上面的介绍，该图存在两处错误：1. 捞鱼时，纲宜固定在木棍或竹竿上，而非左手执纲；2. 网与木条的四个终端之间应有四根绳索。《尚书·盘庚》"若网在纲，有条而不紊"，即谓这四根绳索因为有木条而不缠绕在一起。

结固定在木棍或者竹竿上，待发现有鱼入网时，左手拉动总绳，即可将渔网提出水面，右手持网兜把入网之鱼捞起即可。

《说文解字》："纲，维纮绳也。从系冈声。𣏾，古文'纲'。""纲"是提网的总绳，《说文解字》收录"纲"的古文作𣏾，从木从丝，"木"表示木棍或者竹竿，"丝"表示绳索。𣏾字的形体正是表示紧贴着木棍或者竹竿的绳索之意，所以𣏾正表示这种控制渔网升降的总绳。由"纲"之古文作𣏾，我们可以断定古代确实存在我们前面描述的网，只不过因为渔网很难在地下长期不腐，我们现在找不到古代渔网的实物。

《尚书·盘庚上》："若网在纲，有条而不紊。"《韩非子·外储说右下》："善张网者引其纲，不一一摄万目而后得。一一摄万目而后得，则是劳而难，引其纲而鱼已囊矣。"证明这种捞网在上古确确实实是存在的。控制捞网升降的关键是纲，后来人们把这种捞网也叫"纲"。如《论语·述而》："子钓而不纲，弋不射宿。"

总绳紧贴着木棍或者竹竿控制渔网的升降，在木棍或者竹竿的尽头，绳索要转而向下，这里需要有一个滑轮。但是在远古，人们还没有掌握使用滑轮的原理，我认为远古的人们就是在木棍或者竹竿的尽头安装了这个发现于跨湖桥的"线轮"来控制网绳的转向。因此，这个所谓的"线轮"其实应该叫"转向轮"，细细的网绳通过这个转向轮控制，方向自动向下。当发现网中有鱼时，只要向后拉住网绳，就可以把渔网提起来捕鱼；捕鱼之后再放松网绳，渔网又自动放入水里。

我推断当时人们的做法是，把木棍的尽头剖开成为两个木片，挖掉两个木片的部分木料，使得两片木头出现两个相对的突起的东西，然后把转向轮置于这两个突起的东西中间，最后用绳索把两个木片捆扎牢固，就可以使用了。

可见，能够正确分析古文字形体表意，可以帮助我们更好认识古代的社会生活。

第三节　正确把握出土器物中的古文字
形体中包含的历史文化信息

对于文物考古学来说，掌握了汉字表意理论，就能够正确把握出土器物中的古文字形体中包含的历史文化信息，从而更好把握认识古代社会。如朱凤瀚先生在《敔器与鲁国早期历史》一文中披露了一组西周康王晚期至昭王时期铜器及其铭文，并对铭文做了很好的研究。① 朱先生披露的器物为同一器主龏所作的尊、卣和所谓"提梁套盒"三器，尊的内底部有铭文，卣为器盖对铭，尊、卣铭文相同。董珊先生认为卣应该是甲乙两器，这样，这组铜器就有四器。董珊先生在朱先生研究的基础上，再做补充，作《新见鲁叔四器铭文考释》，首发于复旦大学出土文献与古文字研究中心网站，经修改后发表于《古文字研究》29辑。② 后来，侯乃峰先生作《新见鲁叔四器与鲁国早期手工业》一文重新对器物铭文进行了解释。③ 2018 年，裘锡圭先生又作《读西周鲁国叔器铭文札记》，对铭文和相关问题又做了进一步补充。④

综合上述诸先生和我的研究，叔龏尊铭文可隶定释文为："侯曰：叔（龏）！不显朕文考鲁公，爻文遗工，不瞽乓海。余令女自宁虢来海鲁人为余寏，有姝具成，亦唯三羞。余既眚，余既处，亡不好。不髓于朕海。侯曰：叔（龏）！若！若！自今往弜其又达女于乃丂。賫

① 朱凤瀚. 龏器与鲁国早期历史［M］//朱凤瀚. 新出金文与西周历史. 上海：上海古籍出版社，2011：1-20.
② 董珊. 新见鲁叔四器铭文考释［M］//董珊古文字研究：第二十九辑. 北京：中华书局，2012：303-312.
③ 侯乃峰. 新见鲁叔四器与鲁国早期手工业［J］. 考古与文物，2016（1）.
④ 裘锡圭. 读西周鲁国叔器铭文札记［J］. 中华文史论丛，2018（4）.

女贝马用。自今往至于畜万年，女日其賓勿竝乃工，日引。唯三月，叔（🔸）易贝于原。叔（🔸）对扬辟君休。用乍朕剌考宝尊彝。"

🔸卣乙器底铭文是："侯曰：叔（🔸）！女好友朕𠭰。才兹鲜女之继，自今弜又不女井。易女贝用。唯六月，叔（🔸）易贝于帝。叔（🔸）对扬辟君休。用乍朕文考宝尊彝。"

综合学者们所考和我的研究，叔🔸器铭文记载的是器主🔸受鲁炀公之邀来到鲁国，为鲁炀公徙都曲阜营建宫城，鲁炀公对🔸的工作很满意，🔸受到鲁炀公两次赏赐，铸造了这组铜器。

朱凤瀚先生将器主名用字直接隶定为叜，董珊先生首先把器主名用字解释为"叔"，又因为学者们误认为🔸是鲁国工匠，因此这组铜器后来的学者就称为"鲁叔四器"或者"鲁国叔器"。🔸为什么解释为"叔"呢？因为裘锡圭先生在《释"弋"》一文中指出殷墟卜辞中"弋"字作"🔸、🔸、🔸、🔸、🔸、🔸"等形，董珊先生据此判断"🔸"字从"弋"从"又"，"弋"下有两短横，董珊先生以为此与散氏盘（《集成》10176）"传"字的"叀"旁下亦加两赘笔同类，故释"🔸"为"叔"。后来裘锡圭先生在《读西周鲁国叔器铭文札记》一文中又补充说：卜辞中又有"🔸"字，郭沫若《殷契粹编考释》隶定为"智"，可信，这个字也可以省为"🔸"形，原字形省又的"未"旁所从之"弋"其下作两短横，叔器器主之名的写法在这一点上正与之相合。所以董文将叔器器主之名"🔸"释为"叔"，应可信。

笔者认为古文字大多数都是独立表意的形体，不像后来造的形声字那样采用偏旁拼合的方法造字。所以，不同古文字形体中相同或者相似的部件不一定就表示同一个事物，我们在解释古文字结构时常常需要就具体的汉字形体做具体分析，从而正确把握不同古文字中相同或相似部件各自表示的事物，不能把不同古文字中相同或相似部件都看成是表示同一个事物的部件。我们就以郭沫若先生考释的甲骨文🔸举例，甲骨文字，亦作🔣、🔣，🔣字所从的🔣虽然与裘先生所说的"弋"有些像，但是🔣不是"弋"。🔣、🔣、🔣这几个形体，过去人们没有正确理解其结构和意义。我们分析⊙不是太阳，○表示日晷的晷面，晷面中的点是个提示符号，提示日晷的表杆插入的位置；🔣、🔣和🔣表示测日影的表杆，🔣、🔣和🔣上面的斜线也是提示符号，提示表杆的悬绳，用以判定表杆是否垂直；▽也是提示符号，提示表杆的下部是尖的，以便于插入晷面圆孔之中；🔣也是提示符号，提示表杆的底座，表杆安装了底座，就可以直接放置在晷面中央；🔣是手，与表杆合起来表示立一根表杆；🔣表示表杆在太阳下的投影移动的范围。整个字表示：在晷面的"·"这个圆孔处立表杆，则表杆在太阳下的投影将在晷面的"^{B}🔣^{A}"这样一个范围内移动。这样就巧妙地把"白昼"的意义表达出来了。当太阳初升时，表杆的投影在 A 处；随着太阳的升高，表杆的投影由 A 向 B 的方向移动，最终在太阳落山时，表杆的投影到达了 B 的位置。表杆的投影由 A 移动到 B 的位置，这就是一个完整的"白昼"。所以，🔣表达的是"白昼"的概念，是现在的"昼"字。🔣、🔣经过演变，就成了今天的汉字"昼"，其演变过程大致如下：🔣、🔣→🔣→書→昼。可见，🔣字中所从的🔣表示的是日晷的表，与器物的木柄弋是毫无关联的。

　　郭沫若先生把甲骨文🔣隶为从"叔"从"日"的字，也是误判。🔣上面所从的不是"叔"，甲骨文中没有"叔"字，金文"叔"作🔣、🔣、🔣，容庚先生《金文编》"叔"下按语曰："'伯叔'之'叔'金文作🔣，即'吊'字，与此异。""🔣"的本义不是"伯叔"之"叔"，我研究"🔣"的造字是用"从泥土中采拾农作物果实表达'拾取'的概念"，所以"🔣"的本义是"拾取"。《诗经·豳风·七月》："七月食瓜，八月断壶，九月叔苴。"正用本义。🔣字上🔣像植物茎叶，🔣、🔣像植物的根部和根，下🔣像植物的根下面长出的果实，如地瓜之类；从"又"表示用手采拾植物根下的果实。金文"叔"或作🔣从🔣，容庚先生认为是从

"丑"。笔者认为容庚先生的理解不正确。作为"叔"字的一个造字部件的弓虽然与古文字"丑"形体完全相同，但是它不是古文字"丑"，仍然是"又"，表示手，这个道理我们前面已经讲过。在"叔"字中的弓仍然是"又"，表示手，"又"上面的点是提示符号，提示采拾植物的根下面长出的果实时手上沾满泥土。① 可见，金文"叔"的造字是用采拾地瓜之类的农作物果实表达"拾取"的概念。所以"叔"从"弋"也是误判。

综上所述，把器主名字解释为"叔"，是建立在一系列误判基础上的判断，这个解释显然是错误的。

那么，𢎟这个器主用字应该怎样解释呢？我分析这个字应该是"墨线"之"线"的表意形体。《说文解字》："线，缕也。从糸戋声。線，古文线。"古文"线"从"糸""泉"声。"線""线"都是较晚出现的形声字。

𢎟的本义是"墨线"。𢎟字从"二"表示墨线，从⊕像木工使用的墨斗的墨仓，十为提示符号，提示墨仓是圆的（古文字中凡是添加十为提示符号，都是提示事物是圆的，如甲骨文"果"作𤓰就是），U像附着在墨仓上的绕线的线轮，上𠂆像墨斗的线头和捆在线头上的锥子或者钉子（用于把墨斗抽出的绳线固定在木头的一端），从"又"表示用手弹出墨线。𢎟这个字的造字是用木工弹墨线的工具墨斗和手作为提示符号，提示"二"是木工弹出的墨线。这样的字，按照传统文字学上六书的分类，我把它归为添加了提示符号的象形字，请参看拙著《当代汉字学》111 至 116 页的举例。② 也许器主是发明墨斗弹墨线的人，他就以𢎟自称，他人也称之为𢎟。

---

① 古文字"丑"作弓，像手上沾满污秽之状，表达"肮脏"的概念，引申表示"丑陋"。

② 陆忠发. 当代汉字学［M］. 上海：上海教育出版社，2014.

从夏代中后期二里头国王宫城之后，古代国王的宫城都是用木结构的建筑群围合成的四合院，营建宫城的施工人员主要是木工。从鲁侯对🔲称为其营建宫城的施工人员为鲁人这一点看，🔲应该不是鲁国人。另外，《礼记·曲礼下》曰："九州之长，入天子之国，曰'牧'。天子同姓，谓之'叔父'，异姓，谓之'叔舅'，于外，曰'侯'，于其国，曰'君'。"可见古代臣民称呼国君有规定的称法，臣民称呼本国国君称"君"，称呼其他国家的国君称"侯"。我们讨论的这组铜器，器主🔲称鲁国国君为"侯"，也表明🔲不是鲁国人。铭文中"对扬辟君休"是器主🔲感恩自己的国君的话，"君"是🔲称呼自己的国君。🔲对两个国君的称呼不同，同样表明🔲不是鲁国人。董珊先生文中考写🔲是晋国，很可能是正确的，🔲能够被鲁国国君看中，很可能是晋国国君牵线搭桥的缘故，所以，🔲受到鲁国国君赏赐，他没有忘记感恩自己的国君。因此我们可以肯定🔲是鲁侯专门从他国请来的能工巧匠，🔲器铭文中鲁侯也确实称赞🔲丂（巧）。那么，🔲的工巧之处在哪里呢？我认为很可能就在于🔲发明了墨斗弹墨线，因为发明了墨斗弹墨线对于木工可以说是技术上的飞跃。

《楚辞·九章·怀沙》："巧倕不斲兮，孰察其拨正？"王逸注："拨，治也。言倕不以斤斧斲斫，则曲木不治，谁知其工巧者乎？"孙诒让《札迻》卷一二谓："拨为曲枉，与正对文。《管子·宙合》云：'夫绳扶拨以为正。'《淮南子·本经训》亦云'扶拨以为正'，高注云：'拨，枉也。'《修务训》云'琴或拨剌枉挠'，注云：'拨剌，不正也。'《荀子·正论》云：'不能以拨弓曲矢中。'《战国策·西周策》云：'弓拨矢钩。'皆其证也。"郭在贻先生说："孙氏引据《管子·宙合》等五条材料证拨有曲义，其说确不可易，以之解《楚辞》，怡然理顺，王逸训拨为治，殊不可通。"① 忠发按：孙诒让考证"拨"有"不

---

① 郭在贻. 训诂学 [M] //郭在贻文集：第1卷. 北京：中华书局，2002：452.

正"的意思，并没有错。但是，"巧倕不斵兮，孰察其拨正"的"拨"却不是"不正"的意思，王逸注释不误。"巧倕不斵兮，孰察其拨正"言倕不以斤斧斵斫，谁知其怎样把曲木治为直的呢？"其'指代"倕"，按照孙诒让的理解，"孰察其拨正"就成了"谁知道倕是歪的还是直的"了，这才是真正的"殊不可通"呢！史传倕为帝尧时的能工巧匠。"巧倕不斵兮，孰察其拨正"这句话给我们提供了两个重要信息：第一，在没有发明墨斗弹墨线之前，工匠治木都是使用斧头凭借自己手的感觉去把木头砍直。第二，古人称木工之巧不巧，很大程度上是看他能不能把木头砍直。

我们不难想象，如果没有墨线，木工要把自然长成的木料整治平直，他无论是用斧头砍还是用锯子锯，都只能凭借手的感觉，这样难免会有偏斜的现象存在，不但影响美观，甚至还会影响使用。像倕这样的木工，他们加工木材比较平直，所以被人们称为巧匠。大多数木工就很难达到这样的水准，所以只能是一个普通的木工，就不能称为巧匠。墨线对于木工的意义是能够使木工加工木材更加平直，生产出来的作品看上去更加美观。□发明了墨斗弹墨线，他加工木材更加平直、更加美观，所以鲁侯称赞□巧并且把他请到鲁国来指导鲁国工匠营建宫城。

明白了□是鲁国国君从别国请来的能工巧匠，□器铭文中的有些话就很好理解了。为什么□器铭文中记载鲁侯曾经对□说"才兹鲜女之豔""自今弜又不女井"呢？我们分析鲁侯说这样的话，是有我们可以理解的原因的。鲁侯要营建宫城，按理说应该由鲁国工匠承担设计施工任务。作为一个工匠，有几人能够有机会为国王营建宫城？鲁国的工匠们都把为国君营建宫城当作无上荣光。可是鲁侯却从宂虢请来□担任工程总指挥，这样，鲁国的工匠肯定有人心里不高兴，甚至公开表示反对。鲁国工匠心里不高兴，因此他们就不愿意主动向□学习他的技艺，所以鲁侯才会说"在兹鲜女之继""自今弜又不女井"，意思是鲁国工匠很少能够继承你（的工巧），过去（鲁国工匠）又有不向你学习的。① 鲁国工匠之所以抵触□和他的技艺：一是因为他们都想在国王营建宫城时奉献自己的聪明才智，而国王却把最让他们感到自豪的工作委任给了从别国请来的□，因此他们心里不高兴；二是因为他们本来也能凭借自己的手感把木料整治得比较平直。

在这种情况下，□来鲁国担任营建宫城的工程总指挥，其工作虽然有鲁侯的支持，但是必然会遇到有些施工人员的明面上的或者暗地里的抵触，工作开展起来并不十分顺手，这样鲁侯就要在其中协调。鲁侯会鼓励□放手去干，同时要求鲁国工匠向□学习，听从□的指挥调度。虽然有些自认为技艺非常高超的鲁国工匠抵触□和他的技艺，但是必然还会有一部分鲁国工匠认可□和他的技艺，原意仿效□的技法，这部分能够虚心学习的鲁国工匠的技术水平肯定会得到提高。所以鲁侯又说"自今往弜其又达女于乃丂"，就是说从今往后，又会有（鲁国工匠）在你的工巧方面达到你（的高度）。

卣底铭文曰："侯曰：叔（□）！若！若！自今往弜其又达女于乃丂，寶女贝马用。"鲁侯赏赐□的原因有两个：一是□负责的工程建筑质量上乘，鲁侯用两个"诺！"加以肯定；二是"自今往弜其又达女于乃丂"。可见□的贡献不但为鲁侯营建了质量上乘的宫城，他还使鲁国工匠的营建水平得到大幅度提高。后来，鲁国的工匠中就出现了像鲁班这样的木工大师，这很难说与□来到鲁国传授技艺没有渊源关系。

传说木工使用的墨斗是鲁班发明的，鲁班大约生于周敬王十三年（公元前 507 年），卒于周贞定王二十五年（公元前 444 年），生活在春秋末期到战国初期。不过，根据我们上面对金文□字的表意分析，木工使用的墨斗，其发明人应该是□，这样，我们就可以确定，在鲁班出生前 500 年左右，中国的能工巧匠□就已经发明和使用墨斗了。

---

① 　参考本书第四章第三节。

　　20 年前我发表了《论汉字是研究中国历史的第三种重要资料》①，详细分析了传世文献、考古资料与古文字作为研究中国历史之资料的价值和各自特点，学者们可以参考。

---

① 陆忠发．论汉字是研究中国历史的第三种重要资料［J］．杭州师范学院学报，2001
（2）．

第七章

精准发掘武丁前甲骨，进一步发展汉字表意理论

　　文史哲文物考古学研究中出现的错误，有很多是研究者没有掌握汉字表意理论导致的。如果从事文史哲文物考古学研究的学者都掌握了汉字表意理论，会正确分析相关古文字形体表意，从而正确理解和使用传世文献和出土文献，文史哲文物考古学研究一定会得到进一步的深入发展。可以说，汉字表意理论是文史哲文物考古学研究深入发展的新的动能。

　　汉字表意理论得来不易，汉字表意理论仍需要进一步发展，进一步完善汉字表意理论，需要考释更多的古文字，要考释更多的古文字，需要找到更多的出土古文字材料，发掘武丁前甲骨成为目前最迫切的需要。我们应该综合目前掌握的所有材料，准确判定武丁前甲骨窖藏的地点，精准发掘出武丁前甲骨。

　　汉字表意理论发展将会与文史哲文物考古学发展形成良性互动，不断推动文史哲文物考古学研究深入发展。

第一节　汉字表意理论得来不易

　　汉字是表意体系的文字，汉字通常是通过造字部件之间的关系体现

造字者的意图。汉字起源的历史超过 8000 年①，大量的汉字是如何造字的，古人造这样的形体想要表达什么，几千年后的我们常常很难索解。因此，人们解释古代汉字的结构，通常就按照许慎《说文解字》的理解，不敢对许慎的解释产生怀疑甚至做出纠正。

然而许慎对于古文字的分析，只是分析古文字"从某某""从某从某"或者"从某某声"，也就是说许慎只是分析了古文字由哪些偏旁部件组成，偏旁部件之间的关系以及如何通过这些偏旁部件的组合表示造字意图，许慎没有分析。

我们学习汉字，仅仅知道这个字由哪些偏旁部件组成，却不知道这个字为什么表示这样的意义，我们总会觉得我们的求知欲没有得到满足。另一方面，一些文字学研究者在研究汉字结构时，也想把字的偏旁部件之间的关系说清楚，如甲骨文"齐"作ⲁⲁ，《说文·齐部》："齐，禾麦吐穗上平也。象形。"大府镐作ⲁ，古陶作ⲁ，字又增加"二"为提示符号。宋代徐锴《说文解字系传》曰："生而齐者莫若禾麦。二，地也。"徐锴说"二，地也"是对的。"二"提示一块平整的地面，ⲁⲁ用农作物（我认为是穄）谷穗表示农作物，合起来表示在一块平整的地面上，农作物长得一样高。以此表达"齐平"的概念。② 马叙伦先生《说文解字六书疏证》中也有一些对汉字形体表意比较精辟的分析。如《说文解字》："逆，迎也，从辵屰声。"《〈说文解字〉六书疏证》："此当从金甲文作ⲁ，作ⲁ、ⲁ，与'迎'一字异形。'迎'之初文为'卬'，卬篆作ⲁ，象一人来，一人匍匐迎之。'迎'为东西相对形，ⲁ为南北相对形，ⲁ非倒'大'，'为屰'之'屰'，乃象人自外来，其首内向也。ⲁ则足趾外向，明自内出迎之也。后乃增彳以会自道来之意。"

---

① 陆忠发．当代汉字学［M］．上海：上海教育出版社，2014：1-9．
② 陆忠发．王力《古代汉语》注释疑难考证［M］．杭州：浙江大学出版社，2020：121．

笔者认为 ⚕ 本作 ⚕，ϒ 表示一个人走过来，Ϟ 表示一个人走过去，合起来用"两个人相向而行"表示"迎接"的概念。作 ⚕ 者，ϟ 是个提示符号，提示道路，合起来用"在道路上，两个人相向而行"表示"迎接"的概念。① "逆"，先作 ⚕，后添加 彳 作 ⚕，显然是会意字，许慎误以为从辵屰声。马叙伦先生结合古文字形体表意分析非常高明，他没有迷信《说文解字》，而是依据甲骨文、金文形体，对"逆"怎样表达"迎接"的概念做出了正确的分析。

我们对比李圃先生《甲骨文文字学》99 页对"逆"字的分析：

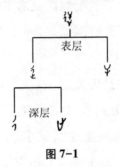

图 7-1

我们发现，ϟ、ϒ、Ϟ 三者的关系，一旦如李圃先生的上述分析，就会割裂开来②，ϒ 与 Ϟ 表示的两个人没有直接关系，迎接的意思就表现不出来了；⚕ 与 ⚕ 之间的关系也说不清了。

上述这些对于汉字结构如何表意进行的分析，在汉字学研究史上是很少见到的。20 世纪 50 年代，唐兰先生倡导汉字是表意体系文字之说，遭到了猛烈的批判。倡导汉字是表意体系文字之说，就会引导大家更多思考汉字偏旁部件之间的关系，探索汉字形体如何表意。但是，在汉字应该走拼音化道路的大背景下，说汉字表音就会得到大家赞同，说

---

① 陆忠发．当代汉字学［M］．上海：上海教育出版社，2014：157-158.

② 李圃先生的分析，其实是按照《说文解字》的分析进行的。《说文解字》："逆，迎也。从辵屰声。"问题是我们应该能够判断许慎的理解是不是正确。

汉字表意，人们就会批评你。可以说，汉字表意研究刚刚萌芽，就被无情地扼杀了。

但是，汉字毕竟是表意体系的文字，熟悉古文字的学者研究汉字学，会更多地思考总结组成汉字的偏旁部件之间的关系，会更多地思考汉字学到底应该把什么东西研究清楚。裘锡圭先生在《文字学概要》中指出两千年来的六书研究基本上是白费精力。汉字分类不一定非要区分为六类，裘先生在唐兰、陈梦家先生基础上把中国文字学界区分不了的象形字、指事字和会意字合并为"表意字"，加上形声字和假借字，就区分汉字为"三书"。除了我批判把象形字、指事字和会意字合并为"表意字"是汉字学研究巨大的倒退之外①，裘先生的"三书说"受到文字学界的一致好评。

在我看来，"三书说"是失败的。《文字学概要》最有价值的贡献有两个：其"表意字"部分初步总结了汉字表意的若干条例，这是非常了不起的贡献。另外，裘先生在《文字学概要》中举了大量例子分析了汉字形体和意义关系，对于学习和研究文字学的人掌握汉字形体如何表意帮助很大，所以我说裘锡圭先生是汉字表意理论研究的首创者。

不过，因为整个中国文字学界关注的都是六书问题，裘先生对于汉字表意理论研究的贡献，关注者寥寥。

我对中国文字学发展问题进行了深入思考，我赞同裘锡圭先生关于六书研究基本上是白费精力的说法。问题是：汉字理论研究，不研究六书，我们研究什么？我思考的结果是：汉字是表意体系的文字，汉字学理论应该研究汉字如何用一定的形体表达意义的理论问题，这才是正确的方向。

---

① 我认为文字学研究应该设法找到象形字、指事字和会意字的区别在哪里，从而正确区分象形字、指事字和会意字，而不是忽略象形字、指事字和会意字的区别、仅仅着眼于它们都是用形体表意的共性把它们合并起来。周代的保氏和汉代的许慎已经把这些字区分为三类，我们又把它们合并起来，是倒退到了西周以前。

我们应该怎样研究汉字如何用一定的形体表达意义的问题呢？我想：如果我是造字者，你问我我造的字如何用一定的形体表达意义，那么我就可以把我如何用相关偏旁部件之间的组合关系表达字义跟你说清楚。因此，如果我们能够设身处地地从造字古人的角度去思考问题，我们就会做到与造字的古人心灵互通，这样我们就能够理解汉字结构是如何表意的了。

经过 10 多年的潜心研究，我逐步认识到我们应该研究清楚汉字的造字手段、汉字的表意方法、汉字表达概念的方法、汉字形体避免歧解的方法和汉字结构中的提示符号及其作用，汉字表意理论的基本框架已经具备。2009 年我出版《汉字学的新方向》，比较全面阐述了我的汉字表意理论研究成果，2014 年出版《当代汉字学》，对汉字表意理论进行了进一步完善。

我之所以说汉字表意理论得来不易，除了这个理论本身很难总结出来，还有一层意思就是许多学者至今仍然热衷于六书研究，反对汉字表意理论研究。

2008 年，我参加在华东师范大学召开的"中国文字学发展高级别专家国际讨论会"，我在会上阐述了我的汉字表意研究主张。后来整理成文，于 2008 年 11 月 20 日发表在我的新浪博客上。文章如下：

关于中国文字学研究的讨论

1. 六书研究的成果与问题

1900 多年来，汉字结构的理论研究一直是对六书理论的探讨。经过长期的努力，六书研究取得了一些成果。首先，关于六书的实质，戴震提出了"四体二用说"，指出象形、指事、会意、形声谈的是字的结构类型，转注、假借谈的是字与字之间的关系。这个学说已得到文字学界的普遍认同。其次是转注问题的研究，向光忠先生说："转注是标记同义异音词的一种孳乳新字的方法。"① 向先生举《说文·永部》之"永"与"羕"为例说明"永"声音变化为"yang"，于是加"羊"以标记新字的读音，造了"羕"，这就是转注。这是我目前所见到的关于因语转而标注字音产生转注字的最早的说法。我认为，判断转注之说是否正确要同时满足三个条件：1.我们的转注说必须能够解释许慎的定义；2.必须能够从《说文解字》中找到一批例字；3.要能够说明为什么这类字取名为转注。我们从六书的名与实来看：象形字，字象实物之形，名与实相符；指事字，用指示符号直接指示字的字义所指的是象形字中的哪个部分，名与实相符；会意字，会合若干部件，体现造字意图，名与实相符；形声字，以形旁与声旁组合成字，名与实相符；假借字，本身无字，假借他字，名与实相符。那么，转注字为什么称为转注？只有语转注声这个说法才真正涉及了转注名称的问题，所以这个说法有可能是正确的。

许慎为什么用"建类一首，同意相受"来定义转注呢？"建类一首"就是说，设立一个义类以统一部首，"同意相受"，难懂的是"相"。古汉语中，"相"大多表示相互，但也表示一方对另一方。例如，《孔雀东南飞》中："便可白公姥，及时相遣归。"所以，"同意相受"谓这个部首中的转注字，其意义都受自部首。非谓这个部首里面所有字的意义都相同、可以互相注释。《说文·老部》只有"考"与"老"二字才能满足转语注声的条件，许慎恰恰指出"考"与"老"为转注，正好可以证明这一点。这样的字

---

① 向光忠. 考文字之孳乳，溯形声之滥觞 [M] //文字学论丛：第一辑. 长春：吉林文史出版社，2001：156-191. 本文是向先生于20世纪80年代初的研究成果，论证"形声缘起增益形符示义"新说，原题为"'形声'溯源"。1985年夏出席中国语言学会第三届年会（昆明）曾宣读并散发，而后也在一些高等院校与学术场合讲述。《第一届国际先秦汉语语法研讨会论文集》（岳麓书社）辑入改为此题，例证略有削减。《文字学论丛》第一辑（吉林文史出版社）载入全文。

在《说文解字》中间可以找出很多，《老部》《永部》《走部》《舟部》等等很多部里都可以找出转注字来。

可见，因语转而标注字音产生转注字，或者说"转语注声"，就是转注的实质。因为转注字是因语转而造的字，新字与原字必然是同源关系。但是，同源关系的字却不一定是转注关系，必须是在部首字的基础上加注声音符号造的形声字才能与部首字形成转注关系。因此，我认为，转注谈的还是字与字之间的关系，不能把转注看成是造字之法。向光忠先生说转注是一种孳乳新字的方法，其实，我们应该这样看：由于语转的缘故，人们用"注声"的方法造了一个读音更接近语言实际的字，这是造字的过程。造出来的字与原来的字之间的关系，人们用"转注"来指称，所以转注还是讲字与字之间的关系，而不是字之构造规则，转注是用字之法。

我们虽然明白了转注是怎么一回事，但我们同时也应该明白转注只是古人对于汉字之间同源关系的一种朦胧的认识，并不是关于同源字的科学的定义。在我们已经有了关于同源字的科学的认识之后，我们就没有必要再在转注问题上花费精力。

六书研究虽然取得了一些成果，但存在的问题还非常多。六书中的以形体直接表意的象形字、指事字、会意字等表意字，理解时还会存在分歧，具体的字到底应该归哪一类，人们很难下结论。如裘锡圭先生在《文字学概要》中说解象形字时说：大（大）这类字，它们所用的字符跟"日""月"一样也是象实物之形的，可是所代表的词并不是所象之物的名称，而是跟所象之物有关的"事"的名称，这一点却跟"上""下"相近。因此讲六书的人有的把这类字归入指事，有的把这类字归入象形。《说文解字》说："大，天大，地大，人亦大，故大象人形。"似乎许慎自己是把"大"看作象形字的。六书没法完全解决汉字的结构分类问题，因此，有的先生开始探求新的汉字分类方法，试图解决六书理论存在的不足。主要有唐兰、陈梦家、裘锡圭先生的"三书说"和詹鄞鑫先生的"新六书说"。詹鄞鑫先生在所著《汉字说略》中提出了新六书说，把汉字区分为象形、指事、会意、象事、形声、变体六类。新六书说单就汉字的结构进行分类，比三书说把谈汉字结构的二书与谈字与字之间关系的假借包含其中要合理。如果我们是单单给汉字进行结构上的分类，那么，我们就不应该把假借放进去；如果我们把谈字与字之间关系的假借放进去，那么，我们就应该同样把谈字与字之间关系的转注也放进去。当然，无论我们现在怎么分，都还是有一部分汉字没办法说明其结构类型。

2. 中国文字学研究找错了研究的重点

学者们把主要精力放在六书研究上，是找错了中国文字学研究的重点。我们应该明白，六书本身只是跟小孩子们说的关于篆文分类的基本类型而已，不是什么高深的理论。因此，六书只是关于汉字类型的一个大致的分类，并不是要涵盖每一个汉字，尤其是像后来出现的乓乒之类的所谓变体字。也正因为六书不是十分科学的理论，本身只是为了篆文教学的需要做的总结，只反映了秦汉时期的认识水平。所以，我们没有必要用六书去套所有的汉字，花那么多的精力去研究六书到底还有哪些汉字不能涵盖，甚至为了这些没有被六书涵盖的字去改动许慎的六书。我们只要知道六书的实质就可以了。

当然，六书作为文字学史上的一个问题存在是不可改变的事实，我们还是应该尽可能明白，按照古人的六书分类，什么字应该属于哪一类。不过，这其实没有太大的意义，如果真的有什么字说不清楚它应该属于哪一类，也就算了。我们就是确切地知道每一个字都属于哪一类，又怎么样呢？我们只不过能说出某字"象某某之形""从某从某""从某某""从某，某声"，如此而已。这对于我们把握这个字的形、义关系又有多少作用呢？我们只要认真想一想，就会清楚，《说文解字》之所以难读，主要原因就在于单单靠"从某从某""从某某""从某，某声"这样的说解，不足以阐明这个字的形义关系，我们因此就很难通过字形知道这个字为什么是这个意义了，《说文解字》之所以难读，难就难在这里。有的时候，按照六书的说解，根本就没有办法说清楚字的形义关系。举个例子说，𧿪（追）与𧾷（导）都应该分析为从止从𠂤，同样的组字部件，不一样的位置，表达的概念就不一样了，六书说不明白这二者的不同到底是因为什么。这说明我们把握一个古文字，仅仅知道它"从某，从某""从某某"是不行的，我们应该重点把握部件与部件之间的关系。六书对汉字的分析只是外在组成结构的分析，并没有深入部件与部件之间关系的层面去研究汉字，它不可能说清楚汉字是如何表意的问题。所以，我认为，关于六书问题的研究到此可以结束了，中国文字学研究一直没有找到研究的重点。

3. 中国文字学理论研究的重点之我见

六书研究不能作为中国文字学理论研究的重点，那么，中国文字学理论研究还能研究什么呢？我认为，汉字是表意体系的文字，汉字理论研究的重点应该是探究"汉字如何用一定的形体来表达意义"的形义理论问题。每一个汉字，我们都要研究它的本义是什么？为什么造字的时候要用这样的形体来表达这个意义？造字者用这样的形体表达这个意义，为什么我在释读这个字的时候不会理解成为别的意义，也就是说，造字者与用字者心灵上的互通原因是什么？这些问题，目前我们恐怕只能就一部分象形字作答：因为造字者画的是马，所以我理解就是马；造字者画的是犬，所以我理解就是狗。但是，大量的汉字我们都回答不了。为什么会这样？是因为"汉字如何用一定的形体来表达意义"的形义理论问题，我们一直没有研究过。所以，转变中国文字学研究的方向，已经是迫在眉睫的事情了。

那么，我们如何研究"汉字如何用一定的形体来表达意义"的形义理论问题呢？这个理论问题，我们可以把它分解成为以下几个方面的问题去研究。

（1）汉字的造字手段

汉字的结构中，同一个偏旁在不同的汉字中表示的意义往往是不同的，其功能往往是不同的。如"又"，在"及"字中表示"抓"的动作，在"得"字中表示"持"的动作，在"受"字中表示"接受"的动作，等等。对汉字的研究应该从分析偏旁的功能出发研究汉字为什么要这样安排字的结构，从而探明汉字的造字手段，而不是像六书研究那样不顾及意义，抽象地去研究汉字是由哪些基本的构字部件组成起来的。

（2）汉字表意方法

这个问题探求汉字结构部件之间的意义联系，它是探明"汉字如何用一定的形体来表达意义"的形义理论问题的关键。

文字是全社会共同使用的语言符号系统，表意汉字直接用字形代表语言中的词，其结构就必须为全体成员所共同理解。造字要为识字者共同理解，所采用的表意方法，必须能够为全体社会成员共同理解，这样，造字者与识字者才能达到心灵的互通，从而使识字者理解造字者的原意，领会汉字结构所要表达的意思。那么，造字者要采用哪些方法才能把一个个概念表达出来并且表达得让识字者能够共同理解呢？这个问题说不清楚，我们就没有办法说清楚"汉字如何用一定的形体来表达意义"的问题。

（3）提示符号在字的结构中的作用

汉字造字普遍使用起提示作用的部件，我所说的提示符号，指的就是汉字结构中起提示作用的部件，它可能是一个没有独立意义的符号，也可能是一个有完整意义的文字，只要它在字的结构中起提示作用，我们都把它叫提示符号。

提示符号在造字中的作用是提示，就我目前的研究来说，其作用主要有以下七类：提示个性特征、提示环境、提示符号还提示字义、提示动作行为的结果、提示动作的受力点、提示实施动作的部位、提示器物中的物品，等等。不明提示符号常常会误释古文字，把握提示符号，对于正确理解古文字的结构是非常重要的。请参考下文对"昼"字的考释。

（4）汉字表达难以表达的概念之方法

汉字研究还应该研究汉字表达概念的方法，它与前面说的汉字表意方法着眼点不同。汉字表意方法研究，探索怎样安排字的结构、利用部件与部件之间的关系来表达造字的意图；汉字表达概念方法研究着眼于探索造字选择用什么样的部件组合来准确、恰当地表达出一个个概念又不会使人在理解时产生歧解。

表意汉字用比较简单的形体表达概念，有的概念容易表达，有的概念则非常难以用简单的形体表达。如"停止"的概念怎么表达？"熟肉"的概念怎么表达？"到达"的概念怎么表达？等等。那么，我们的先人们是用什么方法把这些难以用简单的形体表达的概念用简单的形体表达出来的呢？这需要我们去探索研究。

（5）感受古人造字的巧思

尽管有些概念很难用一个字形来表达，但我们的先人们，还是准确而简洁地将它们表达出来了，其运思之巧妙，真让我们拍案叫绝，请看"白昼"概念的表达：

从早晨太阳刚升起到太阳落下山去，这长长的时间都叫白昼。如果让我们用一个字的形体来表达"白昼"的概念，今天的我们仍然感到万分困难。然而，这个万难之事，我们的先人们造了一个"昼"字，巧妙地解决了这个难题。

昼，甲骨文作❖，〇表示日晷的晷面，卜表示测日影的表杆，⼽是手，与表杆合起来表示立一根表杆。晷面中的点是个提示符号，提示所立的表杆就立在晷面中间"·"这个地方，↘也是提示符号，提示表杆在太阳下的投影移动的范围。整个字表示：在晷面的"·"处立表杆，则表杆在太阳下的投影将在晷面的"B↘A"这样一个范围内移动。这样就巧妙地把"白昼"的概念表达出来了。当太阳初升时，表杆的投影在 A 处，随着太阳的升高，表杆的投影由 A 向 B 的方向移动，最终在太阳落山时，表杆的投影到达了 B 的位置。表杆的投影由 A 移动到 B 的位置，这就是一个完整的"白昼"。先人们对"白昼"概念的表达是何等的巧妙而精确！

由于人们不知道晷面（〇）中的点是个提示符号，错误地把晷面理解成太阳，↘这个提示符号也被错误地说成为太阳的光芒，这个字过去都被错误地考释为"督"，表示立竿测日影。其实它就是今天"昼"字的本字，经过一定的演变，就成了今天的汉字昼，其演变过程大致如下：❖→畫→畫→昼。

汉字造字充满智慧，汉字表达概念运思之巧妙，需要我们认真总结和欣赏。

（6）古文字形体避免歧解的方法

文字是全社会共同使用的语言符号，汉字的形体结构不能太复杂，造字者使用简单的形体表达一个概念，如何能够让使用这个文字的人们在看到这个字的时候，对这个形体所表达的概念的理解与造字者所要表达的概念完全一致，这是造字者必须考虑的问题。

文章发表不久，有读者朋友跟帖说："这篇就是在华东师范大学一个学术会议上的讲稿？据说这篇被人骂死了！"一直到 2017 年，还有一位八十多岁的老先生给我写信说："你研究汉字表意应该受到批判。"

这算是亲眼目睹了唐兰先生被扼杀的老先生给我的忠告。

最近几十年的学术研究氛围比过去好了，我研究汉字表意理论，人家背着我骂，见到我的时候还照样表现得客客气气的。我认为，真正热爱学术的学者，应该淡泊名利。在做学问的事情上，我们不一定要追逐热点问题，要不怕冷；要做对大家有益的学问，做能够推动学术进步的学问。如果人家骂汉字表意研究，我就放弃研究汉字表意理论，那么我的汉字表意理论研究就也像唐兰先生那样遭到扼杀，目前就没有比较完善的汉字表意理论了。可见，汉字表意理论得来不易呀！

第二节　进一步发展汉字表意理论的条件

汉字表意研究是在正确释读古文字基础上，设身处地地从造字古人的角度思考古人需要表达一个概念，为什么会造这样的形体。汉字表意理论是通过对大量古文字如何表意的研究思考最终总结形成理论的。所以，要进一步发展汉字表意理论，就需要正确释读更多的古文字，尤其是正确释读更多的甲骨文文字。

商代甲骨文于 1899 年在河南省安阳西北郊的小屯村被发现，刻在卜辞上面的文字符号大约 4000 个，100 多年来经过大量学者的不懈努力，"我们现在能够真正辨识的，或者说能够与后世的文字形体找出其发展联系的，约一千个字左右"①。可见还有大量的甲骨文字需要科学的考释。

对甲骨文字的考释，最早是孙诒让《契文举例》，他根据《铁云藏龟》著录的甲骨卜辞，"穷两月之力"写成《契文举例》二卷，开创了

---

① 姚孝遂．殷墟甲骨刻辞摹释总集序［M］//殷墟甲骨刻辞摹释总集．北京：中华书局，1988.

甲骨文字考释工作。近百年来，大批学者对甲骨文考释做出了艰辛的努力，如罗振玉、王襄、王国维、叶玉森、杨树达、郭沫若、朱芳圃、董作宾、于省吾、陈邦怀、徐中舒、余永梁、唐兰、丁山、商承祚、吴其昌、屈万里、胡厚宣、张政烺、严一萍、王玉哲、沈之瑜、饶宗颐、李孝定、张秉权、朱德熙、姚孝遂、高明、王贵民、吴浩坤、夏渌、赵诚、李学勤、向光忠、李玲璞、裘锡圭、孟世凯、曾宪通、齐文心、张亚初、郑慧生、陈炜湛、杨升南、彭邦炯、林沄、曹定云、王宇信、刘一曼、许进雄、陈抗、陈世辉、常玉芝、何琳仪、晁福林、葛英会、汤余惠、王辉、唐钰明、李家浩、方述鑫、钟柏生、陈初生、范毓周、单周尧、朱凤瀚、张桂光、喻遂生、张懋镕、宋镇豪、曹锦炎、黄天树、蔡哲茂、黄锡全、罗运环、沈建华、陈初生、董莲池、黄德宽、王蕴智、刘志基、彭邦本、王晖、杨逢彬、吴振武、沈培、程邦雄、周宝宏、张玉金、刘钊、常耀华、张世超、江林昌、孟蓬生、陈伟武、王志平、赵平安、朱彦民、刘源、陈絜、杨泽生、白于蓝、徐义华、陈剑、单育辰、周忠兵、何景成、陈斯鹏、孙亚冰、蒋玉斌（按出生先后排列）等先生和我都有甲骨文考释的著作或者论文发表。

随着甲骨文考释工作的深入，甲骨文考释方法也日趋成熟。唐兰先生说：孙诒让"将不同时代的铭文加以偏旁分析，藉此种手段，用来追寻文字在演变发展之中的沿革大例——书契之初轨、省变之原或流变之迹"，孙诒让"精于分析偏旁，和科学方法已很接近了"①。罗振玉的《殷虚书契考释》"由许书以溯金文，由金文以窥书契，穷其蕃变，渐得指归"②，成功地运用了比照《说文解字》中的古文字考释甲骨文字的方法。"考释甲骨文字的理论化，严格地说，到了唐兰、于省吾始有

---

① 唐兰. 古文字学导论［M］. 济南：齐鲁书社，1983：183.
② 罗振玉. 殷虚书契考释·自序［M］//王宇信，杨升南. 甲骨学一百年. 北京：社会科学文献出版社，1999：105.

了比较系统的建树，在方法论上也日趋成熟。"① 唐兰先生在《古文字学导论》中总结出了辨明古文字形体的四种方法是：对照法或比较法（把甲骨金文小篆与六国古文等各种古文字材料放在一起比较其嬗变之迹）、推勘法（根据辞例推勘文义以考释古文字）、偏旁分析法（把已经认识的古文字分析为若干偏旁，掌握偏旁的变化形式，这样就可以知道要考释的古文字是由哪些偏旁组成的，也就可以知道这个字是什么字了）、历史考证法（研究文字形体的演变规律考释古文字）。于省吾先生总结考释古文字的方法是："我们研究古文字，既应注意每一个字本身的形、音、义三方面的互相联系，又应注意每一个字和同时代其它字的横的关系，以及它们在不同时代的发生、发展和变化的纵的关系。"②

不断改进的甲骨文考释方法，让过去的甲骨文考释工作取得了巨大的成就，推动了古文字学和相关学科研究的深入发展。但是，过去的甲骨文考释存在的问题也十分明显。

1. 甲骨文考释遇到了瓶颈。人们通过对照《说文解字》《汗简》和出土的后代古文字材料确实可以认识一些甲骨文字，确定它是后来的什么字。但是，大量的没办法与《说文解字》等材料进行对照的甲骨文字，人们往往就束手无策了，甲骨文释读数量达到一千个左右的时候，再难向前推进，大量的甲骨文字至今没有得到正确考释，甲骨文考释遇到了瓶颈。

2. 即使是人们已经释读的一千个左右甲骨文字中，还是有不少的字没有得到正确的考释，造字包含的重要历史文化信息没有得到正确认识。例如，甲骨文昼作🉐，亦作🉐。○表示日晷的晷面，晷面中的点是个提示符号，提示日晷的表杆插入的位置；卜和人表示测日影的表杆，

① 王宇信，杨升南．甲骨学一百年［M］．北京：社会科学文献出版社，1999：105-106.

② 于省吾．甲骨文字释林［M］．北京：中华书局，1979：序.

卜和人上面的斜线也是提示符号，提示表杆的悬绳，用以判定表杆是否垂直，∇也是提示符号，提示表杆的下部是尖的，以便于插入晷面圆孔之中；⺈是手，与表杆合起来表示立一根表杆；丶⌣表示表杆在太阳下的投影移动的范围。整个字表示：在晷面的"·"这个圆孔处立表杆，则表杆在太阳下的投影将在晷面的"B⌣A"这样一个范围内移动。这样就巧妙地把"白昼"的意义表达出来了。当太阳初升时，表杆的投影在A处；随着太阳的升高，表杆的投影由A向B的方向移动，最终在太阳落山时，表杆的投影到达了B的位置。表杆的投影由A移动到B的位置，这就是一个完整的"白昼"。所以，⺵表达的是"白昼"的概念，就是现在的"昼"字。⺵经过演变，就成了今天的汉字"昼"，其演变过程大致如下：⺵→⿱→畫→昼。依据⺵的造字，我们可以把中国使用日晷的最晚年代上推到商代武丁时期。然而，这样有历史文化价值的甲骨文字，我们过去并没有正确释读它，在相关历史研究中正确使用它。

3. 通过排比归纳甲骨文字在甲骨卜辞中的使用情况，确实可以考证出一些甲骨文字的字义。但是，更多的甲骨文字，通过排比归纳其在甲骨卜辞中的使用情况，还是没办法确定其字义，如甲骨文⿱字，我们通过与金文、战国文字和小篆形体对照，知道就是"宜"字，结合卜辞中"宜"字的使用情况，人们也只能知道"宜"在卜辞中是祭名。但是，"宜"的本义是什么、"宜"到底是怎样的祭祀？因为过去人们不知道古人造⿱这样的结构到底表达什么，"宜"的本义是什么、"宜"到底是怎样的祭祀人们就没办法知道了。

4. 有时候我们结合卜辞文例，可以考知甲骨文的字义，但是因为人们不理解古文字结构，最终还是把字释读错了。例如，甲骨文特别是金文中常常有⺵（将）、⺵、⺵、⺵、⺵、⺵、⺵、⺵、⺵诸形体的字，古文字学界几乎一致认为是⺵的异体字，也就是《诗经》"我将我享"之"将"，乃"奉享"之意。王国维认为 ▨、▨、▨、▨、▨、▨ 是"鼎"之异名，引申有"奉享"之意，其实除 ▨ 字外，王国维的意见是对的。学者们把这些形体判断为相当于"我将我享"的"将"，是既不知道甲骨文"将"也不知道 ▨（鼎）、▨、▨、▨、▨、▨、▨、▨、▨、▨ 诸形体的字。这些形体在青铜器铭文中做名词用的时候都是鼎的物名用字，显然它们都是"鼎"字的异体字，"鼎"在祭祀时是作为献享神灵的器物使用的，所以"鼎"引申有"奉享"之意。这就是 ▨（鼎）、▨、▨、▨、▨、▨、▨、▨、▨、▨ 诸形体在甲骨卜辞和青铜器铭文中做动词表示"奉享"之意的原因，但是它们只是字义与"我将我享"的"将"相同，却不是"将"字。甲骨文"将"作 ▨、▨，从 ▨ 表示俎，从双手，字的形体是双手把俎供设好。俎是献牺牲的器物，供设俎是为了奉享神灵，所以造字用供设俎表达"奉享"的概念。可见，"将"与 ▨（鼎）、▨、▨、▨、▨、▨、▨、▨、▨、▨ 诸形体没有关系。▨（鼎）、▨、▨、▨、▨、▨、▨、▨、▨、▨ 诸形体均从"鼎"，其余的部件都是提示符号。在没有汉字表意理论的情况下，人们是不知道这些提示符号的，因而理解不了这些形体，错误地把这些形体都解释为"将"。

5. 即使有一些甲骨文字人们已经正确确定它是后来的什么汉字，人们在解释这些甲骨文造字的时候，依然有可能显得力不从心甚至会闹出荒唐可笑的结论来。例如，有位学者解释"祀"字，说右边所从的部件是精虫。类似这样想当然地说解甲骨文字结构的情况还有很多，为此，我在《中国社会科学报》2017 年 3 月 7 日发表《科学地解释汉字造字理据》，主张解释古文字结构要注意结合汉字表意理论，科学地解释汉字造字理据。

上面五个方面的问题，都与没有汉字表意理论指导有关。甲骨文考释要突破目前的瓶颈，对过去考释错误的结论进行修正，对甲骨文形体进行合理的解释，都需要在理论与方法上取得突破，都需要汉字表意理论的指导。我们知道，甲骨文是表意体系的文字，如果我们能够懂得古人造字如何用一定的形体来表达意义，我们就能够做到与造字的古人心灵相通，那么我们就能够比较容易知道古人造出来的古文字表达的是什么意义，从而准确考释古人所造的古文字。在汉字表意理论指导下考释甲骨文，我们能够释读许多运用过去的甲骨文考释方法考释不了的甲骨文文字，也能够更加正确地把握甲骨文文字的字义，更加科学地解释甲骨文形体结构。

因此，充分利用现有汉字表意理论知识，指导甲骨文等古文字考释，是正确释读古文字的重要途径。

其次，要突破甲骨文考释瓶颈，有更多可利用的甲骨卜辞是必须的。当务之急是编辑类似《殷墟甲骨刻辞类纂》这样的可以检索目前所有甲骨刻辞的工具书，以方便研究者全面把握已有的甲骨卜辞材料。

许多甲骨文字义之所以难以把握，是因为相关卜辞数量太少。因此，发掘武丁前甲骨就成为突破甲骨文考释瓶颈的又一个必须解决的问题。

但是，武丁前甲骨到底有没有？即使有，而考古又极具偶然性，哪一天才能够找到武丁前甲骨？我们有没有办法确定武丁前甲骨的确切所在也是一个重要问题。

第三节　武丁之前甲骨现在何处

武丁前甲骨有没有？有。《光明日报》2019 年 11 月 4 日刊出的中国社科院考古所刘一曼先生《关于武丁以前甲骨文的探索》的文章就指认了部分武丁前甲骨，说明武丁前甲骨真的有。

那么，武丁前甲骨仅仅只有前面提到的这一点点吗？肯定不是。既然武丁之前存在甲骨卜辞，说明刻甲骨占卜这样的事情在武丁之前就已经出现，武丁之前的历代商王占卜的甲骨有可能都窖藏在什么地方至今没有被发现。

武丁之前甲骨现在何处？要知道这个问题，我们首先要知道商代的甲骨是什么。商代的甲骨是商王朝的国家档案，商王朝数次迁都，这些国家档案必然会随迁到新的国王宫城内窖藏。所以，我们只要找到殷墟之前商王朝的都城，再找到这个都城中商王的宫城，进行精准发掘，就可以快速找到这些窖藏的武丁之前甲骨。

那么，殷墟之前商王朝的都城在哪里？根据我对于殷墟性质和殷墟与在洹北商城关系的研究，殷墟之前商王朝的都城就是洹北商城。

盘庚迁殷，周武王克商，商都被废弃，春秋时称为"殷虚（墟）"。商代甲骨文于 1899 年在河南省安阳西北郊的小屯村被发现，随着历史学家、考古学家、古文字学家多年的追踪研究，确认了小屯东北部洹河转弯处的殷商遗址就是盘庚所迁的都城——殷中的宫殿宗庙所在，也就是历史上所说的"殷虚（墟）"。因此，一般认为，殷墟这个南北长 1000 米、东西宽 650 米，西、南两面用人工挖掘的壕沟与洹河将宫殿环抱其中的殷墟宫殿区，就是商王处理政务和居住的场所，类似于国王的宫城。

但是，著名古建筑考古学家杨鸿勋先生认为殷墟是商王的离宫，不是商王的都城。① 杨先生的理由主要有下面三个：

第一，近二三十年来，已发现了许多初期国家——先夏及夏时代的城池遗址，理论上说处于殷商晚期的都城，更应具备城防设置，但"殷墟"至今尚未发现城垣遗迹。洹河与壕堑所围成的地段，南北最长处约 1100 米、东西最宽处约 650 米，总面积约 715000 平方米，不到 1

---

① 杨鸿勋．小屯"殷墟"非殷都之墟［M］//杨鸿勋．建筑考古学论文集．北京：清华大学出版社，2005：131-132.

平方千米，只是商代中期郑州商城的 1/25，不足以构成当时作为都城的规模。

第二，在"殷墟"这个地段内，经 20 世纪二三十年代的多次发掘共计发现 53 座建筑遗迹，没有发现对称格局的朝廷建筑群以及作为都城街巷的干道之类的遗迹，只是一个不太有规律的纵横布置的建筑基址群落。已知商初王宫朝廷就已做中轴对称的规划，但在小屯所发现的许多宫殿遗址布置比较自由，不呈严整的王宫格局。其中有的建筑基址平面特殊，如呈"凹"字形、"凸"字形等，许多不取南向，有的还朝向洹水风景，这一切表明显然是出于园林景象的设置。

第三，1999 年 10 月至 12 月，中国社会科学院考古研究所安阳工作队在河南省安阳市西北郊洹河北岸，钻探出一座规模宏大的商代城址，其平面接近方形，轮廓线平直、直角准确，呈非常规整的几何形状，四周城垣长度在 2000 米以上。进一步发掘发现位于城内偏南接近中轴线处的一组完整的具备中庭的大型宫殿①，形制与偃师商城所见略同；同时，已查明此城中轴线上存在南北一连串的夯土基址，即在此城的前部中心位置有一座王宫，是毫无疑问的。它与偃师商城一样，揭示了"前朝后市"的规划格局。现在可以肯定地说：一座距小屯最近的殷商都城已摆在面前，它可能是盘庚所迁之"殷"。

按照杨鸿勋先生的说法，殷墟不是商王的都城，也不是商王的宫城所在地，殷墟是商王的离宫。杨鸿勋先生 2012 年出版的《宫殿建筑史话》也说殷墟是殷晚期的离宫②，我认为杨先生的理由很有说服力。不过，随着洹北商城钻探考古的深入，洹北商城与殷墟的关系越来越清楚了，这为我们进一步讨论殷墟的性质，提供了新的材料。

---

①　引者按：杨先生说这样的话，说明他也是认为"中庭"这个大空地是国王宫城的重要标志，这样的认识是错误的。

②　杨鸿勋．宫殿建筑史话［M］．北京：社会科学文献出版社，2012：26-27.

一、殷墟本不是商王宫城，也不是商王都城

周代以前，居住在中国北方地区的古人都是穴居，一开始无论贵族还是平民，全部穴居。考古在西安半坡发现的六千多年前的居室，全部都是穴居，人们在地上挖一个一米深左右的洞穴，用木柱支撑屋顶，地位不同的人房屋的区别只是在大小上不同，如半坡发现的"大房子"由前面的堂和后面三间室组成，应该就是当时部族首领的居所。

古人的居所由穴居发展为地面建筑，最早是距今五千年前的大地湾宫殿建筑，甘肃秦安大地湾 F901 是宫殿，其大室相当于"廷"，大室后面的居室相当于与"廷"相连的"寝"（就如同二里头宫城"廷"与"寝"相连），F901 门前有前轩式建筑，轩的前面是一个大广场，相当于后世帝王宫城中的外朝，是国王祭祀天地、举行大典、布告大事、询访民情的地方，也是老百姓游玩的场所。F901 在公共大广场中排列的六组大石块，是作为规定不同的人站立的具体位置的标记，这个轩正是祭祀天地、举行大典的场所。因为古人的祭祀活动不会因为天气的原因而改变，这个轩就是保证仪式的举行不受天气影响的重要设施，而青石块的后面就是参加仪式的人列队站立的地方。可见，F901 已经初步具备后世宫城的基本元素。

国王处理政务和居住的场所，在夏商之交发展成为宫城。夏商之交的二里头宫城已经发展为用建设在夯土地基上的房屋围合成的一个方城，真正成为一个宫城①，再到周文王的周原凤雏宫城，中国古代宫城的四合院建筑形式已经形成。② 至此，中国古代宫城的四合院格局完全

---

① 参考杨鸿勋．初论二里头 F1 的复原问题——兼论"夏后氏世室"形制［M］//杨鸿勋建筑考古学论文集．北京：清华大学出版社，2008：89-95．杨先生所说的"二里头 F1"其实是一座宫城。

② 参考杨鸿勋．殷晚期周原邦君宗庙——岐山凤雏甲组基址复原探讨［M］//杨鸿勋建筑考古学论文集．北京：清华大学出版社，2008：143-151．杨先生所说的"周原邦君宗庙"其实是一座宫城。

形成，直至明清时期的紫禁城，一直保持四合院的建筑格局。

相比较而言，殷墟作为商王的宫城，与中国古代国王宫城的格局是不相符合的。殷墟没有围合成城，内部建筑布局比较凌乱而且不规整，更不可思议的是殷墟里面还有妇好大墓，这是所有国王宫城中都不曾有的，这一切都表明殷墟不是国王宫城。所以，杨鸿勋先生认为殷墟只是商王的离宫，洹北商城才是真正的都城所在地。这样的分析是有合理成分的。殷墟本不是商王宫城，面积不足 1 平方千米的殷墟更不是商王都城。商王宫城在洹北商城内。

二、殷墟一开始是什么？

任何以居住、办公为用途的宫殿区都是没有墓葬的。殷墟中有妇好大墓，说明殷墟本是武丁安葬妇好的地方。所以，殷墟本不是商王宫城，也不是商王的离宫，它就是武丁安葬妇好的地方。

武丁安葬妇好的地方，为什么又会有这么多的宫殿建筑呢？因为商王会在常常需要举行祭祀的地方营建宫殿建筑。

《合集》13505 正："己亥卜，内贞，王有崖（ㄔ）在麓北东，作邑于之。"①

"邑"的本义是宫城，即国王一家人居住的城中城，也指一般的用房屋围合的小城，再后来扩大指一般的城邑。② 《合集》13505 正的"邑"就是一般的用房屋围合的小城。为什么商王武丁有崖在麓北东，武丁就要在这里营建宫城呢？我们再看下面的卜辞：

《合集》28180："王其侑于滴，在又（右）崖燎，有雨。"

---

① 甲骨文 ㄔ 是"崖"，ㄌ 是"石"，ㄌ 从 凵 象石头，从 ㄔ 为提示符号，提示环境，提示 凵 是山崖上滚下的像 凵 的东西，所以是石头。正确理解古文字结构和意义，需要掌握汉字表意理论，大家读我的《汉字学的新方向》或者《当代汉字学》可以学习到汉字表意理论。

② 陆忠发. 都邑考［J］. 杭州师范学院学报，2005（2）.

《屯》2118："己丑卜，帚崖、燎，爵于南庚。"①

《合集》9552："己亥卜……岳崖，有从雨。"

商王于山崖举行祭祀，目的是求雨。《合集》28180 说祭祀滴水之神，并且在滴右边的山崖举行燎祭，有雨。《合集》9552 的"岳崖"就是大山中的某一个山崖。这一辞说祭祀了大山的山崖，结果下了大雨。因为高山的山崖一般一年四季都会滴水，所以古人会来这里求雨。《合集》13505 正说武丁常常来麓北东的崖祭祀，于是就在这里营建一个宫城用于前来举行祭祀活动时居住。

殷墟是安葬妇好的地方，自然商王会常常要来这里举行祭祀的，可能也会有人需要在这里为妇好守灵，所以，商王武丁在殷墟营建宫殿建筑，这是理所当然的事情。

三、洹北商城与殷墟的关系

现在看来，说小屯就是殷，这个认识是错误的，因为殷墟本是武丁安葬妇好的地方，不是盘庚所迁之"殷"。杨鸿勋先生推测洹北商城就是盘庚所迁之"殷"，是正确的。

中国社会科学院考古研究所安阳工作队认为：小屯宫殿宗庙区的所谓宫殿建筑遗存有一部分很可能是洹北商城的外围居民点。换言之，过去讨论的小屯甲、乙、丙三组建筑基址，只有乙、丙两组建筑基址属小屯时期，而甲组基址（至少是甲组基址中的一大部分）是洹北商城时期的外围遗存，与乙、丙两组在性质上有本质区别。②

当然，中国社会科学院考古研究所安阳工作队没有具体说明这种认识的依据，我推测其依据很可能是因为甲组建筑比较小而且布局比较凌

---

① "帚"《殷墟甲骨刻辞类纂》隶作"妇"，不辞。此当为"帚"，"帚崖"，谓扫除山崖上的枯枝败叶之类。

② 中国社会科学院考古研究所安阳工作队. 河南安阳市洹北商城的勘察与试掘［J］. 考古，2003（5）.

乱。不过，中国社会科学院考古研究所安阳工作队还是认为殷墟的乙组丙组建筑确实是商王的宫殿。这个认识也是合理的。

殷墟规模之宏大，建筑规格之高端，似乎不仅仅是因为妇好墓而营建，殷墟应该是商王的宫城所在。郭旭东先生介绍说：殷墟规模十分宏大，气派非凡，远非周围一般居民简单狭小的居址所能比。这里所显示出来的卓尔不群的恢宏气势，使考古工作者毫不犹豫地一致认定，小屯东北地就是商王朝后期都城的宫殿宗庙区，是当时的政治和宗教中心。殷墟建筑基址从北到南分为甲乙丙三组，三组建筑的范围南北长共 350米，东西宽约 100 米，总的占地面积达 35000 平方米。在甲组的 15 座基址中，甲十一的面积最大，约有 500 平方米。这座建筑建于地基非常坚硬的褐色土上，仅基址就厚达 1~1.5 米，说明当时是经过精心夯砸的。更令人惊叹的是，在发现用于承垫木柱的柱础中，竟有在殷墟从未见过的铜础 10 个，而一般的柱础都是河卵石等石础。由此可以判断出，这座建筑昔日是何等辉煌，居住在其中的主人又是何等的尊贵，它极有可能是当时至高无上的商王的住所。①

随着洹北商城钻探考古的深入，洹北商城与殷墟的关系已经清楚，殷墟为商王宫城所在已经确定无疑。

考古钻探证实，洹北商城略早于殷墟，洹北商城是正在使用与建设中却突然废弃的都城，"整个洹北商城的建造过程应是先建邑，后营宫城，再造大城。在相当于中商二期早段时，商人移居此地并在宫殿宗庙基址范围内修建了一批建筑，同时有一批居民在宫殿宗庙区的东北和西北部居住。不早于中商二期晚段（有可能是中商三期早段）的某个时期，在宫殿宗庙区的外围开始修筑起宫城。洹北商城的外郭城大致在相

---

① 郭旭东. 青铜王都：殷墟考古大发现 [M]. 杭州：浙江文艺出版社，2003：45-49.

当于中商三期晚段才开始修建，由于某种原因突然放弃，停止修建。"①
其外郭城"修建过程中各地段工程进展不一，北墙、西墙已夯实至地
面，东墙仅有局部地点夯至略高于商代当时的地面，南墙还没有来得及
夯筑，整个外廓城便在建造过程中由于某种'突发事件'被迫中断停
工"。唐际根说，"包括一、二号宫殿在内的几十处工程也突然被一把
火烧掉了，这与外廓城的突然停建几乎同时发生在中商三期。"② 显然，
正在使用与建设中的洹北商城被突如其来的一场大火焚毁。因此，我们
可以断定，商王武丁曾经因为洹北商城焚毁而紧急转移居住和处理政务
的地点。

那么，商王武丁会紧急转移到什么地方呢？我认为武丁就近移驻洹
河南岸的殷墟宫殿，可能性极大。

卜辞中关于"帚好"的卜辞很多，卜问的内容是帚（学界释为
"妇"）好做什么事情，帚好生孩子的事情以及祭祀帚好等。如：

《合集》154："己丑卜，㱿贞，翌庚寅帚好娩。"

我们根据《殷墟甲骨刻辞类纂》统计，这样的卜辞不少于17条。③

《合集》709正："贞，帚好骨风有疾。"

这样的卜辞不少于12条。

《合集》13927："帚好毋其有子。"

这样的卜辞不少于7条。

《合集》22756："……辰贞，帚好无🐚。"

这样的卜辞不少于5条。

《合集》6480："贞，王令帚好比㑥告伐尸……"

---

① 中国社会科学院考古研究所安阳工作队，中加洹河流域区域考古调查课题组．河南
安阳市洹北商城遗址 2005—2007 年勘察简报［J］．考古，2010（1）．

② 桂娟，桂涛．洹北商城突然停建，商朝当时出了什么大事？［N］．新华每日电讯
2018-11-12，（2）．

③ 《殷墟甲骨刻辞类纂》收录的"其他"的卜辞很多，其中有很多都没有统计进来。

这样的帚好做事情的卜辞不少于 45 条。

《合集》2621："贞，御帚好。"

这样的卜辞不少于 27 条。

《合集》6032 正："贞惟父乙咎帚好。"

这样的卜辞不少于 2 条。

《合集》17064："……好其𢆶。"

这样的卜辞不少于 2 条。

从卜辞中看，武丁深深地爱着妇好，他十分关心妇好的身体，每当妇好生孩子，武丁都紧张得不得了，生怕妇好死掉。妇好死后，武丁没有把妇好安葬在距离洹北商城比较远的王室陵园，而是就近安葬于洹河对岸的殷墟，我们认为这是因为武丁割舍不下妇好这位战友和王后。因此，武丁会常常来殷墟祭奠妇好，有时候甚至会住在这里来陪伴这位战友和王后。所以，武丁在妇好墓附近营建宫殿是可以肯定的，这里甚至还有可以供君臣临时商讨政务的"会议厅"。可见，武丁在妇好墓附近营建的宫殿，其规模可能还比较大。

洹北商城既然是正在使用与建设中的都城，我们就可以断定武丁本无迁都计划，所以武丁时期没有在洹北商城之外营建新的都城。突如其来的大火迫使武丁紧急转移，于是，武丁只能就近移驻洹河南岸的殷墟宫殿，并且逐步扩建成新的宫城。

因此，我们确定本是安葬妇好之地的殷墟在洹北商城焚毁之后成为商王新的宫城。①

---

① 目前殷墟发现的甲骨卜辞记载的历史始于商王武丁，商王武丁之前如果有卜辞，很可能都存放在洹北商城中的国王宫城里，因为商王武丁紧急转移，这些国家档案来不及转移，就都掩埋在洹北商城的废墟之中。发掘洹北商城内的国王宫城很可能会有重大收获。所以我建议洹北商城考古，应该加紧发掘商王宫城。

四、现在的殷墟建筑群的形成

如前所述，商王武丁安葬妇好于殷墟，在殷墟营建宫殿，并时常来此祭奠。突如其来的大火焚毁了武丁的都城，武丁就移驻殷墟并开启了扩建殷墟的进程。从此，殷墟就成了武丁至帝辛居住与处理政务之所在。

根据中国社会科学院考古研究所安阳工作队的认识，殷墟甲乙丙三组建筑群中，甲组建筑群中的一大部分建筑要早于乙、丙两组建筑，这部分早期建筑很可能就是因为妇好墓而营建的，并不是洹北商城外围的居民点。乙、丙两组建筑和甲组建筑中的一部分（如规格最高的甲十一）可能是商王移驻殷墟之后扩建的。

鉴于洹北商城被焚毁的惨痛教训，殷墟扩建没有采用传统的四合院格局，而是采用开放式的建筑布局，沿河构筑宫殿建筑，这显然是为了消防的需要。

目前考古掌握的殷墟宫殿建筑基本上符合国王宫城建筑格局，乙区宫殿空间很大，是君臣处理政务的区域。乙八可能是君臣处理政务的廷，乙七乙九分别是宗庙和社庙，所谓"左祖右社"。甲区相当于传统宫城的后宫，是王室成员居住区域。王室成员居住区域的建筑相对较小而分散，可能有两个原因：一是出于消防的考虑，二是不断扩建形成的。商代国王中，武丁很可能是妻子最多的国王。这是因为商王武丁经常在外征战，他必然会在外地有妃子，甲骨卜辞中有商王武丁妻子来归的证据：

《合集》21653："……卯卜，𠂤贞，彶五月乎妇来归。"

这些来归的妇是武丁打仗时在外地娶的，当时没有随军带回，现在战争结束了，武丁让她们回到都城。

这些在外地的妃子，先后来到都城，于是就临时在殷墟居住区建筑一座房舍。为了让商王武丁的妻子们能各自有相对独立的空间，先后扩建的居住区就显得比较分散了。

综上所述，殷墟本是武丁安葬妇好之所，武丁在此营建宫殿，祭奠妇好。洹北商城焚毁后，武丁移驻殷墟，从此殷墟经过扩建成为商王居住和处理政务之所在。殷墟建筑布局没有采用传统的四合院建筑布局，是出于消防的考虑。所以洹北商城是殷墟之前商王朝的都城。

第四节　洹北商城的"宫城"考古
为什么没有发现甲骨

我在前面说过，我们只要找到殷墟之前的都城中的宫城，就可以发现武丁前甲骨。可是，洹北商城的宫城考古并没有发现甲骨，更没有发现武丁前甲骨。为什么？

因为考古工作者所认为的洹北商城的宫城，根本就不是真正的宫城，在这里没有发现武丁前甲骨，是理所当然的。

20 世纪 60 年代初，对洹北商城所在范围内的考古调查发现商代遗址，经过断断续续的考古发掘，1999 年发现了城垣，随着洹北商城考古的深入，发现洹北商城城址略呈方形，南北长 2.2 公里，东西宽 2.15 公里，总面积约 4.7 平方公里。2000 年发现"宫殿宗庙"区①，2001 至 2002 年"宫殿宗庙"区一号夯土基址的清理发掘，探明了一号夯土基址的大致构造情况。如图 7-2：

---

① 这些建筑是不是宫殿宗庙，我们下面要具体讨论，这里使用的称呼是中国社会科学院考古研究所安阳工作队、中加洹河流域区域考古调查课题组《河南安阳市洹北商城遗址 2005—2007 年勘察简报》（《考古》2010 年第 1 期）中的称呼，因为这些建筑的性质还有待讨论，所以暂时加上引号。本文相关考古数据，除注明外，均见《河南安阳市洹北商城遗址 2005—2007 年勘察简报》，不一一注明。

图 7-2　"宫殿宗庙"区一号夯土基址图

2007 年，中国科学院考古研究所安阳工作队再次钻探洹北商城，在洹北商城范围内的中南部"宫殿宗庙"建筑基址区外围发现了夯土城垣。随后对夯土城墙进行了反复勘探和局部试掘，确定城垣长 795 米、宽度超过 515 米，面积约 41 万平方米，认为应系洹北商城的"宫城"遗迹。至此，洹北商城大致面貌已经比较清楚了。如图 7-3：

图 7-3　洹北商城钻探与"宫城"图

经研究分析，可以推断，洹北商城的"宫殿宗庙"区建成于中商二期，并持续使用；"宫城"则建于中商二期晚段以后。①

2008 年，考古队又在所谓的洹北商城的"宫殿宗庙"发掘了"二号宫殿基址"，"一号宫殿基址"和"二号宫殿基址"相距 29 米。

下面我们来讨论洹北商城的"宫殿宗庙"区和所谓的"宫城"。

把"一号宫殿基址"和"二号宫殿基址"包围在内的所谓"宫城"城墙是"一号宫殿"和"二号宫殿"建成使用多年之后再筑建的。用这个城墙围起来的长 795 米、宽 515 米的小城，能不能叫"宫城"，就目前的材料看，是不可以的。

宫城是国王一家人居住的小城，因为君臣每天要朝会商讨处理国家大事，朝会的时候参加的人员很多，所以宫城里面必须有一个可以容纳很多人、空间很大的屋子。在夏商周时代，要建造这样的可以容纳很多人的空间很大的屋子，只能用一排排柱子支撑起屋盖。这样的屋子，现在考古所能看到的就是在一片夯土地基上有一排排的柱洞或者柱础石。这样的屋子金文用"廷"表示。金文中"廷"字多作🄳或🄳，偶尔作🄳、🄳。金文"廷"字的结构正是这座大空间建筑的写照：㇄表示未完全围合的墙，古文字中，凡四周围合的墙则以"刂"表示，如门，其上为屋盖，"刂"即表示四周围合的墙。㇄用"丨"表示此建筑四周的墙未合围。⌐则表示一排排的柱基，⌐则表示柱基和立柱，⌐乃⌐之讹，即唐兰先生所谓凡垂直之竖往往加一点所致。⌐是人，⌐表示人立在地上，人身上的一横也是垂直之竖加上一点所致。所以"廷"字的正体必作🄳或🄳，后讹变出🄳、🄳诸形，这就是金文中"廷"字多作🄳或🄳，偶尔作🄳、🄳的原因。"廷"字利用人与墙、立柱（或柱基）之间的空间关系表达了"廷"的概念。② 廷为了采光的需要，整个建筑朝南的一面

---

① 中国社会科学院考古研究所安阳工作队，中加洹河流域区域考古调查课题组. 河南安阳市洹北商城遗址 2005—2007 年勘察简报［J］. 考古，2010（1）.

② 陆忠发. 朝廷本义考［J］. 语言研究，2005（4）.

不设墙壁，所以廷是比较明亮的建筑，因为这个缘故，周代也把廷叫"明堂"。①

　　下面是考古发现的商周时代宫城中"廷"的情况。下面使用的考古图都取自杨鸿勋先生《从盘龙城商代宫殿遗址谈中国宫廷建筑发展的几个问题》一文。

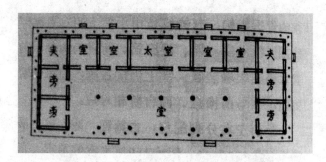

图 7-4　偃师二里头宫城之主殿的平面图

　　偃师二里头宫城之主殿的平面图见图 7-4，图中标示为"堂"的地方就是"廷"。廷是两排柱子支撑屋盖的大空间建筑，南面没有墙壁。

　　商代中期的盘龙城宫城也坐落在一片大夯土台上，夯土台南北长100 米，东西宽 60 米，发掘表明其建筑在一条轴线上排列，探明有 3座，发掘整理了一座（称 F1），这是并列的四室，外有围廊。4 室中，中间两室面阔 9.4 米，进深 6 米，各有一个后门，东西两室面阔 7.5米，进深 6 米，4 室均有一个前门。在这座建筑之南，有一座尚未完全发掘的建筑（称 F2），但从已探知的情况来看，其面阔小于 F1，但进深大于 F1，其内部有大柱洞，却未见到隔墙。杨鸿勋先生说 F2 的形制是一座大空间的厅堂。② 杜金鹏先生说是"只用檐柱支撑房顶而没有其

①　陆忠发．古代祭祀十讲［M］．北京：华文出版社，2011：113-136.
②　杨鸿勋．从盘龙城商代宫殿遗址谈中国宫廷建筑发展的几个问题［M］//杨鸿勋．建筑考古学论文集．北京：文物出版社，1987：81-90.

他立柱，更没有房间分割的'敞厅'"①。这个"厅堂"或者"敞厅"就是"廷"。

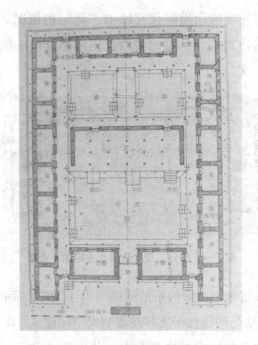

图 7-5　西周岐邑宫城平面图

西周岐邑宫城平面图，图中标为"庭"和"中庭"的地方应该标为"朝"，"中庭"就是《周礼》所谓的"外朝"，而两个"庭"，就是所谓的"治朝"和"燕朝"，合起来就是所谓"天子三朝"。图 7-5 的"堂"就是"廷"，廷用三排柱子支撑屋盖，南面没有墙壁。

廷是宫城必须有的建筑，是宫城中最大、最高、最主要的宫殿，因此，廷是判断考古发现的建筑群是不是宫城的一个最重要的标准。只要在一个建筑群中存在这样的建筑，它就是宫城。按此标准来衡量，洹北商城中所谓的"宫城"，可能不是宫城。

---

① 杜金鹏．盘龙城商代宫殿基址讨论［J］．考古学报，2005（2）．

　　在洹北商城所谓的"宫城"中能不能找到"廷"呢？洹北商城所谓的"宫城"中如果有廷，那么，这个廷应该在图7-1中间没有被揭示的区域里面。但是，根据唐际根先生介绍，"一号宫殿基址"是采用"地下遗迹导向法"钻探发现的①，这样，虽然图7-1中间没有被揭示，我们相信这个区域是一片空地，上面没有建筑，没有"廷"。

　　既然这样，洹北商城中所谓的"宫城"，就目前的材料看，是不能称为宫城的。

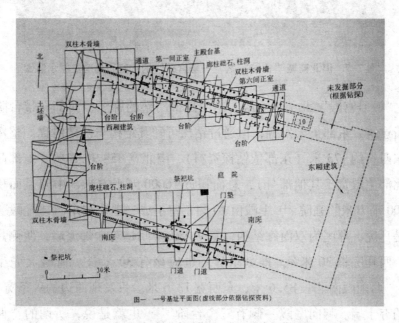

图一　一号基址平面图(虚线部分依据钻探资料)

图7-6　洹北商城"宫城"之"一号宫殿"平面图

　　那么，洹北商城中所谓的"宫城"究竟是什么性质的建筑群呢？我认为它是一座军营。这是我依据"一号宫殿"和"二号宫殿"的实际情况做出的判断。

<hr />

①　中国社会科学院考古研究所安阳工作队．河南安阳市洹北商城的勘察与试掘［J］．考古，2003（5）．

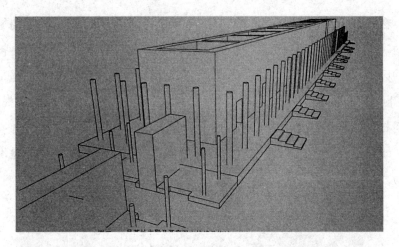

图7-7 洹北商城"宫城"之"一号宫殿"的正室和耳庑复原示意图

"一号宫殿"北部是主殿，南部是带门塾的廊庑，西部有带台阶的附属建筑，东部虽未发掘，但通过钻探可知其结构与西部对称。整座建筑东西长约173米（东部依钻探资料）、南北宽85~91.5米（南部门塾和北部主殿宽于其他部分），总面积近16000万平方米，中间是面积约10000平方米的庭院。① 主殿由10间正室组成，正室和东西"配殿"之间是耳庑，耳庑为双面廊结构，宽9米，中间是双木骨泥墙，两侧是廊柱。西耳庑长30米②，推测东耳庑也应该有30米长。何毓灵先生指出："西配殿南北长85.6米，东西宽13.6米。只发现西边的一条宽1.8米的夯土墙。朝向庭院一侧有三个台阶。"③ 也就是说，所谓的"西配殿"其实不是"殿"，只是一条宽1.8米的夯土墙。杜金鹏先生推测这个宽1.8米的夯土墙上面是没有屋顶的。④ 唐际根、荆志淳、何毓灵先

---

① 唐际根，荆志淳，何毓灵. 洹北商城宫殿区一、二号夯土基址建筑复原研究［J］. 考古，2010（1）.
② 何毓灵. 洹北商城十年之回顾［J］. 中国国家博物馆馆刊，2011（12）.
③ 何毓灵. 洹北商城十年之回顾［J］. 中国国家博物馆馆刊，2011（12）.
④ 杜金鹏. 洹北商城一号宫殿基址初步研究［M］//夏商周考古学研究. 北京：科学出版社，2007：542.

生认为"它原本应该还是建有屋宇,只是屋顶结构已经无法复原而已"①。

笔者认为所谓"西配殿"的夯土地基是0.4米,如果这条宽1.8米的夯土墙上面没有屋宇,仅仅是一条夯土墙壁,则实在没必要夯筑85.6米×13.6米×0.4米这么多立方米的夯土,夯筑这么多立方米的地基是毫无意义的。所以,我们认为"西配殿"的夯土地基上面原来确实有屋宇,杜金鹏先生之所以推测其上面是没有屋顶的,是因为这个屋宇的建筑方法与所有的宫殿建筑群中的用廊柱支撑屋盖的建筑方法都不同,没有廊柱,靠什么来支撑屋盖呢?所以,依据过去考古的经验来判断,显然只能判断其上面没有屋宇。唐际根、荆志淳、何毓灵先生认为其上面有屋宇,但因为没有可供参考的材料,而感到无法复原。

我认为,这个屋宇的建筑方法比较特殊,比如把宽1.8米的夯土墙壁朝向外面的一边做低一点,内外形成坡状,用毛竹之类的轻便建材搭成向外倾斜的"屋椽",然后在毛竹上面铺草形成屋盖以遮阳挡雨,这样,没有廊柱,也是可以建造屋盖的。虽然有了屋盖,因为没有柱子,就不可能建造出屋子,所以我们可以肯定所谓的"西配殿"只是一个走廊,不是一间间屋子,因此不能称为"西配殿"。相应的,"东配殿"应该也是这样的一个走廊。

"二号宫殿"整个基址东西宽92米、南北跨度61.4~68.5米(北部正殿宽于两侧耳庑),总面积(包括庭院部分)5992平方米。由四间房屋和三面廊庑围合成的四合院。廊庑朝外的一面是双柱木骨墙(图7-8)。

---

① 唐际根,荆志淳,何毓灵. 洹北商城宫殿区一、二号夯土基址建筑复原研究 [J]. 考古,2010 (1) .

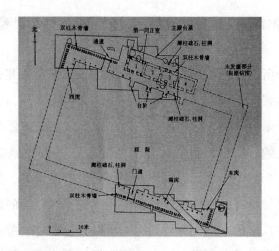

图 7-8　洹北商城"宫城"之"二号宫殿"平面图

"一号宫殿"和"二号宫殿"的情况大致如上。

"一号宫殿"和"二号宫殿"有许多特点：

第一，房屋居住面积占建筑总面积的比例过小。"一号宫殿"和"二号宫殿"占地面积都比较大，而居住利用的空间却比较小。如果按照面积计算，"一号宫殿"和"二号宫殿"最主要的建筑是廊庑。在总面积约 16000 平方米的"一号宫殿"中只有 10 间 40 平方米左右的房屋，在总面积约 6000 平方米的"二号宫殿"中只有 4 间 40 平方米左右的房屋，这种特别重视廊庑的建筑要求，在考古发现的所有的四合院形式的建筑群中都是绝无仅有的。

第二，房屋是"集体宿舍"。"一号宫殿"和"二号宫殿"每间屋子通向庭院都有台阶，而且台阶宽都超过 2 米，有的宽达到 3.5 米，说明进出房屋的人员比较多，也说明居住在这些屋子中的人住得是比较拥挤的，这些屋子很像是"集体宿舍"。

第三，居住在"一号宫殿"和"二号宫殿"里面的人们需要长长的墙壁。"一号宫殿"和"二号宫殿"的围墙很多，特别是一号"宫殿"耳庑中间长 30 米的隔墙，居于 9 米宽的走廊的中间，这样的设计是有独特用意的，它使墙壁的使用长度扩大了一倍。说明居住在这里的人们除了利用墙壁围合出一个大大的庭院外，还有充分利用墙壁的需要。

那么，对居住在"一号宫殿"和"二号宫殿"里面的人们来说，墙壁除了围合出一个大大的庭院外，还有什么独特的作用呢？我们认为这些人是利用墙壁摆放兵器。商代的兵器除了弓箭外，以戈、矛之类的长柄兵器为主，这些兵器的存放不可能是堆在一起，应该一字排开，所以人们把一把把戈、矛等兵器靠在墙壁上，一字排开。这样，存放和取用兵器都是最方便的。这就是居住在"一号宫殿"和"二号宫殿"里面的人们特别需要墙壁的原因。

明白了这些道理之后，我们再看看"一号宫殿"和"二号宫殿"的墙壁建设，就会恍然大悟："一号宫殿"的东西走廊那个宽1.8米的夯土墙壁上面的屋盖为什么不能用廊柱支撑？因为廊柱间距一般在3~4米，一旦遇到紧急军情，士兵们取用兵器，匆忙中长长的兵器难免要与廊柱发生碰撞。为了避免这种情况的发生，东西走廊上面的屋盖才特别建造成坡状，不使用廊柱支撑屋盖；墙壁也夯筑得特别宽，因为整个屋盖的重量全部由这宽1.8米的夯土墙壁承受。这样的走廊，如果我们需要给它取一个名字，我建议就叫"军营式走廊"，今后的考古中，凡是发现一个建筑群中的走廊是"军营式走廊"，我们就应该考虑这个建筑群是不是军营。

一号"宫殿"的耳庑中间的隔墙，居9米宽的走廊之中间，上面有屋盖是用廊柱支撑的，"二号宫殿"的走廊上面的屋盖也是用廊柱支撑的，这又是为什么呢？我认为这些地方是放置弓箭用的。廊柱不会影响到士兵取用弓箭。

弓箭在商代应该属于最精良的武器装备了，所以，"二号宫殿"里面驻扎的应该是最精锐的部队。商代卜辞中有"王族""子族""多子族"，是商王和子姓贵族率领的弓矢部队，"二号宫殿"很可能就是王族的驻地。

因此，我们认为"一号宫殿"和"二号宫殿"其实是军营。这些40平方米左右的房屋是士兵的住所，一间屋子可以住下15~20个士兵。宽广的庭院是他们训练的场地，他们的兵器都摆放在墙壁上。既然所谓的"一号宫殿"和"二号宫殿"其实不是宫殿，那么所谓的洹北商城的"宫城"其实也不是宫城。因为这里是军营，属"军事禁区"，后来在它的外围筑起了围墙，这是很自然的事情。

"一号宫殿"和"二号宫殿"的西耳庑都有通向北面的通道，"一号宫殿"的第8间和第9间房屋中间也有一个门道通向北边，从门道及门槛的设置看，这个门只有从北边才能打开①，这似乎表明这两个军营是定时开放通向北边的通道的，会不会是就餐时间到了，相关人员就打开通向北边的通道方便士兵们去就餐呢？② "从钻探可知，在二号殿北部，还有夯土建筑。"③ 这里大概就是食堂、停车场、马厩等附属建筑吧。

可见，河南安阳洹北商城的"宫城"其实是军营，考古没有在洹北商城的"宫城"中发现甲骨，是理所当然的事情。不过，洹北商城的"宫城"发掘，是中国考古首次发现商代军营，同样非常有意义。

第五节 发掘洹北商城真正的宫城之重大意义

按照我的说法，人们找到的洹北商城"宫城"，其实是一座军营。那么，洹北商城真正的宫城到底在哪儿呢？依据考古钻探的情况分析，我们认为应该在机场跑道中间的夯土地基群中最大的地基上。"在洹北

---

① 何毓灵.洹北商城十年之回顾［J］.中国国家博物馆馆刊，二〇一一（一二）.
② 单单凭借这个门，我们就有足够的理由怀疑"一号宫殿"是个宫殿，如果它是个宫殿，这个门的开闭应该由宫殿里面的人员控制，怎么会由宫殿外面的人员控制呢？
③ 何毓灵.洹北商城十年之回顾［J］.中国国家博物馆馆刊，二〇一一（一二）.

商城中部偏东地带，即机场西跑道以东南北长 1400 米、东西宽 80 余米，以及跑道北端 200 米×200 米的范围内，共钻探出不同规格、不同形制的夯土遗迹 40 处，形状有方形、长方形、长条形等。面积 100 平方米内有 4 处，100~200 平方米的有 11 处，200~500 平方米的 15 处，500~10000 平方米的 9 处，超过 10000 平方米的 1 处。"[1] 凭经验判断，商王的宫城就在超过 10000 平方米的那一处夯土地基上。

既然我们已经知道殷墟之前商王朝的都城就是洹北商城，又知道洹北商城中商王的宫城的具体位置，精准发掘洹北商城中商王的宫城，就可以快速找到窖藏的武丁之前甲骨。因此，2018 年我向有关部门提出加紧发掘洹北商城国王宫城的建议，2019 年我再次写文章阐述我精准发掘武丁之前甲骨的主张。我能够做的只有这些。

发掘洹北商城真正的宫城的重大意义有哪些？

洹北商城是商王朝唯一不是因为迁都而废弃的都城，商王宫城中很可能有大量的东西没有转移出去，发掘洹北商城真正的宫城应该会有较过去发掘其他的宫城更多的发现。发掘洹北商城真正的宫城的重大意义具体有哪些，我们虽然没法预估，但是下面两点是确定无疑的。

首先，发掘洹北商城真正的宫城是最有可能找到窖藏武丁之前甲骨的地方，如果真的找到了武丁之前甲骨，甲骨文研究、商代历史研究和汉字表意理论研究都可以得到深入发展。

其次，为探明商代中后期宫殿建筑结构提供重要资料，弥补殷墟建筑考古信息缺失的遗憾。

---

① 中国社会科学院考古研究所安阳工作队、中加洹河流域区域考古调查课题组．河南安阳市洹北商城遗址 2005–2007 年勘察简报［J］．考古，2010（1）．

后 记

我曾经说过，郭在贻先生最大的贡献是把训诂学引入正确的发展道路，裘锡圭先生最大的贡献是把文字学引入正确的发展道路。在中国训诂学界普遍研究直陈词义训诂的大背景下，郭在贻先生独树一帜，率先研究乾嘉学派考求词义的训诂，总结了一套不同于直陈词义训诂的方法，重新论述了训诂的性质，把训诂学引入了考求词义的正确发展道路。裘锡圭先生破了六书说，虽然重走了汉字分类的老路，但是裘锡圭先生又研究总结了汉字表意若干条例，开创了汉字表意理论研究。实践证明，开展汉字表意研究，是中国文字学正确的发展道路。

随着研究总结汉字表意理论，我先后解决了文史哲、文物考古学各领域中若干疑难问题（哲学领域的疑难问题解决我在《中国古代文化研究》一书讨论较多，本书中只是略举一二）。这些疑难问题的最终解决，都得益于汉字表意理论的指导。

我的研究体会说明，掌握汉字表意理论，能够更好分析把握相关古文字表达的意义，对正确解决相关学术领域的疑难问题非常有价值。因此，可以说汉字表意理论研究是文史哲、文物考古学发展的新动能。于是，我把我这些年解决文史哲、文物考古学中的一些疑难问题的例子集合成书，希望从事文史哲、文物考古学研究的学者能够从我的研究中得到启示，认识到掌握汉字表意理论的重要性，推动文史哲、文物考古学研究更好发展。

本书所研究的问题，非短时间内完成，有些章节早在几十年前就已写成，使用的材料有些陈旧，这次整理成书的过程中也没有补充近几年的材料；为了说明问题更加有说服力，本书举例中多选择一些名家出现的错误，只做案例说明无其他用途。特此说明，请相关名家谅解。本书在讨论相关学术问题时，为了直观地把问题说清楚，使用了很多专家著作或者论文中的图片，在此特向各位专家表示感谢。

当然，我所谓的"解决了文史哲、文物考古学各领域若干疑难问题"，不一定都是无懈可击的，也许还存在不少的错误，欢迎读者提出批评意见。

陆忠发

2023 年 11 月于三亚学院书明楼